空海名言法話全集

第8巻

空海散歩

これが真言密教

白象の会❖著
近藤堯寛❖監修

筑摩書房

序

四国八十八ヶ所霊場会会長　第六番安楽寺住職　畠田秀峰

令和五年の弘法大師御誕生一二五〇年の嘉辰に向けて「空海名言法話全集」全十巻の刊行が発願されたことは、まことに時を得たことで、今回第八巻「これが真言密教」の発刊を大変うれしく思います。

昨年の春から二年にまたがって新型コロナウイルスによって日本だけでなく世界中が非常事態に直面しております。

奈良、平安時代のお大師さまの時代も、天然痘ウイルス、マラリア、はしか等により都の三分の一の人々が亡くなるというような悲惨なことが起こりました。当時、全国に感染症が広がり、民衆の苦しむ姿を目の当たりにして、弘法大師は般若心経の普及に力を入れておられます。

この般若心経は他にない不思議なお経で「お経の中にお経がある」、この二百六十余文字の中に仏教の主要な経典の大事なキーワードが散りばめられています。つまり、「色即是空」は華厳経、「不生不滅《ふしようふめつ》」は般若経、「無受想行識《むじゆそうぎようしき》」は唯識、「無《む》苦集滅道《くしゆうめつどう》」は阿含経、「無《む》智《ち》亦《やく》無《む》得《とく》」は法華経、というわけです。

般若心経を唱え、写経をすることで、仏教の主要な経典の世界に入っていくことが出来ます。だからこそ、「一切の苦厄を度する」ことが出来るわけです。もちろん感染症退散の祈願も成就するわけです。

このお経の中には、主要な経典が仲良く同居している、般若心経は諸仏の説かれた「経典のマンダラ」とすることが出来ます。

当時は奈良の東大寺の華厳宗（華厳経）を頭とする南都六宗と平安京の比叡山の天台宗（法華経）とが二つに分かれて覇権を争う、互いに悪口を言ったり、足を引っ張り合ったりということがありました。ここで当然、昨年からの中国の習近平さんとアメリカのトランプさんが繰り広げた覇権争いと同じことが起こります。

そこで、弘法大師は、「今は覇権を争っている場合ではない」と『般若心経秘鍵』を著して、多くの人々に般若心経をすすめ、嵯峨天皇に般若心経の写経をしていただくわけです。

排他独善ではなく、あるものすべての存在を認める、体温を下げる薬と体温を上げる薬、真逆の薬も正しく処法（方）すれば共に良薬となる。大きな力を有していた八宗、文武百官と民衆が対立ではなく協調して、心を一つにして感染症対策を行なう、そして一人一人の努力で感染症に強い社会を作ること、これがお大師さまの願いでありました。

東京２０２０オリンピック・パラリンピック（２０２１年）の大会ビジョンの一つに、「世界の人々が多様性と調和、共生社会をはぐくむ」というものがあります。私は、このビジョンは真言密教の教えを現代の言葉で表した以外の何ものでもないと思っています。

そう考えた時、真言密教のめざす理想の世界が遠い他の世界でなく、身近なところにあることに気付きます。しかし、これを唱えることはたやすく、実現することは難しいことを痛感します。

今、世界規模でアメリカと中国が覇権を争い、新型コロナウイルスへの対策にもその覇権や対立が持ち込まれていることは大変不幸なことです。

私は、この「空海名言法話全集」を開いているうちに、お大師様の教えの中で大事なお言葉を見つけました。それは、「身病百種なれば、法薬一つなることあたわず」（三昧耶戒序）という「名言」です。お大師さまの、あるものすべての存在を認める、全面肯定の教えは、「法薬一つなることあたわず」、この「排他独善」の否定から生まれたものであると思います。

私は、この「空海名言法話全集」を開いてこれからも「空海の名言」の深い森を散歩したいと考えています。

令和三年六月

全十巻の構成と凡例

第一巻「苦のすがた」（名言二二一句）　賢愚・優劣・戯論・無知・無益・排除・偽装・妄想・衆生・凡夫・現世・世情・末法・乱世・罪過・災難・無力・無明・煩悩・貪欲・渇愛・地獄

第二巻「世のながれ」（名言二二七句）　無常・人世無常・山川無常・草木無常・寂滅・故人追慕・悲哀・生死・輪廻・自業自得・執着・汚泥・迷悟・明暗・苦楽・是非・善悪

第三巻「たすけあい」（名言一九二句）　供養・回向・挨拶・香華・鐘・薬・歓喜・満足・清廉・謙遜・自然・風光・調和・協力・効果・好機・熟成

第四巻「こころをつくる」（名言二三三句）　練磨・慈悲・自利利他・救済・布施・四恩・恩愛・恩恵・報恩・孝行・友情・仏縁・帰依・信心・誓願・功徳・福智・天皇・人徳・人倫

第五巻「法を伝える」（名言二二九句）　伝法・灌頂・寺院・東寺・金剛峯寺・伝道・善導・善知識・驚覚・発心・修行・仏道・求法・彼岸・実践・努力

第六巻「さとりの記述」（名言二二一句）　方便・仮和合・教法・理智・認識・道理・無記・戒律・適法・越法罪・後悔・反省・無欲・断悪・文芸・作詩・作文・書道・筆法・

師僧・恵果阿闍梨・師弟・僧侶

第七巻「さとりの風景」（名言二一〇句）　修禅・入定・静寂・威儀・阿字・本不生・月輪・入我我入・顕密・密蔵・秘密・機根・各人各様・般若・智慧・空・中道・縁起・因縁

第八巻「これが真言密教」（名言二一一句）　融通無碍・一即多・不二・真言・陀羅尼・梵文・呪文・経文・文字・加持・祈禱・三密・仏力・威神力・守護・自在・実証・瑜伽・観法

第九巻「仏のはたらき」（名言二一八句）　仏法無尽・広大無辺・菩提・菩薩・清浄・本有・実相・不変・唯仏・唯心・法身説法・対機説法・以心伝心・言語道断・除闇遍明・転迷開悟・煩悩即菩提・滅罪生善・一味平等・差別即平等・和光同塵

第十巻「大日の光」（名言二一八句）　大日・我即大日・仏身円満・仏陀・成仏・即身成仏・草木成仏・曼荼羅・法界・遍照・遍満・荘厳・根源・仏性・如実知自心・法爾自然

一、全十巻の流れは、弘法大師著『秘密曼荼羅十住心論』の階梯のように、苦界から修行、真言、悟り、大日の光へ向かっていく精神的発達史のシリーズ本になっています。したがって、読者も著者とともに、巻を重ねるにしたがって迷いから悟りへ、心境が次第に高みへ登っていきます。

二、全十巻に採用されている空海名言とその順番は、『空海名言辞典 付・現代語訳』（高野山出版社）に沿っています。

目次

第二章　となえる

【真言】

【陀羅尼】

第三章 念ずる

第四章　ちから

【観法】

空海名言法話全集　空海散歩

第八巻　これが真言密教

装幀・本文デザイン　山田英春
扉イラスト　かんだあさ

第一章

とけあう

一味の甘露は器に遂《したが》って色を殊にし　一相の摩尼《まに》は色に随って影を分つ（付法伝第二）

【仏法の甘露は人々の素養の差によって味わいが違う。一つの宝珠は色調に応じた色を投影するように、仏の教えも人々の理解度によって異なる】

◉心は広く　受け入れは深く　近年はスポーツに関連する番組報道などを見聞きしても数えきれないほどの種別があり、その発展ぶりに感心することが多くなりました。かつては一芸専心とも言われましたが、今は報道の進化によってあらゆるスポーツの奥義と進化の過程を学ぶことができます。成果を顕した選手も先人の指導に倣うばかりでなく、他のスポーツ選手のレッスンとか心がけとかを学んで生かす人が多くなりました。器と色というのはまさしくこれらの選手に当てはまりましょう。プロ野球の選手もシーズンオフにさまざまなトレーニングをしている様子が報道されています。それが「器に随って色を殊にする」ということで、シーズンに入ってから結果が顕れています。

空海さまは、真言密教を中国の師、恵果阿闍梨から受け継がれたのですが、その祖を訪ねて真言密教の成立とそれを代々伝えてこられた祖師さまそれぞれの徳と伝記を述べられています。お釈迦さまが説かれた教えは、多くの僧侶によって様々に伝えられてきているのですが、正統な真言密教が日本にまで伝え来られたのは、それを説く人とそれを受け継ぐ人が伝承に相応しい人であったからということを言っておられます。空海さまは、中国において恵果阿闍梨さまのほか、その師の三蔵法師さまにもお会いになっておられ、そのご縁を喜んでおられます。このように仏縁が幸いすることをこれからの弟子たちも大切に心得ていかなければならないということです。

これは現代社会にも通じる大切なことです。人には才能と特性があります。働く場において適応するかしないかは結果において成果において差が顕れてきます。上に立つ人は、そこに働く人の特性をよく見極め、その才能技能に応じた場を与えて生かすことが大切なのです。そうすればその人に応じた良い結果が顕れるのです。素晴らしいその人の才能も特性も見落とさないよう心掛けると結果は「影を分かつ」と言われるように、よい方向に成果が顕れるということです。

（野條泰圓）

融通無碍

能説の心は平等にして転ずれども　所潤の意《こころ》千殊にして各々解す　一三五乗源一にして派別る　法報応化体同にして用異なる（付法伝第二）

【仏の説法は平等であるが、受け取り方が様々であるから幾多の派に別れている。諸仏諸菩薩はもともと同体であるが、働きが異なるだけである】

◉仏様の心は私の心である　密教には「理趣経」というお経があります。「理趣経」の精神は大欲清浄という事です。「大欲得清浄句是菩薩位」、大きな欲が清浄だという事です。

私達は地球環境が衰えて来たり、いろいろな危機的な状況になって来たりすると、今迄のようにやりたい事をやっていたのでは駄目だと思います。大事な事は、欲望を小さな欲から大きな欲に育てあげていく事です。「理趣経」にはその様に教えています。

大きいというのは桁を外れているという事。仏様の世界だという事です。仏様の欲をもちなさいという事です。

仏様の欲というのは、自分のエゴを離れた欲。自分の為にこれをしたい、自分が格好よく成る為にこれをやりたいという欲望ではありません。仏様の願いは人々を幸福にする欲望です。大欲という欲は自分だけの欲じゃない、仏様の広大な欲だという事です。

それは何かというと、人様の幸せのために手を貸して、自分がそれによって喜びを感じるという欲です。そういう大きな欲を育てていこうという事が「理趣経」の中に説かれています。

生きていく上で一番うれしい事は、自分の行なったことが人様の幸せになって暮らしていただいている事です。人様が喜んでくれる事ほど嬉しい事はありません。

仏様の真理は一つでありますが、その解釈の仕方が色々あっていくつもの派に分かれている事は自然のあり方だと思います。

（安達堯禅）

融通無碍

六大無碍《むげ》にして常に瑜伽なり　四種曼荼　各《おのおの》離れず　三密加持すれば速疾に顕わる　重々《じゅうじゅう》帝網《たいもう》なるを即身と名づく（即身義／大日経開題　法界／同　関以）

【宇宙全体は、さまたげがなく、相互に関連し、しかも離れていない。心身が正しく一致すれば仏が現れる。仏と仏が照らしあっている状態が仏の世界である】

◉森羅万象が融通無碍となる　先ず弘法大師空海様のショッキングな「即身成仏論」を発せられた原点を私なりの解釈で申し上げさせていただきます。

この人間、両親から生まれ出ることがもうすでに大奇跡なのです。何故なら、父の精子は一生涯で約一兆個、母の卵子は一生涯で約五百個、両方掛け合わせて約五百兆個にもなり、そこで生存競争に勝ち抜き生まれて来ることができるのはごくわずかです。これは大変奇跡的で神仏や大日如来の世界とも言えます。

空海様は、この人間生まれてから「仏」になるのではなく、もうすでに「仏」とする発想で、「即身成仏論」が誕生したと考えられます。神仏となって働くとき、森羅万象が融通無碍となり、さえぎるものがなく万事万物がなめらかでスムーズになり悟りの世界が出現します。

密教は、すべての人間が仏心仏性を内在し、この身このままで仏となる人間観であって、他宗には存在しない画期的な「即身成仏論」です。

更に、顕教では避ける煩悩をも、密教においては真理として受け入れます。厳しい修行を長期間しなくても、真言密教の三密行に取り組み三密加持を受ければ、この身このままで成仏が可能です。

真言密教の根幹は小宇宙の人間と大宇宙の密教とが一体化し融通無碍となって悟りを得ることです。人間は万物の霊長と言われてきましたが、近年は経済優先で大自然が破壊され、他の生物にとって悪魔的な存在になり人類や地球の将来が憂慮されます。

二〇二三年には空海一二五〇年誕生祭が高野山でも催されます。今こそ空海様が立ち上げられた真言密教の原点に立ち戻り全山あげて真言宗の活性化をはかり、寺院や僧侶の存在感を高め、日本の将来を明るいものにする為に精進すべき時です。このような発言ができるチャンスをいただき感謝申し上げます。

（井本全海）

融通無碍

諸法本《もと》より不生なり　自性言説《じしょうごんぜつ》を離れたり　清浄にして垢染《くぜん》なし　因業なり　虚空に等し（即身義）

【すべてのものごとはそれ自体で生じることがない。この世の本質は、言葉では語れなく、清浄にして汚れがなく、因縁によって生じるから、虚空と同じである】

◉**真っ赤な大風呂敷**　全ての現象には必ず因がありそれが縁を待って果となり、その果がこんどは因となり縁となって次の果を生じ、消滅流転して終わりがないのです。この因縁の生じる虚空は大宇宙であり、それはあらゆるものを包含する神秘なる生命の無限なる仏様の世界ですから、有限な約束のある意思伝達の言葉では語れないのです。

わが国で一番読まれてきた「般若心経」も色々言ってきたけれど、最後は仏様の世界は言葉では語れない「即説咒曰《そくせつしゆわく》」、即ち咒《じゆ》を説いて曰く、と咒で終わる様に、言葉を離れなければ仏様の世界は表現できないのです。

呪は呪文で陀羅尼《だらに》であり真言で、これは仏様の世界に直参する真実語ですから仏様の世界に入ることが出来るのです。真言密教は合掌して真言を唱え心に仏様を想う事で自由自在に人間生活の愚昧を除き、日々の生活の苦しみを溶かします。

卑近な話で恐縮ですが、ゴミ問題からレジ袋が廃止になり、最近ではどんな形の物まで自由自在に包み込む風呂敷を持ち歩いております。

物を運ぶにもその形に収まる物以外は入らないカバンのような宗教があります。この考えは他と衝突し争いを招きますが、風呂敷のように何でも包み込む真言密教に争いはありません。

最近まで人生五十年と言われておりましたが、この頃では人生百年だそうで増えた時間の分、それだけ病気や世間の荒波にもまれる苦難の時間も増えるかもしれません。

真言密教に親しんで吉凶、禍福、順逆の何れをも有難く感謝を以て包み込んでしまう、真っ赤な愛の色に染められた大風呂敷を織り出してください。

（篠崎道玄）

六大法界体性所成の身は無障無碍にして互相《たがい》に渉入相応し　常住不変にして同じく実際に住せり　故に頌に六大無碍常瑜伽という（即身義）

【大宇宙を構成している地、水、火、風、空、識の六大は、互いに障りがなく関係を保ちながら常に存在している。これを詩によってまとめれば、「六大は無碍にして常に瑜伽なり」という】

◉感性を磨く　弘法さまは、宇宙まで含めた現象世界は、地、水、火、風、空、識の六大から成立していると説かれます。「一切の仏、一切の衆生、環境世界そして精神世界までを含めたあらゆる存在すべては六大の所成である」として、現象世界の一切の根源は六大に起因すると述べて、それは人の思議では測れない、大きな意思をもって活動している存在であると申されます。

松長有慶先生のお話によれば、「人と仏は本来的に一であるから、ものごとの本質を見極める眼を持てば、現実に生きる人や動植物は、仏に他ならない」と説明されています。このようでありますから、この六大無碍の世界を体現することが即身成仏に、つながるのではないかと考えます。では、体現するにはどうすればいいのでしょう。

私なりの浅はかな考えでありますが、弘法さまの有名なお言葉があります。「一心はこれ本居なり」というお言葉でございます。この迷いの世界「三界」は旅人の宿舎のようなものであり、一心だけが、本来の住み家であると申しております。こんな歌がございます。

水鳥の行くも帰るも跡たえて　されども路はわすれざりけり（道元禅師）

水鳥は行きつもどりつして泳ぎまわっているが、その場所に執することもなく、その泳ぐ跡形さえも残さない。それは自在な境地のように見えますが、しかし、その実、水中では足掻き、もがきしながら強く生き、鳥としての生き方を忘れることはないと詠まれています。やはり、弘法さまが著わされた「一心」を拠り所として、みずからの心を高めて仏道に生きることが即身成仏に進む道程のような気がいたします。

（岩佐隆昇）

仏法僧これ三なり　身語意また三なり　心仏及び衆生三なり　是くの如くの三法は平等平等にして一なり　一にして無量なり　無量にして一なりしかも終《つい》に雑乱せず（即身義）

【仏、法、僧は三である。身体、言葉、意志もまた三である。心、仏、衆生も三である。このように三組がそれぞれ平等にして一体になっている。一が無量であり、無量が一であって、しかも相互に乱れることがない】

◉三は心地よい数字　日本を代表するものの数え方に「日本三景」とか「日本三名城」とか「日本三大祭り」など「日本三……」というような表現をよく聞きます。仏教でも様々な哲学を説くのに「三」という数字をよく用います。三という数字は、私たちの生活の中のあちこちで触れる数字ですね。

日本人は縁起を担ぐとき偶数よりも奇数を好みます。ご祝儀をお包みする際も割り切れない奇数の金額にすることが多いのです。その奇数のうち三は「満つ」という語呂合わせに通じて、慶事にあってはたいへん縁起の良い数字だと考えられるのです。

香炉は三本の足で大きな器を支えていますし、座禅で座るときは、この三本足の香炉のように尻と両膝の三点を地面に触れて身体のバランスを取るイメージで座ると安定します。握った両拳と両肘の三点で地面を支えて行なう三点倒立という逆立ちの方法がありますが、これは普通に逆立ちをするよりもかなり簡単にバランスをとることができます。三という数字は、物質においても精神においてもバランスを心地よく保つ絶妙な数字なのでしょうね。

仏教でも、仏法僧を「三宝」というように、様々なものを「三」で表現します。これらには優劣や序列があるものではなく、表現が違うだけで本質は互いに繋がっています。「仏」の中に「法僧」があり、「法」の中に「仏僧」があり、「僧」の中にも「仏法」があるのです。当然これらのうち一つでも欠けたら世界が成り立ちません。同様に、護摩を修行するときは、行者と本尊と炎の三者が一体となり平等であると想いながらお勤めします。肉体と精神と宇宙は、まさしく高野山の宗紋「三巴」のデザインの様に三つのものが絶妙に絡み合いながら存在するのでしょう。

（大瀧清延）

融通無碍

諸法本《もと》より不生なり　乃至因業なり　虚空に等し（即身義）

【すべてのものごとはそれ自体で生じることがなく、因縁によって生じるから、虚空と同じである】

◉こころの断捨離から見えてくる

げっそり痩せ細った苦行僧の姿を見た人が吐き捨てるように言いました。「主君や親をも捨てた出家僧などは忠孝を捨てたにも等しいのだ」と……。

これに対し修行僧曰く。「主君や親に仕えるのが小孝」「修行の身で天下に尽くすことや修行の身で主君、親を祈り捧げる心情こそが大孝」と答えました。空海さま二十四歳のときの出家宣言文とも言われる「三教指帰」に述べられています。

明治時代、東京帝国大学（現・東京大学）卒の自由律俳人尾崎放哉さんは四十一歳の生涯で約三千首の句を残しました。

酒と俳句の放浪人生最後！　まさに最後の句「春の山のうしろから煙が出だした」は終焉の小豆島（香川県）の大師堂（お大師さんを祀る）で、これまでのご縁の糸を手繰り寄せるかのように最後に詠んだ句です。毎朝の御宝号「南無大師遍照金剛」念誦を欠かさなかった尾崎放哉さん。全てを捨てた孤高の人生を振り返った辞世の句と伝えられます。

臨終を覚る孤高の俳人は家族、親族、知人等々全てを捨てた過去の回想を通じてやっと目覚め気付いた己を、彼方の〝煙〟に託して精一杯、吐き捨てるように書き残しました。「春の山のうしろから煙が出だした」……。

空飛ぶ鳥は何処から来て何処へ行くか！　尾崎放哉さんの生涯は大空に抱かれて悠然と遊ぶ「大空位に遊歩す」鳥のようです。

修行僧にとっても何とかしたい逸るこころが更なる行へ繋がり、何も妨げるものがなく全てのものが存在する「虚空」と同じ境遇にあることに気付いて初めて身の在り方を悟ります。

青年空海さまは原野に分け入った流浪苦行でやがて「密教」へとこころの傾斜がすすみ、虚空世界に身を投じてひたすら〝世のため人のため〟に果てしなく心強い信念を注がれることとなります。

（湯浅宗生）

大とはもし一切の物事　彼此相望するに必ず大小の名あり　須弥《しゆみ》も大に非ず芥子も小に非ず　蛍火即ち大なり日光即ち小なり　蟭螟《しょうめい》を大と為し大鵬を小と名づく　須弥の大を大士の身中に望むるに大にあらず　芥子を毛端に望むるに則ち大なり　是くの如く相待するに大の名重重なり（大日経開題法界）

【大とは、物事を対比した差の大小である。須弥山は大ではない。芥子は小ではない。蛍の火は大である。太陽は小である。ずい虫は大である。大鵬は小である。なぜならば、須弥山は菩薩の身体から見れば大ではない。芥子の実は毛先と比べれば大である。このように比較すれば大の意味は様々である】

◉私の立ち位置　大きいとか小さい、多いとか少ないといって、私たちは感情を昂らせています。しかし、他と比較しなければ大小も損得も多少の区別もありません。この名言は大日経の一節からそのまま引用されています。謎を解く頓智のような面白い言い回しをしながら、大日如来の「大」を説明しています。

私は、親からみれば子であり、子から見れば父であり、孫からは爺であり、甥からは叔父、学生からは先生、信徒からは住職、名古屋ではオッサマ、高野山では上綱《じょうごう》、親友からはコンチャン、亡き学友はコーンと呼んでいました。このように、私の呼び名は家庭や職業などの人間関係によってそれぞれ異なります。私も立場によって呼応しています。いったい本当の私はどれなのでしょうか？　しかし、どのように呼ばれようとも、どこにいようと、すべて私です。

この名言は、私の本質は「大日如来」であるという自覚を促すために、大小を比較しながら大日如来を述べています。大日如来は世間の様々な苦悩に応じるために、姿や名前や働き方を変えて衆生済度なされています。曼荼羅の絵図がそれを表しています。私も社会人として世間へ出て行って融通無碍に適応しています。

このように理解すれば、私は変幻自在の大日如来と同じではありませんか。「私は大日如来」という自覚が密厳《みつごん》浄土を創っているのです。仕事が大きいとか小さいということではありません。今の私の一生懸命が大日如来の仕事を担っているのです。

（近藤堯寛）

如来所説の教は　同に非ずまた異に非ず（宗秘論）

【如来が説かれる教えは各人各様であるから、同じ内容はなく、しかも真理に異なるものでもない】

◉頭が硬い？

無碍《むげ》と言う言葉があります。無碍は無礙とも書き、「障害や支障がない」という意味ですが、普段は余り使いません。

一方、融通とは「融通する」などと使います。例えばお金の貸し借りや、物を都合する（間に合わせる）時の事で、出来るとか出来ないと言います。昔の時代劇などに出てくる長屋では、お米を始め味噌や醤油まで貸し借り（融通）をして助け合っていた場面がありますが、庶民生活の融通無碍でしょう。

さて、物はお互いの気持ちさえ合えば都合をつけることが出来ます。しかし「心」の方はどうでしょう。簡単に融通出来ると思いますか？　家族や友人・同僚などといっても、考え方の違いによって、すれ違いが少なくありません。それはお互いが理解できていないからです。心の融通とはどんな事でしょうか？　この場合は多分「心が溶け合って通じる」という事でしょう。心が通じるとは、相手の心の動きが分かり、うまく対応できるという事でしょう。

しかしそんな事はなかなかできません。分かっているように思って、誤解をしたままになっているのでしょう。誰かが何かをしたり言ったりすると、常に自分の過去の経験や知識、或いは好みに照らし合わせて、良いとか悪いとか好き嫌いとか……果てには、自分の方が上だとかの判断をします。

この文では、如来が教える事は、全ての人の条件が異なるので、教える内容は違っていると言っています。ところが同じでないのに、間違っていないと言うのです。私達にはその意味は分かりますが、全て「理に適った教え方をする」ということは、とても難しい事です。臨機応変に対処する事も困難です。

しかし出来ないからといってそのままにするのが、この教え（名言）の目的ではありません。如来にはほど遠いけれど、凡夫ながらにも少しずつ改める事は大切です。遥か彼方の教えとして理解をするのではなく、ほんの少しでも隔たりを埋める努力をして欲しいというのが、この文の裏にある仏の願いだと思います。

（佐川弘海）

定慧心海《じょうえしんかい》を澄しむれば　無縁にして毎《つね》に湯湯《しょうしょう》たり（性霊集一　山に遊ぶ）

【瞑想によって心を海のように澄みきれば、限りない慈悲があふれ、世間に流れ続ける】

◉他者と生きる喜び　仏教修行の中で、「禅定」や「瞑想」など〝精神の安定〟が第一にあげられるのはなぜでしょうか。雑念は修行の妨げになるからです。「あたり前じゃないか」と笑われそうですが、これが冒頭の言葉の大元です。

この詩文には、自然の千変万化や無常の様子がこれでもかというほど描写されています。要約すれば、「自然や世間のうわべに煩わされず、そこに潜む真実に気づき本当の智慧を身につければ、おのずと慈悲も生まれる」ということになります。仏教的な意識のレベルアップのしくみを、お釈迦さまの瞑想法にしたがって三段階に分けてみましょう。①六感から入る外部情報に気づき、そこに〈集中〉する。②この習慣化により〈観察〉や〈洞察力〉が養われる。③その結果、仏教の〈智慧〉が発現する。荒っぽいですが、これがあらすじです。

私たちが身勝手な物語を日々つくることによって、不安、執着、欲望などが生まれます。無駄なエネルギーの浪費によって精神は疲弊します。変な例ですが、電波は見えませんが、しかるべき装置をつくり波長を合わせてスイッチを入れると音声となって聞こえてきます。集中によって得た智慧が相手の正体を見抜くのですが、これには相応の経験や観察力が必要です。誠実に努力して身につけた清らかな心は、やがて〈慈悲心〉に変わります。仏教ではここが最も重要なところです。智慧は人間の幸福に役立たなければ意味がないからです。

ものごとが分かればやさしくなれます。無理解や誤解は苦しみや争いを産みます。私たちはいつの時代にあっても、同じ時間と場所を共有する仲間です。「同悲・同苦」を感じあえれば、心はどれほどやすらぎ、幸せになることでしょうか。仏教は常に「智慧」と「慈悲」の二本柱で立っているのです。

釈尊の成道の瞬間の様子です。「人間は他者との縁で生かされている。この真理を会得したとき、すべての欲望がしずまり、すべての執着からはなれて、安らぎの世界が訪れた。ブッダは究極的な喜びを知った」。悟りは苦しみではなく喜びだったことに、ここでもまた気づかされるのです。

（友松祐也）

秋の月　秋の風　空しく扉《とびら》に入る（性霊集一　秋の日）

【秋の月や風が何のさまたげもなく窓に入ってくる】

◉高野山での修行

秋の日、神泉苑を観る、の一節にあります。お大師さまが、平安京にある神泉苑に魅せられて、うっとりされている様を朗々と詠っています。また、君主の徳が行き渡っていて、国内を自由に往来できることに喩えています。そして、草をふくみ栗をついばんで、これ以上望むことがあろうかと続きます。

お大師さまが、高野の地を賜りたい旨を、朝廷に願いでられた上表文があります。そこには、「奥深く静寂な平地で、四方には高い峯があり、人の通った跡もない土地です」とあります。このような人跡未踏で世俗から離れた場所が、密教の修行と勉学に最適であると考えられたのです。また、環境について、静かで清らかな地で修行していると、知らず知らずのうちに心も清らかとなる。そして、森羅万象の道理とその働きである徳とが不思議なことに存在すると、心と環境は密接な関係にあることを指摘されています。

「冬の雪と寒さは厳しい条件でしょうが、常緑の森林と夏の涼しさと冬でも時に明るい太陽の光が降りそそぐ環境は、修行にとって恵まれた条件です」「豊かな水と森林は、あらゆる動植物の生命と自然の霊性（いのち）を養う環境です。古代日本人は、湿潤で緑と晴朗な大気に包まれた大地を魂の鎮まる聖地と考え、魂のやすらう場所として、そこに神々を祀って来ました。仏教の瞑想修行の求める場所もまた同様の環境と言えます」（村上保壽『高野山開創の意義』より）。

個人的には、加行の期間中の午前二時・三時の高野山はとても神秘的で、大宇宙にいるのだという実感が得られました。大空のオリオン座は、届きそうなくらい近くにあって、ひときわ大きく・明るく、きらめいていました。真っ暗いなかにあっても、怖いとか畏れなどはなくて、大自然に包みこまれているような不思議な感覚です。加行中の神秘体験は、高野山という環境によって得られたものだと思います。今では、高野山には行くというよりも帰るという心もちでいます。それは遠い昔のふるさととの記憶に還るのと似ています。

（丸本純淨）

如来の悲願は類に随って生を摂し　菩薩の応現は所としてあらずということ無し（高野雑筆五）

【如来の誓願は問題に応じて救済し、そのために菩薩の姿になってどこにでも現れる】

◉法界力　高野山の総大門には、遠く平安の昔から一対の聯《れん》が掲げられています。この対聯《ついれん》には、「お大師さまは日々お姿を現され随処で人々を救われている」という文言が漢文で刻まれています。ところがこの「救済」について、他宗には「おもふがごとくたすけとぐること、きわめてありがたし（滅多にない）」（親鸞）と述べておられる方もいます。何故でしょう。

そもそも仏教は、釈尊の伝記そのままに個人が悟りを得ることで輪廻《りんね》の苦を免れる「自力救済」の営みから始まっています。釈尊入滅後数百年、大乗仏教運動が興《おこ》り、救済対象は一切衆生へと拡げられました。この大乗《マハーヤーナ》（大きな乗り物）運動には二筋の異なった流れが伏流していました。元々は仏教の源流にあるヒンドゥー教神学の論争で、「猿の道」と「猫の道」と呼ばれるものです。

危険に遭遇すると、子猿は母親の胸にしがみつきその場を逃れます。一方猫の場合は母猫が子猫を口にくわえて避難、いずれかと言えば子猿の方に最低限の自助努力（＝しがみつく）が見られます。これは、神の恩寵《おんちょう》に与《あずか》る時、それを受ける人の側の努力の要否に関する議論で、後に自力宗と他力宗に分かれる仏教の源にある論争です。しかし、この自力を素朴実在論的な自分の力と考えるのは誤りだと思います。それでは仏教でなくなってしまいます。あくまで生得的に備わっている「内なるみ仏の力」、臨済義玄がいうところの「無位の真人」の働きでなければなりません。そして他力は浄土門がいうところの「如来の本願力」、つまり「外なるみ仏の力」です。

真言密教は、この自他の二力に「法界力」を加え三力を唱えました。法界とは自他を越え内外が感応合一した世界、内外の仏が相互に加持し合い根本仏に帰入する境界です。この三力が調和する時、人々の本来備え持っている仏性が開発《かいほつ》され、即身成仏の境地に達します。それは「我即大日」の境界です。

（田中智岳）

法力は無礙なり　誰か遠近《おんごん》を論ぜん（高野雑筆五三）

【法力は自在かつ即刻であるから、遠近は問わない】

◉お釈迦さまの古里　京都市にある種智院大学は、平安時代初期に創設した弘法大師空海が示された教育理念を現代に受け継ぐとともに、真言密教の知恵を生かし、人が生まれながらに持っている人間的な可能性を育てることを目標にしています。

この大学には、スダン・シャキャ（釈迦浄範）教授がおられます。スダン教授は一九七二年ネパールの古都パタン市の釈迦家系に生まれ、ネパールにおける古代仏教の伝統を受け継ぐ家庭の中で育ちました。ネパールの国立大学を卒業後、縁あって来日しました。

一九九六年に種智院大学入学。二〇〇六年、東北大学大学院博士課程を修了。文学博士を取得。二〇〇八年、日本密教学会賞受賞。

専門分野は印度哲学（含仏教学）。研究テーマは密教を中心としたインド、チベット、ネパールの思想と儀礼で、十三世紀の初頭に滅んだサンスクリット語を基盤とするインド仏教が、ネパール仏教においてどのように受容され、変遷したかを明らかにしていくことです。それに関連して、現在はネパールに現存するサンスクリット語とともに、サンスクリット語、ネワール語の混成資料の解読、翻訳を進めています。

大学ではチベット語、インド密教、チベット密教、ネパール仏教、真言宗の主要経典『大日経』『金剛頂経』などの講義を担当。ほかに宗教部長として、大学での法要の指導、学外での研修など、学生から大変信望のある先生です。当然、各種学会での研究発表にも精力的に取り組まれています。特筆すべきは、語学力を生かし、国際学会での研究発表の要請が多いことです。日本の仏教学会でも稀有な研究者といえるでしょう。

仏教伝道のための活動としては、各地での講演、「仏教雑誌」連載、『宗教新聞』への論考執筆などに尽力されています。今後も教育者、研究者として業績を重ね、真言密教を世界に布教していただきたいものです。

（菅智潤）

池深ければ蓮大なり　感応こもごも臻《いた》る（大日経開題　釈此）

【池が深ければ蓮華が大きく成長するように、今の環境によって結果が様々に現れる】

◉深い懺悔によって人は浄い器となる

この御言葉をそのまま解釈いたしますと、「池が深ければ蓮華が大きく成長するように、生まれてから成人するまでの家庭や社会の環境によって人の成長は左右される」という意味になります。

善良な人になるか、そうでないかなど、その人格形成の大きな部分を占めているのが、家庭や社会の環境です。「子どもは親の言う通りにはならない、親のした通りになる」と昔の人が言っていますが、幼児の場合、「ありがとう」「ごめんなさい」という言葉一つにしても、子どもは先ず親を手本として親のまねをして成長します。そのことを考えると、ちゃんと「ありがとう」「ごめんなさい」が言える子どもに育てようと思うなら、親は先ず自分から「ありがとう」「すみません」の言葉（口）だけでなくて、心（意）を持って日常生活（身）での身口意（三密）で範を示す必要があるわけです。

「池が深い」とは、私たちが自分自身を見つめて、思い上がるのではなく、心を低くして深い反省をする。そして日々にお唱えしている十善戒を記した行い（身）や言葉（口）心（意）を懺悔して「浄《きよ》い器」となる。この「浄い器」はこの「蓮」で象徴されており、深い反省によって蓮が大きく生育することこそ「蓮大なり」ということです。

「感応」とは、「加持感応」を「こもごも（交）」には「感応道交」という深い意味が込められていると考えられます。又、「臻《いたる》」は「シン」と読み、「真にいたる」の意味に通じています。つまり、深い懺悔によって、浄い器（大蓮華）となり、仏の大悲（加）を自分が感じ（持）、そしてその自分の信心（持）に仏が応じて下さる（加）。このように仏と自分が感応道交することを加持感応といい、ここで大きな生命（仏）と小さな生命（自分）がつながっている確信を得るに臻る。この一句にはこのような深い意味が込められております。


（畠田秀峰）

一即多

一は百千が母たり（十住心第七）

【一は無数を孕む母胎である】

◉シヴァ神の頭髪から滴る水の一滴　お釈迦様が初めて説法された地、サールナートの近くにあるベナレスは、ガンジス川の沐浴風景で有名なヒンズー教の聖地です。その黄濁した川の水に頭まで浸り、或は口に含み、恍惚として祈る人々の姿を知る人も多いでしょう。すぐ近くには死を待つ人々の館があり、死者は川岸で火葬され、灰は川に投げ込まれます。時には、焼け残った骸がそのまま流れていることさえあり、ここは、生と死が隔てなく隣り合いつつ、聖と俗が一体になっている聖地だといえます。

ガンジスの源流はヒマラヤの清冽な水の一滴に始まり、肥沃な大地を流れる内に、様々なものが含まれて黄濁した大河となります。しかし、インドの人々にとって、ガンジス川は破壊と創造の神、シヴァの頭頂から滴る聖なる水の流れであり、その水に浸ると穢れが払われ、清浄になると信じられています。その水はまさに万物を含んでなお清浄なのです。

翻って私たちも、神仏を礼拝するときには、手水を摂り、口中を漱いで、心身を清めます。そのあり方は違っても、水の働きによって自らを清浄にするという宗教的心情は変わらないものでしょう。

一が集まり多になりますが、多は一の中に含まれるともいえます。宇宙はビッグバンによって始まったとされますが、宇宙の構成元素は最初の一に凝縮されていて、爆発と共に拡散され続けて宇宙を形成している。地球上のあらゆる元素は、最初から存在しているというのが今の宇宙化学の考えです。万物は一の中にすべて入っているのです。茶道では、小さな茶室に全宇宙が入っていると見做すそうです。華道でも、花の一本一本を宇宙の象徴だと捉えます。

極小の中の無限、一微塵の中の一切世界、それを感じるには、小さな思い込みや固定観念から離れなければなりません。とらわれない、こだわらない、あらゆるものを包みこむ、大らかで、空なる心というものが大切だといえましょう。

（河野良文）

同一にして多如なり　多の故に如如なり（吽字義）

【悟りは同一であっても、内容は様々である。無量無数の姿をしているのが仏である】

◉塵を払い、垢を除かん　お釈迦さまにはたくさんのお弟子さんがいました。シャーリプトラ（舎利弗）をはじめとする十大弟子は、それぞれ智慧第一とか多聞第一など優秀な人ばかりでした。でもお弟子さんの中には、なかなかお釈迦さまの教えを覚えられない人がいました。チューダパンタカ（周利槃特）という人です。

兄と二人で出家したのですが、優秀な兄と違い、自分の名前すら覚えることができないため、首から名札をぶら下げていたほどでした。ある時、そんな弟に嫌気がさした兄は弟に、精舎から出ていき、別の道を自分で探すように言いました。自分のふがいなさに泣いているチューダパンタカの前に現れたのがお釈迦さまです。お釈迦さまは、愚かと言われたこの弟子も決して見捨てることはありませんでした。泣いている理由を聞いたお釈迦さまは、一本の箒を手渡しました。そして、これで精舎の中も外もきれいに掃き清めるように言いました。その時に、「塵を払い、垢を除かん」と唱えて掃除をするように言いました。簡単な教えを守らせることで、悟りを開かせるようとしたのです。

愚直にその教えを守っていたチューダパンタカは、ある時、塵や垢とは自分の執着の心であるということに気が付きました。後に悟りを開き、お釈迦さまの十六羅漢のひとりに並ぶまでになりました。

悟りは、多くのことを学ばなければいけないということはありません。ほんの短い教えであっても、その本当の意味を深く理解し行動するなら、悟ることはできるということです。

お釈迦さまの指導方法は、「対機説法」と言われるもので、目の前にいる人に合わせて教えを説きました。目的とするところは同じでも、そこに至る道は人それぞれだということです。

（大咲元延）

雨足多しと雖も　並びに是れ一水なり（吽字義）

【雨足が多くても、水のもとは一つである】

◉かけがえがないもの　なぜ「奇跡の星」と呼ばれるのか、それは地球にだけ常に生物が生存するためにかけがえのない水が存在していたからです。水は無色透明で無機質で腐敗しません。含有する不純物で腐敗するのです。「水は方円の器に従う」器で自在に形を変えて揺動します。水＝液体を冷却すると氷＝固体になり、加熱すると水＝液体に戻り、沸騰すると水蒸気＝気体に、冷却すると水にと循環しています。

水の働きの第一は生物の生命活動の維持にあります。水は生存に必要不可欠なものであり人間の体重は新生児で八〇パーセントが体液という水分でできていて年をとるごとに減少します。人間や動物や魚は酸素と食物を燃焼して二酸化炭素を放出して、植物は二酸化炭素と地中の水を吸収し太陽エネルギーを利用して葉緑体の働きで酸素を放出し、成長に必要な栄養分を作ります。植物が成長すると草食動物が食べる。草食動物を肉食動物が食べ、動物の遺骸を細菌が分解して再び植物の栄養となるという食物連鎖を繰り返しバランスを取りながら共生しています。さらに私達の生活基盤の産業経済活動には水が必要不可欠です。

第二は太陽光を制御して生物の生命を守る役割を担っています。太陽光が昼間直接当たると、地表温度は約百二十五度になりますが、太陽熱で水が気化する時に大量の熱を奪うので、まるでエアコンのように生物は快適に過ごせます。夜間は太陽光が当たらないので地表温度は零下約百七十度になりますが、地球を包む大気の中に太陽熱を大量に蓄えた水蒸気が雲になって、まるで地球が分厚い布団に包まれるようになって生物の生命は守られます。

第三は洗浄力と浄化再生力です。水の恩恵で私達は日常生活を清潔に送ることができます。水の持つ不可思議な力を信じて滝に打たれ、水垢離を取り、川や海に浸かって禊ぎの行をすると神仏の見えない力によって一切の罪業が浄化し再生されます。

お大師様は森羅万象と意識すべてに仏様の教えがあり平等に互い結合し融合しているとと説かれました。水一滴の仏様の教えも、妨げなく無限大に拡がるのです。

（伊藤全浄）

燈光一に非ざれども　冥然として同体なり（吽字義）

【多くの蠟燭が点灯していても、その明かりは一つに溶けあっている】

◉one for all　all for one

いまこれを執筆している私の書斎には八本の蛍光灯が点灯しています。その八本から別々に発する小さな光のエネルギーは、いまここで一つの大きな光となって書斎を照らしています。まさしくこのお言葉の通りだなぁと妙に納得しながらしたためております。大きな一つの灯りとして部屋を照らしていますが、この明るさを保つためには一つでも蛍光灯が欠けたら成り立ちません。それぞれが個性を主張して喧嘩するでもなく調和して存在していることを示すこの言葉から、この世界の在り方について考えさせられるのです。

さて、お大師さまは、このお言葉の直前に「雨足多しと雖も並びにこれ一水なり（雨の一粒一粒は無数にあるが、これを集めれば一つの水である）」とも述べられています。改めて言うまでもなく至極当然のことですが、宇宙の真理を的確に指摘された言葉だと感じるのです。小さな雨粒は大地を潤し水たまりとなり、大河となり大海となり、熱せられ蒸発して雲となり再び雨粒となるように、大宇宙の生命の循環や繋がりも然りであることが説かれていて、これが分かりやすく理解できるのです。

私はラグビーを嗜みませんし、ルールも知りません。観戦の楽しみ方も分かりません。そんな私がこれを述べるのはおこがましいですが、ラグビーで有名な言葉に「one for all all for one（一人は皆のために、皆は一つのために）」があります。個性あるメンバーが集まって、チームプレーの中でそれぞれの個性を適材適所に置いて、心を一にして一つの目標を成し遂げる為のスローガンですが、もしお大師さまの時代にこの言葉があったら、絶賛されるのだろうなと私は想像するのです。

曼荼羅の諸仏諸菩薩も、あるいは蓮の花を持ち、あるいは武器を持ち、あるいは柔和なお顔で、あるいは忿怒の形相で、様々な表情が集まり調和して宇宙の真理を説かれています。一つの絶対的な真理も、その場その場でそこに必要な姿に変化して説法されるのです。違う形相、違う言葉で説法されますが、説かれるのは究極には同じ真理です。曼荼羅の世界も「one for all all for one」なのです。

（大瀧清延）

多にして不異なり　不異にして多なり　故に一如と名づく（吽字義）

【多数に枝別れしているけれども、幹は一本である。一本に多くの枝葉が繁って、全体が一つになっている】

◉さとりへの道はいろいろ

『吽《うん》字義』は、『即身成仏義』『声字実相義』と並んで、空海が解き明かした真言密教の根幹をなす書のひとつです。「吽（フウム）」という字を、ハ（訶）・ア（阿）・ウ（汙）・マ（麼）の四文字に分解して、真言の本質を解釈しています。この文は汙字の字義を解釈した偈文の中にあります。

さとりに至る道は多数あります。けれども最終的に目指すものは一つです。密教に限らず、お釈迦さまが開かれた仏教そのものが、さとりに至るいろいろな方法を経典にして残してきました。その人に応じてできる方法は異なってきます。お釈迦さまは人に応じて違う説法をされました。だから膨大な数の経典が残されているのです。でも目指すところは同じ。さとりを開くということです。

そしてそれぞれのさとりは同じように見えていても、おのおの異なるのです。その数はガンジス河の砂の数よりも多いということが、同じ偈文の別の部分に書かれています。けれどもその根幹は一つだということです。このことを理解すると、密教の本質が見えてきます。

お大師さまは、身・口・意の三密を実践しなさいとおっしゃいました。一般的には身体で印を結び、口で真言を唱え、心で仏さまを観想するという意味にとらえられていますが、なにもむつかしく考える必要はないのです。

まずは身体を使って人さまのためになることをする。困っている人がいたら助けてあげる。足の弱い人がいたら席を譲ってあげる。そんな小さなことの積み重ねが功徳を積むことになるのです。口ではお経や真言を唱える。一番簡単なのは「南無大師遍照金剛」と唱えることです。そして心で仏さまを思う。仏さまに近づくぞという気持ちで日々を過ごせば、おのずから悪いことはできなくなってきます。そのことの繰り返しがさとりに至る道につながるのです。これなら簡単にできますよね。

コロナ禍で、密集・密閉・密接の三密は避けなさいということで、流行語にもなりましたが、本来の意味での身・口・意の三密を毎日実践するということを心掛けてください。

（柴谷宗叔）

一は一に非ざるの一にして無数を一となす　如は如に非ずして常なり　同相似せり（吽字義）

【一とは、一の中に無数が含まれた一組である。如とは、常、同類、相似という意味である】

◉毛穴の中に宇宙がある　一が無数だと言われると、奇異に感じるかもしれません。例えば、我々の住んでいる地球は一つだと思っていますが、その構成要素は、七十九億の人類をはじめ、あまたの生物、多種多様な無機物からなっており、無数の存在を内包しています。

また、時間軸の中で考えると私という人間が存在するためには、父があり母があり、その先をたどっていけば、無数の祖先が存在しています。人は時空を超えてDNAを運ぶ存在だと考えると決して一人単独で時間の流れの中にぽつんと生きているわけではありません。自分自身の中に彼らの特性が脈々と受け継がれていて、この瞬間にも常に私と共にあると言えるでしょう。私を形作る見たことのない無数の存在がこの自分の体内にて、見守ってくれていると考えると心強いですね。

アフリカ単一起源説という人類の祖先をたどってゆくと、十四万年前の東アフリカの一人の女性ミトコンドリア・イブに行き着くという有力な説があります。ヨーロッパ人とアジア人も七万年程前に分岐したそうです。地球の歴史四十六億年から考えると、本当に刹那の出来事です。

仏教では輪廻転生を説明する際に、人は幾度も輪廻を繰り返しすべての衆生の生涯を経験すると説かれています。遺伝子解析により、現在のすべての人類が共通の祖先をもっているという事実は、もともとたった一つだった遺伝子がこれまでのすべての人類の人生を経験している、と言えるでしょう。

非常に興味深いのは、仏教的な宇宙観を科学技術の発達が追証しているという事実です。宇宙は常に膨張し続けていて、しかもすべてのものを飲み込むブラックホールがあると言われています。しかしマクロとミクロがつながるその先がどこかは不明です。宇宙そのもののような大毘盧那仏は、自分の毛穴の中から説法のために百千億の釈迦仏を放出しその一人が我々の知る仏陀だと言われています。ブラックホールの出口が毛穴であるとしたら、まさに「毛穴の中に宇宙がある」ですね。

（花畑謙治）

一切法は一法　多尊は是れ一尊なり（宗秘論）

【すべてのものは一つに尽きる。多数の仏は一仏にまとまる】

◉一つの家族、一つの地球

『宗秘論』というのは、真言密教でとても大切な陀羅尼などについて問答形式で説明したものです。陀羅尼というのは真言と同じで、それを唱えることで密教の真理に近づくことができるとされています。この一文は、仏さまのいろいろな教えは、それぞれ違う一人ひとりすべてにあてはまるありがたいものだ、という問答の中で語られています。「すべてのものは一つに尽きる」ということは、私たちがお互いにかかわりあって生きて行く社会ではいろいろなものがあり、いろいろなことがおこりますが、常に真理はひとつだということではないでしょうか。そしてその真理は仏さまの教えで、それを大切にすることが求められているのです。いろいろな人種がいても、すべて一つの人間で一つの家族であり、それが永遠不変の真理なのです。いろいろな国があってもすべて一つの地球の中に収まっており、その地球は永遠不変の真理なのです。その真理を大切にするということは、一つの家族として人種差別をなくすことや、環境問題や地球温暖化が進む地球を大切にすることだと考えられます。空海は「一は無数をはらむ母胎である」とおっしゃっています。一つの地球にはさまざまな国や多くの自然現象が含まれています。地球を大切にするということは、それらすべてを大切にするということでもあります。

仏さまのいろいろな教えは、いろいろな仏さまの形で我々の前に現れています。真言密教では、普賢菩薩、文殊菩薩、観世音菩薩、弥勒菩薩などいろいろな仏さまの中心が、宇宙そのものである大日如来だとされています。これらの仏さまは大日如来から出生して、大日如来のさまざまなお加護をそれぞれが分担し、衆生をお守りくださると考えられています。「多数の仏は一仏にまとまる」とは、自分にご縁があるご本尊さまのご真言を唱え、日ごろから自身の身体、言葉、心を清らかにすることで、さまざまな仏さまのお加護がご本尊一つに集まり、それらすべてを包み込む宇宙そのものの大日如来とともに、私たちを正しい道にお導きくださるということだと思います。一つの家族、一つの地球、真言密教の教えを胸に大切に守って行きましょう。

（雪江悟）

一即多

気海微《すくな》しと雖もたちまち満界の雲を起し　眼精至って小なれども能く遍虚の物を照らす（平城灌頂文）

【水蒸気は僅かであっても、たちまち大空を覆う雲となる。瞳は小さくても、空を広範囲に見ることができる】

◉**可能性を観る**　若き棋士藤井聡太三冠の快進撃により将棋ブームが巻き起こっています。私も小学生の頃に市内の子ども将棋大会に出てたくさん賞をいただいたことがありますので、将棋を知らないわけではありませんが、将棋を指すことから十数年離れていますと、どこか遠いものになってしまいます。そんな時にふと、お大師さまのお言葉に出会いますと、遠かったものが近くに来るのは不思議なものです。

将棋の駒は八種類あります。その中でも「飛車」と「角」が強い駒ということは将棋を知らない人でも聞いたことはあると思います。しかし、将棋の駒の中で一番必要で、たくさん数のある一番小さな駒が「歩《ふ》」です。駒の強さだけで見れば「飛車」と

「角」が強い駒で「歩」が弱い駒になるのですが、拮抗した勝負の盤面において「歩」を指す一手が勝ちを手繰りよせることがあります。この時の「歩」は飛車や角には無い強さを秘めているのです。将棋の格言に「歩の無い将棋は負け将棋」と言われるように持ち駒に歩を持っていなければ優勢な盤面であっても形勢が逆転することは多くあるのです。一番小さな弱い駒と思われている「歩」には勝負の盤面でしか見えない力強い可能性を秘めているのです。

私たち人間も一人の力は微々たるものかもしれません。しかし、私たち一人一人の心にある菩提心には世界をより良い方向へと大きく動かす可能性を秘めているのです。この菩提心の可能性の大きさは空よりも海よりも広く大きく、無限大の宇宙と同じと言われます。この可能性を私たち真言行者は「大日如来」と呼んでいるのです。私たちの中にある可能性を観た時、私たちは大日如来となるのです。

（加古啓真）

一即多

一天の衆星　隻龍《せきりゅう》の雨滴　色味異なりと雖も　終《つい》に一途に帰する（性霊集六右将軍願文）

【一つの空に無数の星があり、一つの龍が無数の雨を降らすように、星の色、雨の味は異なっていても元は一つである】

◉人類みな兄弟姉妹　自坊では毎年八月に、小学生対象の「一日こぼんさん修行」を開いています。開会式の際、「私たちは、ほとけの子、仲良く助け合います」などとお誓いの言葉を皆で唱和します。ある時、一年生の男子児童から「ぼくはほとけの子じゃないよ。お父さんとお母さんの子だよ」と指摘されたことがあり説明に苦労しました。この「ほとけの子」という言葉は大人の檀信徒でも理解しにくいものです。子供にはなおさらです。

お大師様が甥で弟子の智泉大徳の逝去を悼み詠われたご詠歌「阿字の子が　阿字のふるさと立ち出でて　また立ち帰る　阿字のふるさと」（弘法大師第三番）。この歌詞は、命の故郷である大日如来の世界から私たちがこの世に生まれ、自分の役目を果たし人の為に尽くして寿命が尽きればまたそこに帰っていくのだから何も心配することはいらないのだという意味だと思います。手塚治虫の漫画『火の鳥』の中で、人間も動物も命が尽きた時、それらの魂のようなものが肉体から離れ、火の鳥の導きで生命の根源である輝く光明に吸い込まれていくシーンがありますが、まさにそれはお大師様のみ教えを知るヒントになっています。命の故郷である大日如来がみ親であると考えれば、私たちは「ほとけの子」と言ってもいいのです。

「み親を知れるその日より　なぜか心はときめきて　仮の住み家のうき世にも　悦びわくをおぼえたり」。この法悦歓喜和讃の歌詞のように、煩悩で曇った心を明るく照らす智慧の光であり、命を生み育てようとする慈悲の力である大日如来が私たちのみ親であると信じたその日から私たちの人生観が変わり、辛くはかないこの世で暮らしていても、大日如来が常に私たちを温かい目で見守ってくださっているのだと思えるようになり、楽しく生きることができるということなのです。

「私たちは仏の子、人類は皆兄弟姉妹、認め合い助け合って暮らします」。（藤本善光）

事理無碍にして一多相融す（性霊集七　華厳会願文）

【現象と真理は一体であり、真理には多くの現象が含まれている】

◉虹と雲も、雨と雪も、川と海も水を離れて存在しない　華厳経というお経の名前を聞いたことがありますか？　華厳経は奈良の東大寺、華厳宗の重要な経典の一つとなっています。大仏様、大日如来をご本尊様と仰ぎその教えが説かれています。大仏様は正確には盧遮那仏と云います。真言宗の毘盧遮那仏（大日如来の別名）と同じとされます。大日如来を中心に描かれ、その教えや救いを表現した曼荼羅は「一即多」を表したものと言えます。

大日如来は大宇宙そのものであり、慈悲の心で衆生を見守る大生命です。神仏の根源が大日如来であり、私たちの求めに応じて観音さま、阿弥陀さま、お地蔵さまやお薬師さま、お不動様等々、曼荼羅に描かれた神仏となって日夜、衆生救済してくださっているのです。

私たちの住む地球は、水と空気に満たされ、日本には春夏秋冬の四季があり、自然豊かな土地です。私はそんな日本に住むことが出来、大変幸せだと感謝の毎日です。

青空に突然に黒雲が現れれば雷が響き豪雨となり大洪水を起こすこともあります。空が少し明るくなり太陽が出れば七色の虹がかかります。季節が変われればその雨もヒョウや雪となり、大雪は除雪作業での重労働となりますがお米の豊作にもつながります。スキー場ではスノボーやスキーを楽しむことが出来ます。山や平地に降った雨も川となり田畑を潤し飲料水や工業用水として利用され、海に流れます。海面からは太陽に熱せられ水蒸気となって霧や雲となり空に上っていきます。大自然の運行の一端に過ぎませんが、虹と雲、雨と雪、川と海は〝水〟の存在無くしては現れない現象と言えます。また、私たち人間の体の七〇％は水の成分から成り立っているそうですし、水が無ければ我々の生命を維持することもできません。

水の「一即多」の一面です。水が人間を始め多くの生き物の生命の支えになっているように、大日如来様も宇宙規模の大切な存在で有るのです。私たちの暮らす自然界のすべての事象は良きにつけ悪しきにつけ、すべてを有るがままに受け止め、如来様のお導きと救済を信じて、真理に触れる日暮らしをして参りましょう。（中谷昌善）

不二

心色異なりと雖もその性即ち同なり　色即ち心　心即ち色　無障無碍なり

（即身義）

【精神と物質は異なるようであるが、その本質は同じで、障りなく相互に関係しあっている】

◉**心と体**　心と体は本質的には同じ人間の表象であり、相互に関連し分かつことはないと空海は考えます。心と体は分かちがたいと考える見方は現代の脳科学の方向とも一致している。その意味で空海の見方は非常に現代的です。生命の引き継ぎは遺伝子情報の伝達であり生命の心と体の情報は新しい生命に引き継がれる。しかし人間以外の動物は心を持つことはない。心は類人猿から人類への進化の過程で生まれ、農耕社会への移行や宗教を通じた国家的集団の形成の中で進化しました。

花や鳥は命を宿すが心を持つことはない。ただ本能のままに生き大自然の中で調和し美しい世界を繰り広げると空海は述べています。心というものは人間のみに宿り、しかも体と連動している。動植物の織りなす様々な命の営みと大地や大海の自然現象はあまりにも美しく、まさに曼荼羅世界の究極の美と調和を持った仏の世界と同一のものとして眼前に現れると空海は言います。

心を持つ人間でありながら動物にも劣るふるまいをする人間の行ないに空海は大きな憤りと失望を感じています。無知無能なふるまいをする人間を正しい道に導くには真言密教の確立と密厳国土の建立しかないと空海は考えます。空海は深い悲しみと怒りの感情を払拭し、仏の力で人々を救済する道を模索します。奈良の寺々の経蔵を訪ね歩きひたすら経典を熟読します。そして空海はついに密教に出会い、自分の進むべき道を定めます。その時の空海の喜びは例えようがなく独学で密教にたどり着いた姿に我々は驚愕します。

密教では、心と体の熟達した師僧から直接教えを伝授されます。師僧から弟子に体と心の作用を伝授します。体と心は同一であるとする密教の教えは直接受け継がれていきます。体と心は一つである不二の思想は日本の文化や働き方の継承に大きな影響を与えます。日本人が職業の継承で師匠より弟子に直接技や免許を伝授することはこれに由来します。この不二の伝統は日本人特有の感性を生みだし、のちの時代に継承されます。

（長崎勝教）

不二

色空本《もと》より不二なり　事理元《もと》より来《このか》た同なり（心経秘鍵）

【存在と仏はもともと同じである。物事と理法もまた同じである】

◉密教の視点　私を含めて、お経を聞いていて意味がわかる人はまずいないと思います。出だしは何となくわかっても、小説の朗読を聞いているようにはいきません。お経は、有難いのだろうけど、よくわからないというのが正直なところかもしれません。

真言宗でどんな時も必ずお唱えする般若心経は、空思想の核心を説いた経典として知られ、わが国では一部の宗派を除いてほとんどの宗派の読誦経典となっていることもあって、知名度も高く、解釈本もたくさん出されています。

さて、私が密教を学びたいと思ったきっかけは、学生時代、ある先生との出会いでした。記憶違いがあるかもしれないので先生の名前は挙げませんが、先生は、子供の頃から毎日勤行の時に般若心経秘鍵も必ず読むようにお父さまから命じられ、意味がわからないのにと思いながらも読み続けたそうです。そうやって長年習慣としてきたことは不思議なもので、大きくなった時、それなりにその時期に応じて意味がわかることがあった。読んでいただけでも自然と身につくものだと思ったと仰いました。

般若心経は他宗においても重要な経典ですから、それぞれの立場で解釈がなされていますが、般若心経秘鍵はお大師さまが、密教の視点で書かれた注釈書です。学生だった私は「秘鍵」の文字にわくわくしました。これを読めば秘密の鍵が開くと思ったからです。この安直な考えは、漢文の素養がない現実を前にすぐ吹っ飛び、現代訳に頼るも難解でなかなか理解できず、大いに反省したのを覚えています。

それ以来、安直な考えは捨てて、お大師さまの著作や経典を読むようにしてきましたが、わからなくても続けていくと、目の前の事象が書いてあったこととつながる時があり、四十年近くを経て、秘密の教えの秘密ということも、それなりにわかるようになってきました。まだまだ秘密の扉はひらきませんが、秘鍵に「顕密は人に在り」とあるように教法は受け取り側の問題が大きいことを思い知らされます。

この名句は、般若心経の「不異空」から「亦復如是」までの解釈で、現象としての存在と真理である無は対立する二つのことではなく、絶対的な立場からみると一つのものであるという意味で、密教の重要な視点の一つです。

（森堯櫻）

不二

色を以て心を摂すれば心はすなわち所摂なり　心を以て色を摂すれば心はすなわち能摂なり　色心名別なれども並に是れ一体なり（梵網経開題）

【物事を心で受け止めれば、心は受け皿になる。心を物事に移せば、物事が受け皿になる。物事と心は別々のようだけれども、実は一体である】

◉真理は心と物事のどちらを離れても存在しない。両者の対話である　慈悲ということがあります。「太郎さんは慈悲深い人だ」というとき、太郎さんはどこに慈悲を携帯しているのでしょう。スマホならここに持っているよと取り出して検索すれば持っているということですね。慈悲はそうはいきません。目の前で車椅子の人が階段があって困っている。さっと動いて手助けすることが慈悲ですね。でももしも評判を得るためにやったら慈悲ではなく忖度でしょうか。慈悲はどこかにあるのではなく、その時その時に時々刻々現出するものですね。

車椅子が登れない。困っている。助けたら登れる。これらの事象が即座に起こるわけです。啐啄同時でしょうか。真理もまた同じく、心と物事が重なって顕れるということでしょう。

ここでは、もう一歩進んで、動作因果関係のようなことを言っているのでしょうか。たとえば慈悲の人が車椅子の方に向かって優しく微笑んだとしましょう。そうすると車椅子の方はうれしそうにして手招きするような表情になるでしょう。両者が善行を促します。そして善行によって喜ばれた人はその成功体験を得ます。そしてその成功体験で物事を見ると、さまざまな問題にぶつかっている人々の苦難が見通せる様になります。先が読めるわけですね。そこに生成する出来事は、真理というより次の真理を誘発する動因になります。少なくとも、物事は改善されなくとも心の方は改善されます。真理のみでなく、誤謬も含んで観察する心は、進んで物事の真理相を探る能力を持ちます。真理は心によって掘り起こされますし、物事は真理を追究する心を誘発します。

さて主題に戻って、色心は一体なのか。多様に一体化し多様化するのです。

（加藤俊生）

不二

身睡れば影即ち睡る　身定《しづま》れば影もまた定まる（宗秘論）

【身体が眠れば心も睡る。身体が安定すれば心も安定する】

◉健康法　この句の「影」は「心」を表し、身体が眠れば心も眠る、身体が安定すればば心も安定する、と解釈します。

私たちは健康には十分気を付けます。健康には「身体の健康」と「心の健康」があります。心身共に健康であれば夜、良く眠れます。そして、朝、気持ち良く起き、昼間、元気に仕事ができ、他人に対して優しくできます。しかし、悩み、不安、ストレス等の心配事がある時には、寝つきが悪くなる、睡眠が浅くなり、睡眠不足、目覚めが悪くなる等の体調不良から不機嫌になり、他人から誤解を受ける事や、病気になる事があります。

健康ブームで体力作りや食事制限など「身体の健康」に気を付ける人は多いのですが、「心の健康」については疎《おろそか》になっているように思います。病は「気から」と言われるように心の持ち方が大切であります。

人は、誰でも幸せになりたいと思っています。しかし、人間には、「喜怒哀楽」の感情があって、嬉しいと言って喜び、腹を立て怒ったり、哀しいと言っては泣いたり、楽しいとはしゃいだりします。この感情の起伏のままに生活をしていますと幸せにはなれません。

お大師様の教えに三密修行があります。これは、正しい行いや行動をして、正しい言葉遣い、真心の籠った言葉を使い、正しい心の持ち方を心掛けることで本当の幸せになるということであります。

或るお寺の門前掲示板に、心の健康法「かきくけこ」とあります。「か」は、カッカしない。「き」は、気にしない。「く」は、くよくよしない。「け」は、けちけちしない。「こ」は、こせこせしない、と書かれていました。

なるほど、瞬間湯沸かし器の様に直ぐに熱くならないように。他人の言動を気にしない。少しの失敗でネガティブにならない。けちけちすると心まで狭くなる。重箱の隅を突っつく事はするな、という様に理解し感心しました。

（糸数寛宏）

不二

法身は色相に非ず　報と応と元より無二なり（宗秘論）

【仏の姿は見えないけれども、人々に応じて姿を現わしている】

◉あなたの隣人は仏さま　仏教では、仏さまは①法身仏：仏法そのもの、②報身仏：阿弥陀如来のように願を遂げて仏身を得た仏さま、③応身仏：釈迦如来のように人間としてこの世に生まれて修行をして仏身を得た仏さま、といった三種類に分けて考えられています。ただしこれは、大乗仏教の中での顕教のとらえ方です。

密教では少し違い、四種法身といわれて、四つに分類しています。①自性法身：大日如来の位で真理そのもの、②受用法身：諸菩薩の位、③変化法身（または応化法身）：釈迦如来の位で、現実世界に姿をとって現れたもの、④等流法身：曼荼羅の外金剛部にいる諸天や諸鬼神の位で、自分と同じ姿をして出てきた法身の四種類です。

大乗仏教と密教の大きな違いは、④等流法身の考え方です。あなたの隣に座っている人が仏さま、自分にいろいろ世話を焼いてくれる人や文句を言ってくる人が仏さま。

密教では、大日如来がそういう形で我々に何が真理なのかを伝えようとして現れてきているると考えます。そうすると現実世界に存在するものはすべて仏さまだということです。そう考えると、周りにいる人を邪険に扱ったり、悪口を言ったりすることはできなくなります。すべての人に感謝の気持ちを持つことができます。

人間だけではありません。虫や花や魚、鳥や犬や猫、はては風や雲、月や太陽までもが、大日如来が我々の目の前に姿を変えて何かを教えてくれているのです。頬を心地よく撫でる風は、ちょっと人に優しくしようという気持ちを起こさせてくれます。お天道さまは、無償の愛で万象万物に分け隔てなく熱、光を与えてくれ、生きるエネルギーを感じさせてくれます。

目に見えるものだけが真実ではなく、目に見えないものの中にも我々が忘れている大切なものがある。それを様々な形で教えてくれるのです。仏さまが何を伝えようとしているのかを感じ取るのは人それぞれです。

（大咲元延）

水と波と同じく一湿《いっしゅう》　真と妄と本より同居す（宗秘論）

【水と波は同じ湿気である。静かな悟りも、騒がしい迷いも、同じ心から現れたものである】

◉憎しみと愛

ときに人は、忿怒の形相をもって他者と闘い、ときに慈愛に満ちたみ仏のように人を救う。同一人物であっても、時と場所と状況によって、心はめまぐるしく移り変わり、姿や行ない、思いを数多の状況へ変えてしまうのです。

二十数年前、スリランカの僧侶と知り合うことを契機として、それまであまり知り得なかったスリランカと日本との絆を知ることになったのです。それはスリランカが第二次世界大戦後、日本の主権回復に大変貢献があったという事実です。

昭和二十六年、まだ戦争の暗い影が色濃く残る時代、サンフランシスコ講和会議が連合国によって開催されました。そして、平和条約が締結され、戦争状態の終結と日本の主権の回復がもたらされました。しかし、平和条約締結までには苦難の道がありました。

戦争は、人をして忿怒の姿へと変貌させます。大戦当時の日本は、多くの国の人々の心と身体を蹂躙しました。そのため恨まれ憎まれました。そして、敗戦によって日本は国家としての主権を失ったのです。

その後、アメリカのサンフランシスコで戦後処理のための講和会議が開催されることになりました。憎悪剝き出しの各国代表のスピーチの中で、スリランカ、当時はセイロン代表として参加したジャヤワルダナ国務大臣は、「Hatred ceases not by hatred, But by love」と語ったのです。これは釈尊のダンマパダ（法句経）のことばの引用で「憎しみは憎しみによっては止むことはない。ただ、愛することによってのみ止むのである」と演説し、憎悪に満ちた参列者の心を宥めました。いまここで憎悪の連鎖を断ち切ることによってこそこれからの平和な世界を築くことができると信じていたからなのです。このことばには根拠がありました。大臣は実際に講和会議の前に日本を訪れ、各地を視察し、平和な国家への復興を目指す真摯な日本人の姿を見て平和な未来を確信したのでした。時に仏となり阿修羅となるのが人なのです。

（瀬尾光昌）

不二

聖と凡と心等しからざれども　真と俗と相違あることなし（宗秘論）

【仏と凡人の心は等しくないけれども、真理から見れば仏と俗世間には相違がない】

◉わたしもあなたも

私は日本人です。また、宇宙からすると地球人でもあります。「わたし」という存在はどの視点で見るかによって変わります。地球規模で見れば、日本人。宇宙から見ると地球人なのです。

視点によって境目がなくなります。日本人だと一億二千万人。地球人だと七十六億人と同じなのです。わたしもあなたもきっと同じ地球人ですよね。そして、日本人でしょうか。自分の周りに目を向けると、そこからは多くの境目が生まれるのかもしれませんが、外国から見たらわたしもあなたも日本人。そして、宇宙人からしたら、わたしもあなたも地球人なのです。私たちのような小さな視点でとらえますと、仏さまと私たちには多くの違いがあり、同じ存在と思うことは難しいかもしれません。でも、視点を大きく、仏さまの目から見ると、仏さまも私もあなたもかけがえのない尊い存在なのです。そこに境目はありません。わたしもあなたも唯一無二の何にも代え難い存在なのです。

私たちは、生活の中ですぐに「あいつとは違うから」「おれは一緒じゃない」と意地を張ってしまう事があります。私の小さな小さな視点で見たらそうなのかもしれませんが、周りの人には一緒に見えているのです。仏さまならなおさら。きっと仏さまからしたら、命あるのもすべてが同じと見えています。お経の中では、それを「一切衆生」と表しています。生きとし生けるもの、ひとくくりなのです。

しかし、ある時は区別が必要になる事もあるかも知れません。だって、あなたはあなたで、私はわたし。それでも、区別を必要としないものも多くあります。

何かに迷った時には仏さまの視点で見ると、すべて良い方向に向かうかもしれません。わたしもあなたも仏さまの目からは「一切衆生」。みな同じなのです。（岩崎宥全）

不二

夏の月の涼風　冬の天の淵風　一種の気なれども嗔喜同じからず（性霊集一徒に玉を懐く）

【夏の月夜にそよぐ涼風と冬の冷たい川風は、同じ風であるけれども、気分によって異なる】

◉濃すぎてゲホッ……　或る四十歳の檀家さんの旦那さんがいつものお参りを終えてお昼ご飯にと具沢山のインスタントラーメンを作って下さいました。とても美味しそうで、ズズーっとすすった途端、「ゲホッ、ごめん濃い〜」。聞くと、「久しぶりに作ったからお湯の量を間違えた」のでした。その後お湯を加えて美味しくいただきました。まだ食べ物であれば後で対処できますが、これが薬ですと大変です。記憶に新しいものでは、水虫の飲み薬に睡眠導入剤が混入した事件で、その薬を飲んで事故が起き二人が死亡、百人以上の被害が出ました。

さて、この上記の一節では、冬場の寒風は厭い嫌われ夏の涼風は喜ばれるのは、同じ冷たい風なのに感じ方が違う。続けて、どんなに美味しい料理でも病人には口に苦く、飢えている人には最高に美味しく感じる、とありますから、TPOを踏まえて適切に対応する能力を高める努力が必要だと述べられています。

たとえば、国宝級のお宝を得たとします。あまりに素晴らしいものなので独り占めせずに多くの人に見せてあげたいと思い、来る人来る人にお見せしていました。ある日、案の定盗まれてしまいました。持ち主は、よかれと思ったのでしょうが、見せられた側は、「見せびらかしやがって」と思う方が少なからずいた、という結果です。美術館や博物館に預けるべきでしたが後の祭りです。しかも、安易な独善的行為によって犯罪者を作ってしまった結果は非難に値するでしょう。いかに無知であったかを知るべきです。

お大師様がお持ち下さった真言密教は、宇宙の真理そのままを説いています。その総てを受け取るためには果てしなく大きな器の持ち主でないと受けきれません。「わたしは……」「わたしが……」を連発するような我欲が強い人には、今どのような状況かを理解する努力が必要です。「私はそんなつもりではなかった」は言い逃れに過ぎず、周りを理解しようとする言動から遠く離れています。ですから如何に「我」を無くし、周りに何をどう伝えるかを工夫することが大事なのです。（大塚清心）

不二

真俗離れずというは我が師の雅言なり（性霊集十　種智院式）

【学ぶことにおいて、出家も世俗も同じであると、わが師は仰せられた】

◉世界で最初の私立大学　学ぶことにおいて、出家も世俗も同じであると、わが師は仰せられた。弘法大師空海は、千三百年前に庶民からも優秀な人材を集めるべきだと考えて、世界で最初の私立大学を設立されました。親交のあった前中納言の藤原三守の旧宅と土地の提供があり、経営財源として、多くの有志から荘園が設定されました。「序」では、また教授陣について述べています。心慈悲に住して、貴賤を論ぜず、貧富を看ず、後進を指導すること。あらゆる人々は仏の子である。君子は慎んでおちどなどなく、人と交わるにていねいに礼を守ってゆけば、世界中の人はみな兄弟になる、と。

大学では、幅広い総合教育をめざしていました。当時の僧侶たちは、経典だけでよいと思っていたし、秀才は、仏教以外の典籍だけを学習していました。学習すべき転籍として、仏教以外に儒教・中国の古代思想・中国の歴史書などを挙げています。また、講義の選択は学生に任されていて、自由な様子です。そして、授業料免除、食料支給と、いたれりつくせりの大学でした。お大師さまの創設した「綜藝種智院」は画期的な最新の理想的組織の形態と、優れた内容を備えたものでした。けれど、二十年ほどの短期間で廃校することになってしまいます。お大師さまがご入定されてから十年後のことです。その後、民間の教育機関は、藩校や長崎の蘭学塾、大阪の適塾などの私塾へと移ります。

江戸時代の就学率は七〇から八六%もあったといいます。私塾のお師匠さんは、僧侶、神官、武士、農民などのボランティアで運営されていました。お大師さまの遺志は、幕末まで引き継がれたといえるでしょう。

お大師さまが、現代の学校を見た時に、何と思うでしょうか。いじめ、自殺、不登校、ひきこもり、などの場面で、お大師さまなら、まず生徒と一緒に泣くでしょうか。そして、そんなことは塵よりも小さなことだから、もっと大きな宇宙に飛び出そうよと言うのでしょうか。

（丸本純淨）

実性恬然として表裏を籠《こ》めて一体なり（大日経開題　釈此）

【悟りの本質は揺るぎがない。表もなく裏もなく平等である】

◉不二とは第三の立場をいうか　お釈迦さまの教えでは「もの」それ自体、独存することなく必ず二要素以上の関係において存在している、とお説きになっておられます。このことを縁起と言い、原意では「何々に依りて生じる」と。例えば、私という存在は父母の和合に依ってこの世に生じさせて頂いたわけで、「父母に依りて私は生じた」のです。

また、同様に父母もそれぞれの父母に依りてこの世に生じたのです。何代も遡れば凄い人数にもなり、この世の人々は皆兄弟姉妹の関係となります。仏さまの慈愛の眼はこの縁起の理に根ざした心で世の人々をご覧になっておられるから、と言えるでしょう。

ところで、父母から生じた私には、妹というもう一人の存在がいます。また、私には妻子がおり家族をなしております。当然ながら私は、私の父母の前では子ですが私の子の前では父親になり、妻の前では夫です。学校の同窓会では友人知人となり、お寺では代表者で住職と言われています。私という一人の人間に複数の立場が存在しています。

家族や学校、職場など外にひらかれた社会、仏教でいう世間との関わり合いの中で私は生きています。またさらに、私の心の中には母に宿った時から、つまり無意識の状態から還暦を過ぎた現在進行形の状態にある「心の流れ」（心の歴史）があり、それが私を在らしめております。つまり個としての私、目に見えない心の中の私がそれです。「生、住、異、滅」という外面的内面的に変化をしつつある私、私を在らしめている心と身体。仏教では五蘊またはお大師さまも奈良の寺院で研鑽されたであろう法相学での阿頼耶識（アダナ識）がそれです。最も深い意識が実はその人自体を在らしめているといい、心の闇が実はその人の風貌に現れると考えられています。色心不二という仏教の言葉があります。私という存在はこの「色心不二」として在らしめられており、仏さまとの関わり合い「縁起」のなかで色心が磨かれていくことで、自ずと私は輝かせていただけるのだと思います。

（山田弘徳）

不二

事は理を離れたる事に非ず　理は事を離れたる理に非ず（雑問答一）

【現実は真理の現れである。真理は今を語っている】

◉ありのままの世界に浸る　私は四十歳を迎えた時に人間ドックを受けました。その際の血液検査の結果が思いのほか芳しくなく、直ちに痩せる必要がありました。そして痩せる為に運動することにしました。

その結果、三か月で十三キロの減量に成功して、血液検査を再び受けてみたところ、数値が改善されておりました。そして、その後そのまま運動が習慣となり趣味にもなりました。最初は筋トレが主でしたが、現在はサイクリングが一番の趣味になりました。

最初はお寺の近所をせいぜい一〇キロほどを巡るだけでしたが、その後走る距離が伸びてきて大きなサイクリングイベントにも参加するようになりました。そのイベントではだいたい百キロほどのコースを走ります。山あり谷ありの道中ですが、岬から臨む海の景色や峠から見下ろす風景はどれも絶景であります。当初はダイエットの為、健康維持目的の運動でしたが、次第に精神的にも非常に癒されるようになってきました。

自転車に乗っていると今まで何気なしに見過ごしていた風景がそれまでとは異なって見えるようになりました。車ではただのいつもの景色だったのが、ふと心打たれる絶景に感じられるようになったのです。その風景に感動していると、何故こんなにも感動するのだろうかと疑問に思い出しました。

思い返してみると、眼下に広がる自然のありのままの風景の中では、生い茂る草や木々や海中の至る所で、鳥や動物や虫等の様々ないのちの営みが日々繰り広げられております。そして、その大いなるいのちの営みの中には、自分も存在していて、それぞれに支え合っているということを、きっと心の奥底で感じられたからなのでしょう。ですから自ずと感動が湧き上がり次第に心が癒されてくるのではないかと思います。思い悩んだときは、その季節の良い景色を眺めて自然のありのまま世界に浸ってみましょう。いのちの息吹に包まれた自分を感じ、きっと心が軽くなります。（成松昇紀）

不二

権は実を離れず　実は権に依って顕わる　理は事を離れず　事は理を顕わすが故に（雑問答一九）

【仮りのものは真実の方便である。真実は仮りの形をして我々の前に現われる。真理と現実は表裏一体をなしているからである】

◉真実と嘘は表裏一体　今回お大師さまは「方便」という言葉を使っておられますが、難しい内容をわかりやすく例えたものが「方便」です。難しい言葉を使って説明したら価値があり、わかりやすく説明したものは価値が低い、というわけにはなりません。むしろ、わかりやすく卑近な例で説明してもらった方が、内容も理解できるので値打ちが上であるということすらいえます。仏教関係で「方便」というと、法華経にちなんだ話が有名です。

お釈迦さまが、「実はこれまで私がいろいろと教えを説いてきたが、それは方便といって、わかりやすくたとえ話などを使って教えを説いてきたのである。これから説く本当の教えが法華経である」と言われたせいで、日蓮宗をはじめとして「法華経こそが本当の教えであり、他のお経は価値がない」という意見が唱えられたりしますが、これも間違いだということが分かります。「わかりやすく説明したものは値打ちがない」となると、誰にでも分かるように書かれた受験参考書などは一番値打ちがないものということになりますが、実際にはその逆と言ってもよいでしょう。

以前、有名な予備校講師の授業を見る機会がありましたが、なかなかいいことを言っていました。その講師は古文の先生で機械音痴らしく、「電化製品の売り場の店員で、生半可な知識しかない人ほど、専門用語を使ってわけのわからん説明をする。本当にわかっている優秀な店員は、子供にもわかるように説明をしてくれる」と、こぼしていたものです。

子供にもわかるような説明をしようと思うと、本質が分かっていないとなかなかできません。「方便」を使って分かりやすく教えを説くためにも、仏教や人生の本質をきちんと把握していないとできないでしょう。お大師さまが述べておられることはこういうことなのだと思います。

（佐々木琳慧）

不二

深慧は事に於て理を覚る　理即ち事　事即ち理（雑問答一九）

【深い智慧によって現実が正しく洞察され、真理を悟ることができる。真理と現実は切り離すことができない】

◉毎日を利他の心で生き続ける　理即事、事即理の「理」とは普遍の法則、絶対真理であり、「事」とはこの世の出来事であります。この言葉は般若心経の有名な句「色即是空　空即是色」と同一です。この言葉の前後には「観自在菩薩が般若波羅蜜の修行をして五蘊皆空を体験して一切の苦厄から解脱した。色は空に異ならず色即ち是れ空なり空即ち是れ色なり受と想と行と識ともまたかくの如し」とあります。五蘊《ごうん》とは人間の感覚器官や心のことであり、これはこの世の出来事なので「事」にあたります。空とは仏さまの世界すなわち絶対真理のことですから「理」のことです。般若波羅蜜とは智恵に因っての修行ですから、深い智恵で洞察すればこの世の出来事を通じて仏さまの教えを悟ることが出来ると書かれているのです。是非深い智恵を得たいものであります。

深い智恵とは今の自分以上の智恵ということでしょうから、今の自分の価値観を越えなければなりません。大部分の方は利益を考えて行動されるでしょうが、密教には利他の教えがあります。自分の利益だけではなく他の人の幸せを考えて行動することが自分の喜びになるという考え方です。この考えに置き換えれば智慧が深くなるでしょう。

この世は因果律で動いています。良きこと（利他）をすれば良き結果になり、悪しきこと（自利）には悪い結果が現れます。今幸せだと思う人は未来に向けて今また良きことをしておかないといけません。今不幸せだと思う人は今の状態にめげることなく今できる最善を行なっておくことが明日のしあわせにつながるのです。私達はこの世に生のあるかぎり毎日気を抜かず利他行に励まなければならないのです。その行ないの中で得られるのが慧眼（智慧の眼）だと思います。

深慧で現象を見つめれば真理が悟れます。しかしここで大切なことがあります。自分では慧眼だと思っても本当にそうなのかとの検証が常に必要であり、常に良師に従って教えを乞うという姿勢が不可欠なのであります。

（亀山伯仁）

第二章
となえる

毗盧遮那は万界を包容し　密印真言は衆経を呑納す（秘密付法伝第二）

【大日如来は全宇宙を包み込み、その印契と真言にはあらゆる経典を含んでいる】

◉カナダ・トロント散歩　トロントは世界有数の多文化都市です。チャイナタウン、コリアンタウンからギリシャ人街、ウクライナ人街まで、ありとあらゆる民族がパッチワークのように街をつくり、自分たちの個性を残しつつトロント市民として生活しています。その特徴は移民に手厚いケアがあること、ゆえに移民同士の対立や少数民族の抑圧が少ないことだそうです。

二〇〇九年三月、私は現地在住の友人を頼ってこの街を訪れました。友人が暮らすシェアハウスには好奇心旺盛なイタリア人が同居していて、私が日本の仏教僧だと分かるとマシンガンのように質問攻めにしてきました。「日本から来た学生は、なぜ自国の宗教のことを説明できないんですか」「仏教とは簡単に言うとどんな思想ですか」「ブッダは神ですか」。彼女はカトリックの熱心な信者で、他の宗教に興味があったようです。私は拙い英語を駆使して必死に回答しました。私が「多くの日本人が葬儀は仏教式、結婚はキリスト教式でします」と話せば、彼女は映画のように「信じられない」と驚嘆。また「すべてのものには『いのち』がある」と言えば、ペットボトルを机の上にドンと置いて「これにも『いのち』があるのですか」と問い詰めてきました。最後は宗教戦争や移民問題について議論する展開に。脳がしびれるような濃密な時間でした。

価値観が違う相手と話すのは疲れます。しかしそれを乗り越えると次第に共通理解が生まれ、自分自身の価値観も磨かれていきます。私は身をもってこのことを体験しました。多様性のある都市が発展するというのも理解できます。

さて冒頭の言葉は、弘法大師著『秘密曼荼羅教付法伝』の不空三蔵伝で登場します。インドもしくは中央アジア出身といわれる不空三蔵は、唐の人々にとっていわば移民。そんな不空三蔵が活躍した当時の長安は世界中から人々が集まる国際都市でした。唐の発展を支えた長安は、あるいはトロントのような街だったのかもしれません。

（坂田光永）

真言字義の憲度　灌頂升壇の軌迹　則時成仏の速なるは応声儲祉の妙　天のごとくに麗《うるわ》しうして且つ弥《はびこ》り　地のごとくに普《あまね》うしてしかも深し（付法伝第二）

【真言の法と、灌頂の入壇と、即身成仏の修行は、こだまのように速く、天のように高く、地のように深い効験がある】

◉**不空三蔵**　不空は密教の祖師です。真言宗のお寺の本堂に掛かっている八人の高僧達の絵の中にいらっしゃる方です。「あなたは菩薩を生むでしょう」と人相見に予言された母君から誕生し、早くに両親を亡くしたこともあり、幼きころから仏道を志しました。一度見聞きしたことは決して間違えない非凡な才能の持ち主であったようです。唐の玄宗皇帝の時には反乱軍に占領された長安に命がけで留まり、国家鎮護の修法を行ない続け、その後の粛宗皇帝・代宗皇帝達とも信頼関係を築き、「三代の国師」と仰がれました。又、語学の才を発揮し、数々の重要な経典を請来し翻訳することにも力を注ぎました。真言宗で通読されている理趣経も不空の訳本です。

この不空の生まれ変わりが、お大師様だという伝承があります。不思議なことにお大師様の誕生は、不空の入滅と同時期に当たります。母君が懐妊される前に、インドの聖人が懐に入る夢を見たという話も有名です。幼きころからの神童ぶり、天才と言われた偉業の数々は不空三蔵と重なるところがたくさんあり、生まれ変わりといわれるのもうなずけます。

表題の名言は、真言密教がどのように受け継がれてきたかをお大師様が記述された「秘密曼荼羅付法伝」の一節です。大日如来を第一祖とし、第二祖は金剛薩埵、そして龍猛、龍智、金剛智、不空、恵果と続きます。大切に継承されてきた法は、速く、高く、深く、時代や空間は違えども法を通じて同じ思いを共有しているというお大師様のお気持ちを感じます。

お大師様がご自身で生まれ変わりと言われたはずもないけれど、師に憧れ、誇り、きっとご自身の中で共通点も見出されながら、真言密教の道を進まれたのであろうお心を、この付法伝を通じて感じます。

（橘高妙佳）

真言幽邃《ゆうすい》にして字字の義深し　音に随って義を改むれば　賒切《しゃせつ》謬《あやま》り易し
粗《ほ》ぼ髣髴を得て清切なることを得ず（請来目録）

【真言は極めて深淵で、一字一字の意味が深い。梵字の発音によって意味を変えてしまえば緩急や長短が誤りやすく、概略を知るだけで原意は理解できない】

◉きしゃのきしゃはきしゃできしゃした　子供の頃の言葉遊びです、皆さんはこれが何を意味しているか分かりますか？

お大師様は中国から経典、曼陀羅、仏像、法具など様々な物を持ち帰り、「請来目録」という持ち帰った物のリストを作成しました。その中で梵字について「梵字は翻訳しないでそのまま用いる」と説いています。

何故ならば、ほとけの真実語である梵字は一文字でほとけそのものを表します。種字ともいい、種字だけで作られた曼陀羅を種字曼陀羅といいます。真言《マントラ》・陀羅尼も梵字で表し示すことによって真理を悟ることができると言われます。また「梵字とは一字の中に無量の教えを説き、一声の中に無量の功徳を含む」とされています。

このことは修行において観法（瞑想法）として用いられており、本尊である仏様と一体になる時など、真言や陀羅尼をお唱えする際には、カタカナやひらがなを見て読むのではなく、梵字を見てほとけを観じながら、声を出して梵字を唱えることが大切です。

在家の方が体験できる瞑想修行に「阿字観」（阿息観）があります。「阿字観」（阿息観）とは吐く息、吸う息にひたすら命の根源である「阿」の梵字を見ながら、「阿」の声をお唱えして、天地と呼吸を通わせ、阿の声と一つになることで宇宙の大生命を感得する瞑想法であります。

種字曼陀羅には金剛界千四百六十一尊、胎蔵界四百十二尊の仏様が書かれております。同じ梵字も多いのですが、仏様の働きは異なります。また、お大師様の「梵字悉曇章」では、一万六千字余りの文字が説かれてあり、かなり難解な字も含まれると言われています。日本語でも同音異義語のように、よく似た発音で意味が異なります。

冒頭の一文は、「貴社の記者は汽車で帰社した」と読みます。

（吉森公昭）

世天の真言と大日の真言と無二無別なり（十住心第三）

【真言は、世俗にも仏にも、その価値に差異がない】

◉分別心を平和心に　法身大日如来は諸仏菩薩を生み出し様々な姿形で衆生済度する仏様です。「即身成仏」を目指していながら、「ねんごろに恭しく敬い、したがい、修行する」こと、「真心を込めて供養すれば、すべての願いとするところのものはみな満足する」ことはとても大切に思います。しかし、この身このまま諸仏菩薩とは別々だといつまでも分別し執着していたら、誓願もごっこ遊びや戯論に流されそうな気がします。三昧耶《さんまや》は梵語samayaの音写で平等・本誓・除障・驚覚の意があり、英語のsame（同じ）の語源でもあります。仏様には無分別《むふんべつ》智の境地がありますが、我々衆生は他者から平等に扱われたいと思う一方、他者に対してつい分別（vikalpa）心で接してしまう場合があります。

昨今ソーシャルネットワークサービスが浸透し、数十年前までは生涯関わりえないような他人とも端末越しで遭遇します。言語や宗教信仰、カルチャー、ルーツや背景の異なる人々と交流する機会が増えてきましたが、仏教者を見て豹変し暴言を書き込み攻撃する衆生もいて「唯一絶対的な神に速く改宗しないと地獄に落ちるぞ」と罵り呪うような事例もあります。世間では人種や民族問わず戦争嫌い、自由と平和を望む人が多いはずですが、いざ自分と異なる人に出くわすと目障りと感じ沸々と分別心や瞋恚心が湧き上がります。微塵ほどの争う心が集合意識に束ねられやがて質的変化が起こり傷つけ合う悪業にさえなりかねません。虚妄な分別心、公私の利権、愛国心、イデオロギー、宗教信仰心の対立や執着が加味され、些細なイザコザから集団争いまで、敵対感情の炎上もきっかけになります。平和も戦争も我々各々日々の身語意と無関係ではありません。

戦いの矛先は外部にではなく、内なる分別心、妄念や執着など諸煩悩に向けるべきです。仏教の「不悪口」、「不瞋恚」、「不邪見」の善戒こそが、煩悩を制する矛《ほこ》で、我々の身語意を護ってくれる楯《たて》でもあります。

（松本堯有）

一字の真言に一切の縁覚乗の法を摂し尽す（十住心第五）

【一字の真言には縁覚の教えがすべて収められている】

◉日本の宗派と中国の宗派　天長七（八三〇）年、淳和天皇《じゅんなてんのう》から華厳宗、法相宗、三論宗、律宗、天台宗、真言宗の六宗派に対し、それぞれの教義概要をまとめて提出するように勅命が下ります。これを受けて弘法大師は、真言宗における宗教的覚醒の次第を十段階に分類して概説する『十住心論《じゅうじゅうしんろん》』を奉呈しました。冒頭の句は、この著述において第五段階の縁覚の抜業因種心《ばつごういんじゅしん》の説明として挙げられたものであり、「ナウマク　サマンダ　ボダナン　バク」の真言には、十二因縁を独自に悟る縁覚の教えのすべてが含まれているという意味です。

この『十住心論』は、真言宗の教義体系を詳説した著述として高く評価されていますが、中国における評価は必ずしもそうではありません。両国における仏教のあり方が大きく相違しているためです。そもそも、日本と中国では「宗派」の語意がまったく異なっています。日本の「宗派」は排他的組織である教団を意味するものであり、僧侶はひとつの宗派にしか所属することができず、寺院内で修行しているのはすべて同じ宗派の僧侶です。これに対して中国の「宗派」は組織としての体裁をなすものではなく、僧侶が専攻する学派を意味するものであるため、ひとりで複数の宗派に携わることも可能です。また、かつて六宗兼学などと称された奈良仏教がそうであったように、寺院内には様々な宗派の僧侶が混在しているため、宗派単位でのカテゴリー化や対立構図は抑制されることになります。禅宗の五家七宗（臨済正宗、潙仰宗《いぎょうしゅう》、曹洞宗、法眼宗、雲門宗、楊岐派、黄龍派）をすべて嗣法している虚雲禅師《こうんぜんじ》（一八四〇～一九五九）は、中国仏教のあり方を体現する典型例と言えるでしょう。

その結果、日本仏教では宗派単位での社会的アイデンティティ（組織を基準とする定義付け）が育成されるのに対し、中国仏教では個人的アイデンティティ（個人を基準とする定義付け）が育成されることになります。すなわち、中国では宗祖の教学を起点とする絶対的な宗義が存在せず、真言や密教の定義ですら千差万別なのです。まさしく所変われば品変わるですね。

（愛宕邦康）

真言の法を誦持《じゆじ》すれば　法界胎蔵《ほつかいたいぞう》に入ることを得しめたもう（十住心第五）

【真言の教えを読んで保持すれば、仏の懐に入ることができる】

◉守ること、護ること　人間社会に生きる私たちには、いくつか「守ること」があります。それは、法律であったり、社会のルールであったり、もっと範囲を狭めれば家庭のルールであったりします。

小さい頃から私たちは、「ルールを守りなさい」と教えられて育てられます。特に、日本では社会のルールということと同時に「迷惑をかけてはいけない」と教えられます。

学校に行けば校則があり、それを破った時には罰が与えられます。やっていいこと、やってはいけないことを学んでいきます。

そうやって大人になっていくわけですが、近年そうした基本的な「やっていいこと」と「やってはいけないこと」の判断ができていない人が増えているように思います。

どうしてそうなのかの検証はここでは行ないませんが、社会が変化していく中で、かつて教えられてきた「他人に迷惑をかけない」ということや、「ルールを守る」といった教育が十分になされなくなっているのではないかと感じています。

そういった話をした時に、最近は「なぜルールを守らなくてはいけないのか？」と訊いてくる若い人がいたりします。ルールは守らなくてはいけない。それは、私たちが社会で人間として生きていくために必要だからです。自分のしたいことだけをして、邪魔をするモノは排除する。自身の欲望に任せて相手のことは考えない。誰もがそうであったら、世界はすぐに滅ぶことでしょう。

感情に任せて行動するのではなく、考えることで感情をコントロールし、社会が構成されていくその中で生きていくから人間なのであり、そのためのルールであり、それを守らなければならないのではないでしょうか。

また、そうしたルールを守る社会やそれが必要だと教育することを「護る」ことも、私たちがこれからも行なうべき行動と思います。

（中村光観）

真言

もしこの一つの真言を誦《じゅ》ずれば　すなわち弥勒《みろく》の所証に入る所説の一切の法を持するに為《な》りなんぬ　即ち三大劫を経ずして一生に成仏することを得てん（十住心第六）

【一つの真言のなかに弥勒菩薩の悟りに入る教えがすべて収められているから、無限の時間を費やさずに成仏することができる】

◉アメリカ・ロサンゼルス散歩　アメリカを旅行中、全米日系人博物館にふらっと立ち寄ったのは、二〇〇五年二月十九日。窓口でなぜか「今日は入場無料です」と言われ、首を傾げながら展示を眺めていると、目に飛び込んできたのがこの項目でした。「一九四二年二月十九日　大統領行政命令九〇六六号」。真珠湾攻撃を機に高まった反日感情を受けて、西海岸に住む日系人十二万人を強制収容するという大統領令です。戦後の日系人はこの日を記憶に刻むため、博物館を入場無料にして各種イベントを開催してきました。私が訪れたのは偶然にもその二月十九日だったのです。

ちょうどシンポジウムが始まりました。テーマは「トゥールレイクからグアンタナモへ」。戦時中の日系人強制収容所名と、現在「テロ対策」と称して容疑者を収容している地名をそれぞれ示し、過去の人種差別や迫害が現代の問題とどうつながっているかを語るという内容でした。弘法大師は「一つの真言の中にすべての教えが収められている」と説きます。一つの事象を深く読み解くことで、他の様々な事象の実相が見えてくることもあるでしょう。日系人たちは、自分たちの受けた被害を自分たちだけの問題と捉えてしまえば、また別の形で問題が繰り返されると考えたのだと思います。過去を記憶する営為として、むしろ「いま・ここ」に焦点を当てようとする姿勢に、私は心から敬意と感動を覚えました。

二〇二〇年以降のアメリカでは、今度は新型コロナ禍のもと、アジア人への迫害が増加しています。過去から学んだ日系人たちは今、「アジア系アメリカ人」として幅広く連帯し、この問題に取り組んでいるといいます。

（坂田光永）

真如はすなわち所生の法なり　真言はすなわち能生の法なり（十住心第九）

【真理はもとからあり、真言はその真理を生じさせる】

◉**ありがとう**　仏さまは「存在」しています。みんなの心の中に最初からあります。そのことを気づかせてくれるのがまさしく真言です。なぜなら、真言は真理を生み出す言葉だからです。

お大師さまの主著『秘密曼荼羅十住心論』（略称『十住心論』）には、第九住心「極《ごく》無《む》自性心《じしょうしん》」という心の発達する段階が説かれています。すべてのものが固定的、実体的な本性（自性）をもたず、他と共生・共存し相互に深く関係し合いすべてがそのまま真理そのものであるとみる境地です。

昔、高野山で阿闍梨となるための集団でおこなう修行に臨んだことがあります。そのときに、私たち一人ひとりの心が仏さまの心に等しく清浄で尊く、仏さまと何一つ変わらない清らかなものだと教わりました。

長い修行の最後、みんなで一緒にある真言をお唱えしていると仏さまと私たちすべてが渾然一体となる瞬間がありました。

胸の奥がジーンと熱くなって……、前が見えなくなり声も出なくなりました。それまで自と他を分け隔てしていたものがなくなり、嘘や偽りのない素直な言葉「ありがとう」だけが心の中に響きました。

互いに声をかけて励まし合いながら無事に最後を迎えました。あれから十年以上の歳月が流れます。

心とは何でしょうか。水のようにそれ自体に定まった本性はなく、四角い器に入れれば四角となり、丸い器では丸くなります。すべてはつながって存在します。

他を慈しむ思いやりの言葉が「ひとつ」にしてくれます。

誰の中にも「仏さまに成れる」やさしさがいつもどんなときも心の一番中心にあるのではないでしょうか。

今度、みんなと再会したときに「ありがとう」と真っ先に伝えたいです。

（雨宮光啓）

真言は一切の法の母たり　一切の法の帰趣なり（十住心第九）

【真言はすべての教えの母であり、すべての教えは真言に帰結する】

◉法事でお願いしている二つのこと　お大師さまは、自分の心はあまりにも近すぎてかえって見にくいものだと説いています。海の深さは計り知れず、山は高く険しいものです。宇宙は広大で時間は永久です。しかし、海はどんなに深くても必ず底があり、山はどんなに高くても頂上があります。仏さまの存在はお大師さまの思慮を以てしても捉えがたいと記しておられます。真言の教えでは、すべては真言のウンから始まるとお大師さまが著した十住心論に書かれています。私たちが悟りを開くために登っていくステップが十段階あり、それぞれについて典拠を引用しながら書かれた秘密曼荼羅十住心論の一節として「真言はすべての教えの母であり、すべての教えは真言に帰結する」とあります。つまり、真言が教えのルーツであるという意味です。

さて、私たちのルーツとは言うまでもなくご先祖さまです。ご先祖さまが亡くなられて行なう法事で、私は参列している檀家さんやご親戚の皆さまに二つのお願いをしています。

一つは、今日の法事で供養するご先祖さまはご自身にとってどのような関係なのかを調べておくことです。ご自身にとって父親なのか、母親なのか、祖父母なのか、曾祖父母なのか、兄弟姉妹なのか、伯父や伯母なのか、ルーツを調べてもらっています。もし、供養しているご先祖さまがいなければ法事に参列している檀家さんやご親戚はこの世に産まれることができなかったかもしれないということに気づいてもらうためです。

二つめに、供養する故人の生前のお姿を知らない方が、知っている人に教えてもらう機会にしてほしいとお願いしています。故人の思い出や大事にしていたことなどを語り合い、生前を偲んでもらいます。例えば十三回忌を迎えたご先祖さまの供養であれば、十二歳以下のご遺族は故人の生前を知りません。まだ生まれていなかったのですから。法事の機会を捉えてご先祖さまのことを知る機会にしてもらいたいのです。

真言が教えの源であるように、私たちのルーツも大切にしていきたいものです。

（中村一善）

真言というは且《しばら》く語密について名を得　もし具《つぶさ》に梵語に據《よ》らば曼荼羅と名づく（十住心第十）

【真言は仮に言語の秘密とされているけれども、正しく梵語によって翻訳すればマンダラである】

◉祈りの具体と抽象　弘法大師が今の真言宗を伝えたころ、当時それは秘密曼荼羅宗と呼ばれていました。文字を追ってみると「真言」＝「秘密曼荼羅」となり、真言がすなわち曼荼羅の秘密ということになります。これはどのように理解できるでしょうか。真言とは、まことのことば、それはサンスクリット語では「マンダラ」です。日本語ではすぐにピンとこない向きがありますが、真言はマンダラそのものであり、曼荼羅の秘密は真言の中にあるといっています。真言とは？　たとえばですが、不動明王のご真言は「ノウマクサンマンダバザラダン　センダマカロシャダ　ソワタヤウンタラタカンマン」というものです。この語を紐解く秘密が、ずばり曼荼羅であるというのです。

さて、ここから一人の僧侶であり行者である私の経験をもとにした話に変わります。真言宗の寺院の本堂には両部曼荼羅が掛けられています。弘法大師が恵果阿闍梨から託されて日本に持ち帰った両部曼荼羅は、金剛界曼荼羅、胎蔵曼荼羅の二種類です。日々の勤行や修法の際には、この曼荼羅を目前にして行じるわけです。そのような日々の行者実感からは「マンダラとは祈りの具体と抽象」ということができます。日々、ご本尊に対して信者さんからの御祈願を申し上げるわけですが、その祈りの際に、ご本尊と聖衆をはじめ、さまざまな仏さまがたくさんお出ましになられます。それが整然と並び曼荼羅になる、これが祈りの「具体」です。目前にあらわれるイメージの総体が曼荼羅の一側面です。対して「抽象」はというと、これがご真言なのです。真言を何度もお唱えしていると、まわりの空気感がパッと変わる瞬間があります。この神秘的な変化の折、必要なビジョンや祈りの回答を感得したり、信者さまとともに円環で結ばれ、瞑想に入ったりします。祈りの抽象とは曼荼羅の秘密です。

（佐藤妙泉）

一平等の語より普く一切の音声を現ず　是くの如くの音声は真言に非ざること無し（十住心第十）

【平等の言葉からあらゆる音声が現れている。このような音声はすべて真言である】

◉私とご真言　ご真言にまつわる体験を少し書いてみたいと思います。それは加行中の事でした。近くで何か催しがあるようで賑やかな声が聞こえてきます。ポップな音楽が流れ、食べ物のにおいが流れてきます。その頃は、とにかく毎日がついていくのに必死。余計な事を考えずに集中しなければなりません。雑音の多い環境で育ったので、少々のことは平気なのですが、集中が途切れます。深呼吸して目を瞑り頭を空っぽにしました。その時「オンボウジシッタボダハダヤミ　オンサンマヤサトバン」というご真言が突然浮かんできました。発菩提心と三昧耶戒のご真言です。

自分に言い聞かせるように何度かつぶやいているうちに頭がすっきりして、身体が軽くなったように感じました。何かストンと落ちたという感じです。雑音は気にならなくなり、それからは少々何があっても気にならず行に集中できたと思います。以来、特に克己心が求められる時、このご真言を唱えるようにしています。

もう一つは、放射線治療に付き添った時の事です。照射が始まると、ピーピーという音が漏れて聞こえます。五十年前に祖母が放射線治療を受けた時の事をかすかに覚えていますが、その時は放射線を当てる部位に十字の印がつけてありました。今は比べ物にならないほど医学が発達しているのですが、その印象が強いので、どうかど真ん中にピタッと当たりますようにと祈ってしまいます。

照射はわずかな時間ですが、私は光明真言とご宝号を唱えて祈っていました。何回目かの時、私の頭の中に診察室で見た画像の中央（患部）に結跏趺坐の仏様のシルエットが浮かんだのです。後ろは明るい光に満ちています。その時私は、大日如来のご真言を唱えていました。早速このことを本人に告げ、ご真言とイメージを思い描きながら治療に臨むようになりました。おかげで安心を得ることができました。

私は霊能力者ではありません。ただ一心に、手に印を結び、口に真言を読誦し、意に曼荼羅の諸尊を観想すれば、叡智としての仏の言葉が聞こえてくるという体験だったと思います。

（森堯櫻）

大悲曼荼羅の一切の真言と一一の真言の相とはみな法爾《ほうに》なり（十住心第十）

【マンダラにあるそれぞれの真言は、元来からあるものであり、しかも永遠に存在していくものである】

◉ありのままでいられることの尊さ

ありのままずっとあり続ける。もう少し正確に表現すると毎秒変化をしながらあり続ける。例えば、現代社会は幸運にも原子・分子レベルで物を見ることができるので、この考えはすぐに合点がいきます。人も寿命が尽きた時にその身体は完全に消え去るのではなく、灰や気体に変化をし、極々微量ながらも○・○○？％かは自然や宇宙に影響を与え、溶け込みながらあり続けます。この法則は仏教の開祖であるお釈迦さまが悟りを開いて気づかれても、そうでなかったとしてもこの世に存在する自然の摂理そのものとなります。これが法爾の意味です。真言密教において、悟りとは言葉にならないもので、むしろ身体で感じ取るものだと捉えられています。曼荼羅に描かれる無数の仏のように、自然や宇宙にはそれこそ無数の物質と呼ばれるモノや命と呼ばれるモノがそれぞれの役割をこなしながら常に変化し、あり続けています。

真言とは、その自然や宇宙に存在し続ける変化の連なり、それを音で表現したものと考えるとしっくりくるかもしれません。

手塚治虫の『ブッダ』の登場人物に、アッサジという者がおります。彼は最期、飢えた狼の親子に自身を捧げるという「捨身飼虎」を実践します。生前夢の中で、ある預言者より数年後に死を迎える旨を伝えられますが、まったく気に留めることなくあくまで自然に生き、そして最期も自然に行動しています。そして、そのアッサジは死を恐れる修行中のシッダルタ（ブッダ）に「人と違って他の獣は直前まで死のことは考えない。バカである方がよっぽど楽だニャ〜」と言っています。

ありのままにあり続けるということを本当の意味で理解するためのヒントは案外こんな感じなのかなと、たまに思ってしまいます。真言を唱えながら自然や宇宙とのつながりを感じるようになると、きっとこのアッサジのように全てを超越したような心境になるのだと思います。

（山本海史）

この真言は何物をか詮ずる　能く諸法の実相を呼んで不謬不妄《ふびゅうふもう》なり　故に真言と名づく（声字義）

【真言とは、あらゆるものごとの本質を正しく、誤まりなく表現する言語である。ゆえに、まことの言葉という】

◉たった一言が人の心を傷つける　たった一言が人の心を和らげる　一たび言葉にした瞬間にそれは強力な力となって物事を左右していきます。何かあっても謝ってはいけない、と教わりました。過失を認めることとなり不利になるからだそうです。また他にも、文章にしてはいけない、とも教わりました。揚げ足を取られたり、証拠になるからだそうです。どちらも大人になってから教わりました。確かにSNSの炎上、有名人や政治家の失言などを見ても、言葉の扱いには時に恐怖を覚えます。しかし、発言や対応は、いつも率直に誠実にすべきもののはずです。

言葉は不思議です。物事を限定してしまうこともあるし、解釈が定まらず余計分からなくなることもあります。白黒つけることは時に難しく、危険も隣り合わせです。私はディベートが好きです。答えが出ないような哲学的なことでも延々と議論していく時間は楽しいものです。しかし、論点がずれると腹立たしくなったり、大切な議論がただの問い詰めになってしまっていることに時々ハッとされらせることがあります。お互いの尊敬の念が不可欠です。

弱い自分に対しては時には強い言葉も必要です。強い言葉にどれだけ救われたかわかりません。自分も強く優しい言葉で人を導いていけるような僧侶になりたいといつも思いますが、そのためには自分自身がもっともっと強く優しくならないといけないとつくづく感じます。

お坊さんはいつも心の中でご真言を唱えています。ご真言をお唱えしていると、不安定な自分が自然と調整されていくように感じます。仏さまがご真言を通して私の心の内に眠る仏さまの心を呼び起こしてくださっているのでしょうか。仏さまの文字、すなわちこの「真言」を唱え続けることは、これ以上にない力なのです。仏さまが私たちの幸せを祈ってくださっているのです。仏さまが味方になってくださるのですから当然です。真言は仏さまの約束なのです。素直に信じ委ねるのみです。（阿形國明）

真言は不思議なり　観誦すれば無明を除く　一字に千理を含み　即身に法如を證す（心経秘鍵／念持真言）

【真言の力は不思議である。ひたすら真言を唱えているだけで苦悩が取り除かれる。なぜならば、真言一字のなかには無数の意味が含まれ、この身に応じて真理が示されるからである】

◉心のブロックを外してみよう　真言宗の特徴の一つは、当然のことながら「ご真言」でしょう。弘法大師が虚空蔵菩薩のご真言をひたすらお唱えして室戸岬で一つの境地に辿り着かれたのは有名な話ですが、そういう祖師のシンボリックな物語の背後には、私たち真言行者が毎日毎日、ご真言を飽きもせず何度も何度もお唱えすることで悉地を高め、仏さまと対話するという、本宗の日常風景が映り込みます。念珠を繰りながら、ひたすらご真言をお唱えするとき、行者は強い集中の只中にあります。真言のことを何も知らない人から見れば、たとえば千回も「ノウマクサンマンダバザラダン　センダマカロシャダ　ソワタヤウンタラタカンマン」と唱え続けているこの人は、どこかおかしいのだろうかと、奇異に映るに違いありません。しかしながら真言行者にとっては日々のルーティンでありますし、求聞持法のように何日もかけて、ご真言を百万回お唱えする荒行などはとくに、一般の感覚から遠く離れたものになるでしょう。

とはいえ、真言宗はご真言が命です。縁あってお寺にお越し下さった方々には、ご真言をお唱えいただきたいと強く思います。いきなりお唱えしましょうと言っても難しいので、何度か来てくださるうちに、ご一緒にどうぞ、といって自然な形でお伝えしています。お唱えするだけで仏さまと繋がり、心の安定が得られますよ、と。反芻していると、なるほど、コロナ禍以後のこれからの社会では、人と人との交流が見直されてきて、その繋がり方の一つとして、ご縁あって集まった人たちでご真言をお唱えするのはきっと佳いのです。一見バカバカしいと思えることや、自分の考える常識の埒外にあることを、だまされたと思って実践してみることができると、知らず心のブロックが外れて開かれ、癒しにつながる回路を発見していくからです。（佐藤妙泉）

大我の真言は本有《ほんぬ》の又の本なり（大日経開題　法界）

【仏の言葉は、大宇宙の根源からの響きである】

◉真言念誦のすすめ　真言宗では、仏さまを拝むときにインドで使われていたとされる言葉のままお唱えをいたします。たとえば、不動明王さまならば「ノウマクサマンダバザラダン……」とお唱えします。何を言っているのかさっぱりわかりません。解読すれば意味はちゃんとあります。しかし、意味などを考えずにひたすら真言を唱えます。そんなことに意味があるのかと思われるでしょう。もちろん意味まで理解して唱える方が良いのですが、真言を唱えるだけでも深い意味があるのです。

たとえば、「ありがとう」という言葉には、人と人とが和み、優しくなる不思議な力があります。「ありがとう」は「有り難い」つまり、あることが難しい、それだけ稀なことです、という意味です。稀なことをしていただいたことへの感謝の言葉が「ありがとう」という言葉です。しかし、色々な場面で「ありがとう」という言葉によって円滑に物事が進む、魔法の言葉となっているのです。もちろん「ありがとう」という時に、何も考えないのではなく感謝の気持ちを思いながら言っておられるでしょう。それで相手には十分感謝の気持ちが伝わります。

不動明王の真言も、深く調べれば意味があります。しかし、そんなに難しいことを考えず、ただ「不動明王さま、ありがとうございます」と思いながら真言を唱えれば、それで十分不動明王さまに伝わるのです。なぜなら、不動明王さまも私たちと同じように心を持っておられる存在で、私たちと同じく大宇宙から生まれた存在であるからです。

真言宗のお坊さんは真言念誦といいまして、仏さまの真言をたくさんお唱えする修行を行います。お大師さまも仏門に入るきっかけとして「虚空蔵求聞持法」という修行をされ、虚空蔵菩薩の真言をたくさん唱えることで虚空蔵菩薩の化身である明星と一体となる体験をされたといわれています。

言葉の意味を考えることは大切ですが、それではとても難しく考えてしまいます。まずは真言を何度も繰り返し唱えてみてください。仏さまの真言は、大宇宙の響きでありますから、大宇宙の息吹を感じることが出来るのです。

（富田向真）

真言の果は悉く因縁を離れたり（大日経開題　法界）

【真言は、すべての因縁から離れた真実の言葉である】

◉真言念誦の法門　私の寺は、真言念誦行の道場として平成十八年に新しく建立されました。名称は「一心念誦堂」といいます。本尊に大日如来を奉安し、日々の勤行、月一度の月例会で大日如来のご真言「オンアビラウンケン」を念誦しています。東京・四ツ谷の真成院織田隆弘和上が提唱され、密門会の信徒の方々により全国で広く行なわれてきた真言行です。私もその末弟子としてこの真言行を続けております。

しかし私は、東日本大震災以来どうにも心定まらぬ状態で、右往左往を続けています。核災害を憂慮して脱原発運動に身を投じたり、戦争反対の思いから政治的な活動に関わったり、さらには台湾やインドの国際的な仏教の動きに大いに親近して、自坊を疎かにすることも多く、また田舎の寺とこの道場を兼務しているため、毎週毎週高速道路で行ったり来たりを繰り返しており、久しぶりに帰ってきた寺に生い茂る雑草を見て、茫然自失となっています。はたしてこれで良いのだろうか、と心の中では思うのですが、迷いの日々はぐるぐると過ぎて行きます。

そんな時、本尊様の前に座り、姿勢を正して息を整え、真言を念誦すると、あれこれと動き回っていた心が静まり、自身の仏道に立ち帰ることができるのです。私の心は揺れています。あらゆるものに作用され、一方の見方をすれば他が見えなくなり、偏りに影響されてどんどんと無明が覆っていきます。

そこに一すじの真言の光。オンアビラウンケン。すべての因縁を離れた真実にして虚しからざる真言。真言のことを明といいますが、まさしく無明を除く光明であると感じます。「真言は不思議なり　観誦すれば無明を除く」(弘法大師『般若心経秘鍵』)。目の前を覆っていた様々な想念が晴れ、真如たる仏法にまみえ、正しい智慧をいただいてまた前に進むことができるのです。

誦えれば進み、怠れば退く。釈尊の歩みにも通じ、諸宗諸派の教えにも合致するものであると思います。朝、目を覚ませば、今日の真言念誦が始まり、六大の響きを感じて、自然法爾の境界に帰命する。思えば隆弘和上はありがたい法門を開いてくださいました。今更ながら勤めてまいりたいと思います。

(佐伯隆快)

真言

この教の諸の菩薩は真語を門と為し　自心に菩提を発《おこ》し　即心に万行を具し　心の正等覚を見　心の大涅槃を証し　心の方便を発起し　心の仏国を厳浄《ごんじょう》す（大日経開題　衆生／同　降崇／同　関以）

【密教の菩薩たちは真実の言葉を入門とする。まず悟りを求める決意をして修行に励み、正しい心を見出して悟りを得る。そして社会救済のために働き、仏の国を建設していく】

◉まっさきに動く　日本人の美徳は謙虚さといわれます。それは一方では良い面ですが、他方では長いものに巻かれるといったことにもつながります。私も積極的な性格ではなく、小学校の頃は先生から目をそらして「頼むから当てないでください」と心の中で念じていたような子供でした。

そんな私もいっぱしの僧侶となった頃、ある男性との出会いがありました。自坊が所属している不動霊場のお先達をされている方です。霊場の行事になると、声の大きなお坊さんや先達の方がたくさん集まり、賑やかな会合となります。そんな中、その男性はいつも一人黙々と作業をして、皆があまり気づかないようなところまで率先して取り組んでいました。

ある日。その男性と食事をする機会がありました。彼は口下手でしたがぽつぽつと思いを語ってくれました。

「お不動さんはハートやけんな、黙って見よってくれるんよ」

恥ずかしそうに語る姿に私は熱いものを感じました。この人の心は信仰という決意で満たされているのだ。誰よりもまっさきに動く男性は、お不動さまのもとで光り輝く菩薩の心をお持ちになっている。そんな気がしました。

菩薩とは、悟りを求めて修行している仏さまのことです。また、生きとし生けるものを救うために慈悲の手をさしのべてくれる存在でもあります。まっさきに動くということは、思っていてもなかなか出来ることではありません。他人に対する思いやりや優しさを持つことで、私たちも心の中に菩薩さまのような決意を育てていきましょう。

(曽我部大和)

開口発声の真言　罪を滅し　挙手動足の印契　福を増す（大日経開題　大毘盧）

【真言の響きで罪を滅し、手足を動かす印によって福徳を増す】

◉仏として生きる　人間の生命活動は、①身体活動、②言語活動、③精神活動の三つに分けることができます。煩悩にさいなまれ、自分が得することばかり考えているわれわれ凡夫のそれらは、身業・口業・意業の三業と呼ばれ、むしろ災いをもたらし、苦しみの原因となりますが、仏のそれらは、自我を離れて他者を優先することから、身密・口密・意密の三密と呼ばれ、人々を幸福に導きます。

真言密教では、煩悩を捨てて自分勝手をやめ、自分の三業を仏の三密に一致させることによって、今すぐ、この身このままで悟りの境地にたどり着くことができると説かれます。この行為を「三密瑜伽の修行」といいます。ちなみに「瑜伽」とは、ヨーガというインドの言葉の漢字音写で、「融合」や「一致」を意味します。

プロの修行者である密教の僧侶は、手に印を結び（身密）、口に真言を唱え（口密）、心に仏を念じること（意密）によって三密瑜伽の修行をおこないますが、一般の在家の者であっても、人々の苦しみを取り除き、人々を喜ばせる行為をおこなえば、それらはすべて仏の身密となり、人々を安心させ、正しい方向へと導く言葉は口密となり、他者を思いやる心は意密となります。これも、立派な三密瑜伽の修行です。ちなみに、僧侶がお堂の中に坐っておこなう修行を「有相の三密修行」、普段の生活の中でだれでもおこなえる実践修行を「無相の三密修行」といいます。

そして、「無相の三密修行」を常に心がけていれば、自分がおこなったことはすべて仏のおこないとなって皆にたくさんの幸福をもたらし、自分がしゃべった言葉はすべて真言となって人々に平安をもたらし、自分が思ったことはすべて勝れた瞑想となって自他を悟りへ導く智慧を生み出すと、お大師さまはおっしゃっておられます。それが、冒頭に掲げた文章の意味です。

みなが三密修行を実践し、互いに思いやれば、世の中の悩みや苦しみはすべてなくなり、死んでから極楽に行く必要などはなくなるのです。

（川崎一洸）

真言

先ず当《まさ》にこの品の次第によってこれを修行すべし　いわく字字句句真言の声　次第に断ぜず　しかもその身に入ってその体の内に遍じ　能く身心をして垢濁を掃除せしむること火の起る時　諸塵悉く浄きが如し（大日経略開題）

【世間成就品の次第によって修行すれば、真言の声が連続して唱えられて、身心の垢が火によって焼き尽くされ、我が身が清らかになる】

◉言い続けていたら次第に身に付く　「嘘から出たまこと」という諺があります。事実とは異なることでも言い続けていたら事実になってしまうことがあるということです。これは笑い話として聞いていただきたいのですが、私は名古屋で学生時代を過ごしていました。当時、新幹線に「のぞみ号」が走り始めて、都市間を結ぶ移動時間が一気に短縮されました。もちろん名古屋にも停まっていました。私の故郷の最寄り駅には停車していませんでしたので、友人たちからは「のぞみも停まらない田舎から出

て来たのか」とからかわれたことがあります。その時に私は、「俺が故郷で住職にな
ったら、のぞみが停まるようになるわい」と面白く言い返していたのです。時は経ち平成十四年、私は住職として当山に入山しました。そして翌年の平成十五年、偶然にも最寄り駅にのぞみ号が停まるようになったのです。これは、たまたまそうなっただけの話ですが、結果的には「嘘から出たまこと」であります。

私は武道を教えていますが、まだ技術が十分に理解できずに習得されていない生徒に向かって「キミは出来る子だ」と言い続けていたら本人もその気になってやる気を出し、そのうち本当に上手になる者がおります

また上手な人の真似をしていたら、知らず知らずのうちにそのものに近づいていくこともあります。ランニングでも自分のペースより速い人の中に紛れて走っていたら、つられて自分のペースも上がり次第に技術も向上するものです。

ご真言の念誦とは、まさしく仏さまの言葉を自分で自分に言い聞かせているのであり、仏道修行も、まさしく仏さまの真似をすることなのです。私もそのうち理解できるだろうと信じて疑わず、日々怠りなく同じことを繰り返して仏さまの真似をしようと念じてお勤めしています。

（大瀧清延）

真言とは梵には曼荼羅という　即ち是れ真語　如語　不妄　不異の義なり

（大日経開題　降崇）

【真言とは、梵語ではマンダラといい、真実のことば、そのままのことば、偽りも過ちもないという意味がある】

◉真言はマンダラかマントラか　聖語のなかの「曼荼羅」の語について、多くの宗学者はマントラの誤写で正しくは「曼担羅」などと改めるように、と指導されるはずです。なぜなら、文脈の続きから「真実の言葉」「ありのままの言葉」と解説されるように、インド思想の根底に「言葉はブラフマン（神なり）」という観念がみられ、人が嘘偽りのないことを神に宣言することで多くの奇跡が起こる「真実語」の信仰が今でも存在しているからです。同様に仏の説法も嘘偽りのないものとして信仰の対象となり、経典の読誦や書写、それに仏の言葉そのものとして仏教世界に真言が生まれてきたものと考えます。

元々インドのバラモン僧が人々の祈願を叶えるために神々の呪文としてのマントラ（真言）を唱えていたことの仏教的な展開と考えられます。お釈迦さまのお弟子さんにはバラモン僧だった人も多く、仏教教団が世間の人々を教化する面でニーズに応えるためとも想像します。

ここで改めて聖語にもどり、百歩譲って真言が「曼荼羅」、つまりマンダラと大師が認《したた》められたか？　マンダラには、「輪円具足《りんねんぐそく》」という意味があります。「仏の悟りの境涯を欠けることなく表現した世界」がマンダラの特色を表しています。

お釈迦さまの悟りの境涯を「自内証《じないしょう》」などと言います。仏教の多くのお坊さんもこの境地を体現すべく日夜仏事に精進しているわけです。

ただそれに到達するには無限に近い歳月がかかると言われます。密教では「即身成仏」を標榜しています。その実現に大きく寄与しているのが「マントラ」と「マンダラ」であります。

（山田弘徳）

真言はこれ明なり　この明を以て我れ及び病者ならびに魔鬼等を照明して貪瞋癡の闇蔽《あんぺい》を息《や》む（秘蔵記）

【真言は呪である。呪によって自分や病人、悪魔などの障りを照し、貪り、怒り、愚痴の闇を除去する】

◉暗闇を照らすライト　お四国を徒歩にて巡礼していた時のことです。晴天の道すがら、雑草が広く生い茂る場所があり腰を下ろしました。ふと土が盛り上がっているほら穴を見つけザックの中にある小さなライトを取り出し、入り口から中を照らしてみましたが、どうやら穴は奥深く、全貌がわかりません。どこまで続いているのかという興味と恐怖がわき起こりながら、ライトを手に進んでみることにしました。腰をかがめれば進めるほどの高さ。一体何がある（いる）かわからない暗闇。鼓動が高まりながらひんやりとした暗闇を照らし歩き、ようやくライトの先に地上から射し込む光が見え、暗闇のほら穴探検が終わったのでした。

思い返せばもう二十年も前のお四国巡礼での一体験ですが、大学卒業後無計画に飛び込んだ巡礼の日々は暗闇と光が交差する体験が多くありました。暗闇の怖さ、光の有り難さ。そして暗中模索しながらの旅は体験の多くが心そのものに置き換えることのできる出来事だったのです。

仏教では私たちの心を暗く迷わせているものの根本に「貪・瞋・痴」三つの心の動きがあるといいます。むさぼり、足ることを知らぬ心（貪）・怒り、憎しみ、妬む心（瞋）・おろかさ、無知なる心（痴）。放っておくと悪化する病のごとく心を暗く覆う煩悩を照らす光こそ真言であり真言密教の教えであると説きます。

道が暗いのも明るいのも結局は自分自身の心が原因です。つまり明るく照らすためには信仰というライトをいつもたずさえ、煩悩を照らし続け、自分の心の根本を、正体そのものを知らなければなりません。

特に真言密教ではさまざまな真言や咒、陀羅尼が用いられ、その一つ一つに仏の声が含まれ教えが内包されているといわれます。暗闇を照らすあらゆるライト（真言）を持っているとしたらこれほど心強いものはありません。

（伊藤聖健）

あらゆる名句これ真言ならずということ無し　凡百の施為《せい》これ密印《みつちん》に非ずということ無し（宗秘論）

【あらゆる名言や名句はすべて真言である。様々な行為も密教の印契とみなす】

◉あなたの名言　その昔、お釈迦様の時代のインドに、スダッタと呼ばれる富豪がいました。彼は熱心に慈善活動を行い、貧しく孤独な人々に与え、給する者という意味から、「給孤独長者《きつこどくちようじや》」という名でも呼ばれていました。スダッタがお釈迦様のため、寺院を建立しようとした際の有名な逸話があります。

建設予定地の土地の所有者、祇陀太子《ぎだたいし》という王族が、なかなか土地の買収に応じませんでした。スダッタはその広大な土地一面に金貨を敷き詰め、「この費用にかえても、私はお釈迦様のため寺院を完成させたい！」とその覚悟を示しました。売却を渋っていた太子も、その心意気に打たれ、土地と樹木を提供し、完成した寺院は、二人の名から「祇樹給孤独園精舎《ぎじゆきつこどくえんしようじや》」、略して「祇園精舎《ぎおんしようじや》」と呼ばれました。このスダッタの別名ですが、経済的に救うという意味なら「給貧長者」「給困長者」でもいいのでしょう。しかし彼は孤独を救う「給孤独長者」と呼ばれました。

スダッタの時代から二千年。同じインドで貧困問題と向き合ったマザー・テレサは「一番の貧困は孤独であること」と、貧困は周囲の無関心によるものと説きました。また戦前の哲学者、三木清は「孤独は山になく街にある。一人の人間にあるのではなく大勢の人間の間にある」。大勢の人に囲まれていても、他人から声もかけられず無視されれば、人は孤独であるのだと述べています。

先日、テレビで新型コロナウイルス流行下の、とある大阪の自治体の取り組みが紹介されていました。感染予防のため平素以上に、ひとりでいることが多い単身者に、電話、あるいは少し離れた場所から声をかけるそうです。ただそれだけですが、救われた、心が軽くなったという声が多数聞かれたそうです。

あなたが他人にかける何気ない言葉。しかし、その言葉が孤独感、疎外感、閉塞感の中にある、他の誰かを救う名言になるかもしれません。誰もが名言を持っており、巨万の富はなくとも「給孤独長者」になれるのです。

（亀月隆彦）

衆生をして頓に心仏を覚り速かに本源に帰らしめんが為に　この真言の法門を説いて迷方の指南と為したもう（平城灌頂文）

【真言の教えは、自分の心にある仏に目覚めさせ、すみやかに真実の根源に導き、迷っている人々の指針となるように説かれている】

◉ホントの方便　「本当のことを言って」と言われて戸惑ったことはありませんか。正直に言うことが正しいのか、それとも「ウソも方便」で相手をおもんぱかることが正しいのか。本当とはホントは何なのでしょう。

この名言の核は、真言の教えは「真実の根源」に導くということです。では真実とは何なのでしょう。辞書には「絶対の真理」とあり、仏教の真実は「まことのことわり」です。すみやかに真実に導かれるには、目で見えるものにとらわれるのではなく、心の中の「仏」の目で見るということです。真言はそのために説かれていると説明されていますが、真言に心の中の仏を目覚めさせ、真実に導くような力があるのでしょうか。

真言はその仏の名や働き、誓願といわれる仏が人々の願いが叶うように立てた誓いを短くまとめたことばです。真言を無心で唱えることによって仏そのものになることができます。言い換えると、仏そのものになるために「仏のまね」をしているのです。最初はまねでも、無心に唱えることにより「真言のことだま」がこころの仏を目覚めさせるのです。例えるなら、目標を書きしたためて努力することで目標を達成することに似ています。

仏の境地になって物事を考えるこころ（菩提心）、人を救いたいと思うこころ（大悲）を持てば、もはや仏そのもの、この身このままで仏になれ、「即身成仏」できるのです。

仏の世界では「ウソも方便」の方便は、空気を読んでその場を繕うという意味ではなく、梵語のウパーヤを原語とする「近づく」という意味です。近づくための智慧が方便です。「真実の教え」に近づくための「ホントの方便」始めてみませんか。

（中村光教）

もし人　法によってこの真言一百万遍を誦ずれば　即ち一切の教法の文義暗記することを得（三教指帰上）

【虚空蔵求聞持法によって、虚空蔵菩薩の真言を一百万遍を続けて念誦ずれば、すべての教法の文章やその意味を暗記できる功徳がある】

◉たじろがず信じる道を進む　お大師さまの生涯のなかで、その後の道を定めることになった画期的な出来事のひとつに虚空蔵求聞持法という修行法との出会いがありました。

若き日のお大師さまは、故郷の讃岐を離れて上京して叔父の阿刀大足のもとで学問の道に進みました。そして叔父の力添えによって大学に入りましたが、元々心引かれていた仏の道に進みたいとの想いが次第に強くなっていきました。

そんなある時に、一人の沙門から虚空蔵求聞持法という修行法を授けられました。

虚空蔵求聞持法は虚空蔵菩薩を本尊として一定の作法に則って真言を百日間かけて百

万回唱える修行法で、この修行を行なうことでありとあらゆる経典の意味内容を理解し暗記することができるというものであります。

お大師さまは仏陀の偽りなき真の言葉であると信じて、木を錐もみすれば火花が飛ぶがごとく一心不乱に阿波の大瀧岳によじ登り、土佐の室戸岬で修行なされました。そして木霊が返ってくるように求聞持法の本尊虚空蔵菩薩の象徴である明星が自分に向かって飛んできて自分とひとつになったという体験をなされました。この神秘体験を通して得られた法力により理解力が高まり、益々仏の道に没頭されるようになりました。

その後『三教指帰』を記されて大学を辞め、山林修行に励むようになられるのです。ひたすら虚空蔵菩薩の真言を唱えつづけ求聞持法を修していたお大師さまはどんな心境だったのでしょうか。きっと自分の信じる道、求める境地へ至るためたじろぐことなく没頭していたのでしょう。

我々も、時にはお大師さまのように、自分の信じる道をたじろぐことなく、ひたすら歩むことこそが肝心であると思います。

（成松昇紀）

一字一画衆経を呑んで飽かず　一誦一念諸障を銷《け》すこと難きに非ず（性霊集八　亡弟子智泉）

【真言の一字一句には多くの経文の意味が含まれているから、真言を念誦して罪障を消すことは容易である】

◉講談風「真言は口に苦し」　私、名も売れていない講談師と呼ばれている古典芸能をしておりますので、この度は講談風にお話ししたいと存じます。

一席伺います。「真言」より有難いものはございません。真言の生まれは現在のインドでございます。その真言は中国を経て、弘法大師と呼ばれる天才的な高僧より日本に伝わります。尊い『大日経』と呼ばれる経典よりコポッ、コポッと誕生し、今日も大乗仏教の多くの宗派で用いられております。

この「真言」、口にすれば舌を嚙みそうなぐらいに複雑なものではございますが、これはサンスクリット語と呼ばれる古い言語の訳語で、「仏の真実の言葉」または

「秘密の言葉」という意味でございます。まさしく「良薬は口に苦し」のように、本当に難しい言葉でございます。

さて、別名「マントラ」とも呼ばれている「真言」。弘法大師こと空海は「真言は不思議なものである」と、ちゃーんと後世に残しております。

「仏さん（本尊）を観想しつつ唱えてたら、未知の闇が無くなりますねん。ホンマ一文字にめちゃくちゃ意味がありまして、別に死なんでもホンマのこと（真理）を悟れますねん！　だからこれ唱えてたら、今までの悪かった罪とか全部消せるし、唱えるだけって簡単でっしゃろ？」と空海が言ったとか言わないとか。

それを耳にした誰かは、キョトン……と鳩が豆鉄砲を喰らったような表情になり、また隣の誰かは色の濃い感慨深さに襲われたとか。

それから高野山や東寺と呼ばれる空海さんがよく現れた寺では、ただひたすら引き籠もりのようにお堂などの中から一切出ない。そしてただひたすら「真言」という、「有ること」が「難《かた》い」すなわち、有難い言葉を唱えることが始まったのであります。

いずれも現存する文献の数々は体を整えた文章でございますが、案外、元を辿ればこのようなものかもしれません。

（伊藤貴臣）

真言教をば神通乗と名づく（雑問答四）

【真言密教は人智を超えた不思議な教えである】

◉真言の功徳力　真言密教はお大師さまが恵果和尚さまから受け継がれ、その後のお祖師さま方が研鑽と苦労を重ねて脈々と受け継いで来られた教えです。その中でも日々お唱えする光明真言は一切の功徳を総じている真言と伝え聞いております。

かつて帰朝したばかりのお大師さまが天皇さまに奉った「御請来目録」の中には「不空羂索毘盧遮那仏大灌頂光真言」として光明真言についての書物が見出せます。その功徳は深く広大無辺であり、亡くなった人の供養にはことさら効験あらたかであるため、日々の念誦をはじめ光明真言土砂加持法会にて厳重に営み、多くの僧侶とともに光明真言をお唱えしています。

さて、以前、高野山の高名な前官さまの貴重なお話をうかがいました。一昔前の高野山では、遺体を座ったままの姿で棺に納める座棺の習わしがありました。そのため、前官さまのお母さまが亡くなられて、座棺に納めようとした時、お母さまのお身体は死語硬直のために強ばり、小さくお座りをさせられなかったそうです。この時代、しばしば無理矢理に遺体を棺に納めてしまうので、難儀しながら骨の折れるなんとも痛々しい音をたてて納棺をしたそうです。ですから前官さまは大切なお母さまのご遺体の骨の折れ砕ける音を聞くのがとても可哀想で耐え難くなったそうです。その時かねてから土砂加持法会にて光明真言で祈念した功徳あるお土砂を思いつかれ、強ばったお母さまにおかけしました。するとたちまちにその効験が現れ、これまでの表情とは一変し、安心を得られたようなやんわりと柔和なお顔と変化し、同時に全身が柔らかくなったため、静かにやさしく棺に納めることができたそうです。前官さまは光明真言の功徳力を目の当たりにして、有り難い気持ちで涙があふれてきたと語り聞かせて下さいました。私たちは仏さまの真髄となる真言密教に出会え、今日もまたその教えに導かれています。その喜びをかみしめながら、一心に祈り、真言をお唱えし、自他共に安心が得られるよう修行して参りましょう。

（阿部真秀）

正しく真言の観によって阿《あ》耨《のく》菩《ぼ》提《だい》を成ぜり（雑問答一九）

【正しく真言の教えを観想すれば悟りを得ることができる】

◉あきらめの先にあるもの

「あきらめたらそこで試合終了ですよ」。この言葉は私が子供の頃に読んでいたバスケットボールを題材にした漫画に出てくるセリフです。その使い勝手の良さゆえに、インターネット上でもよく使われるようになり、元になった漫画を読んでいなくても、この言葉は知っているという方も多いかと思います。

私は中学生の頃に水泳部に所属していたのですが、確かに「もう駄目だ」と思ってしまった時にはいい結果にはつながらず、逆に「これはいける」と感じた時には予想以上のタイムでゴールできるということが何度もありました。スポーツの世界ではメンタル面が強く影響するということを身をもって経験しています。このように何かと否定的な意味合いがつきまとう「あきらめる」と言う言葉ですが、もともとは物事を正しく見る、あきらかにするという意味の「あきらむ」という古語が語源となっています。仏教には四諦という言葉があるのですが、これも「あきらかにする」という意味で諦の漢字が使われています。

さて、われわれ真言宗の僧侶が日々の行やお勤めの際によく唱える真言ですが、それは文字通り真実の言葉です。繰り返し、何度も何度も真言を唱えることで、真言宗の僧侶は仏様の世界を感得するのです。その先にはきっと悟りがまっている、そう信じながら日々真言を読呪します。真言は仏様の教えに従い、この世界を正しくみつめ悟りを開くための扉なのです。

冒頭で出てきた「あきらめたらそこで試合終了ですよ」という言葉。もちろん、漫画の中では文字通り、バスケットの試合中にタイムアップが迫り、勝つことを諦めた主人公に対して監督が投げかけた言葉です。しかし、この言葉だけを仏教的に変換して解釈してみると、あら不思議。「仏様の教えのもとに、物事を正しく見ることが出来たなら解脱して、輪廻の輪から離れられますよ」という前向きな意味に早変わり。強引な解釈だと思いますか。いえ、これもまた一つの真理なのです。

（髙田堯友）

一字の真言を誦ずるに於て　煩悩業障ことごとく滅して　本有菩提の智速疾に即ち顕現することを得（雑問答二〇）

【一字の真言を唱えれば、煩悩や罪障が消えて、心にある悟りの智慧がたちまちに現れる】

◉ひと言ひと言でわかるご真言

元々「真言」とは、サンスクリット語のマントラの漢訳で、「仏の真実の言葉」という意味で訳されたものです。たとえば、一番有名なお経である「般若心経」の最後にある「羯諦　羯諦　波羅羯諦　波羅僧羯諦　菩提薩婆訶」も真言の一つです。

お大師様は真言について「真言は、不思議なものである。本尊を観想しながら唱えれば無知の闇が除かれる。わずか一字の中に千理を含む。この身のままで真理を悟ることができる」と記されております。

真言のはじめによく見かける「唵《オン》」という文字は、元々はインド古来の神々に対する呼びかけの間投詞でありました。それが密教に取り入れられたことで仏教では真言の初めの音、たとえば「唵《おん》あびらうんけんばざらだとばん」などのように用いられることとなりました。また、「唵」は帰命、供養、あるいは法身・報身・応身の仏の三身を意味するものとされています。

先程の「おんあびらうんけんばざらだとばん」を一文字ずつ見ていくと、お大師様の「一字の中に千理を含む」という言葉の意味が見えてきます。「あびらうんけん」は胎蔵界大日如来、「ばざらだとばん」は金剛界大日如来を表しておりますが、「あびらうんけん」は五文字に分けられ、「あ＝地」「び＝水」「ら＝火」「うん＝風」「けん＝空」の五大を表しています。「ばざらだとばん」は「ばざら＝金剛」「だと＝基盤、本質」「ばん＝金剛界大日如来の種子」をそれぞれ表しており、「金剛のような堅固な覚りを本質として有する仏、金剛界大日如来よ」と訳されます。

このように真言は意味を持った言葉が集まって作られております。そのような真言を心の底から唱え続けることができる、それが僧侶になった私の幸せの一つです。

（千葉堯温）

陀羅尼

醍醐の通じて一切の病を治するが如く　総持の妙薬も能く一切の重罪を消し　速かに無明の株杌《しゅごつ》を抜く（十住心序）

【醍醐がすべての病気を治すように、ダラニの妙薬もよく一切の重罪を消し、速かに無知の根を抜く】

◉人間とは何か？　愛知県に昭和五十四年生まれの哲学者で宗教学者、宗教思想を専門に研究される内藤理恵子さんという方がおられます。所属は南山大学宗教文化研究所非常勤研究員で、善通寺勧学院専門研究員も務めています。内藤さんは南山高校女子部でキルケゴールに興味を持ち、南山大学文学部哲学科へ進学。キルケゴールはキリスト教を通じて「人間とは何か？」を考えた哲学者であり、内藤さんもそこから研究をスタートされました。

大学卒業後、似顔絵師になり、二年間、各地で似顔絵の仕事をしました。その仕事で老若男女を問わず、さまざまな人と会話をし、生きた学びができたよい経験を積まれました。その後、南山大学大学院に進学し、葬送を研究。「死」をテーマに「人間とは何か？」を追求しています。

平成二十五年から『月刊住職』に連載していたリポートを編集し、平成二十九年に『あなたの葬送は誰がしてくれるのか』（興山舎）を出版しました。内藤さんは独身で、葬送研究をすればするほど、「信頼できる菩提寺を持ちたい。お墓を建てるなら寺院墓地がよい」という結論に落ち着いたとのことです。本書では、葬送の変化、お墓と納骨、供養、終活、信仰の変化についての生々しい現状が報告され、内藤さんの的確な分析に目を見張ります。

内藤さんは今日までに各宗派で講演、宗派の「研究誌」「宗教新聞」「業界紙」などに数々の論考を発表しています。近年は真言宗智山派宗務庁発行の檀信徒向け教化誌『生きる力』（年四回発刊）に、弘法大師の著作『性霊集』の解説を得意のイラストと共に連載中です（令和三年三月で第十二回目）。内藤さんは生と死、宇宙を総合的に見て、「人間とは何か？」という問いに答えを出せるのは、空海の思想だと明言されています。さらに、空海の思想を広めたいという強い思いも持っておられます。映画、漫画、美術など、サブカルチャーにも造詣が深く、多方面から思索を深められています。内藤さんの研究成果にご注目ください。


（菅智潤）

陀羅尼の母はいわゆる𑖌𑖽字なり　ゆえいかんとなれば三字和合して一字となるが故に（十住心第九）

【ダラニの母はオン字である。オン字はアウンの三字が和合して一字となっているからである】

◉始まりと終わり

私のお寺のお堂のあちこちに様々な彫刻が施されています。獅子や龍、象や獏。仏教の説話の中に出てくる聖獣が題材となっているのです。その彫刻を眺めていると、二つで一つ、対になっているのです。片方は口を大きく開け、片方は口をつむるという、「あ」の口と「うん」の口となっています。

真言宗の大事なお唱え言葉「真言」は、梵字といわれる古代インドの言葉「サンスクリット語」で書かれています。それを「陀羅尼（ダラニ）」と呼び、仏さまの真理を表す言葉として大変功徳のある言葉とされています。そして、仏さまやその教えを表すときにも梵字を用い、その一字で仏さまや功徳を表すことができるのです。梵字は一字一字に仏さまが宿り、多くの真理が含まれているので「一字の中に千理を含み」と弘法大師さまもおっしゃっています。そして、「阿（あ）」の字は「本初、始め」を意味し、「吽（うん）」は「究極、終わり」を意味します。日本語のあいうえおの五十音も「あ」から始まり「ん」で終わります。仏さまの言葉「梵字」でも、私たちが日常使う日本語でも「あうん」は始まりと終わりなのです。

しかし、その「あうん」の字をも超越するのが「おん」という梵字だとお大師さまはおっしゃっています。そんなすごい言葉「おん」なのに、調べると「おん」の梵字自体は意味を持たないものとあります。

「おん」は、はじめと終わりを超越した「なにか」を表しているのかもしれません。私たちの知識の範囲を超える「なにか」は、始まりや終わりという概念もなく、ただそこにあり続けることに意味があるのではないかと私は思います。それは、きっと私たちのいのちに於いても「はじめとおわり」を超越した「なにか」があり、それ自体に意味付けをできないほど尊いものなのでしょう。それが、いのちの根源である「仏さま」という存在なのかもしれませんね。

（岩崎宥全）

総持門は譬えば醍醐の如し　醍醐の味は乳酪蘇の中に微妙第一にして能く諸病を除き諸の有情をして身心安楽ならしむ（二教論下）

【ダラニ門は醍醐のようなものである。醍醐は乳、酪、蘇のうち最高の味であり、諸病を除き、人々の身心を安楽にする】

◉パノラマ的智慧　この文での乳酪蘇醍醐は牛乳を次第に精製させた段階で、①牛乳②酪③生蘇④熟蘇⑤醍醐で、この五味を仏教の五蔵に当てて①経蔵②律蔵③論蔵④般若波羅蜜多蔵⑤陀羅尼蔵にあて、陀羅尼蔵（真言乗）すなわち密教経典が諸経典の中で最高であり、過去の重罪を除き、諸病をのがれ、迷いの苦しみから救われる、と言っています。

五蔵とは、お釈迦様が説かれた対機説法を区分けしたもので、①経蔵（山林に居住して瞑想を願う人々のために説かれた教え）、②律蔵（村落や伽藍に住して起居動作を習い互いに力を合わせて正しい真理の教えを保持しようと願う人々のために説かれた教え)、③論蔵(宇宙の本性と現象を研究し、究極の理法を願う人々のために説かれた教え)、④般若波羅蜜多蔵(執着や無益の論争を離れ、また相対的な思慮を離れ、静寂なさとりを願う人々のために説かれた教え)、⑤陀羅尼蔵(すみやかに煩悩を断ち、迷いの世界を出て真理の身体を得ようと願う人々のために説かれた教え)です。

醍醐味は牛や羊の乳を原料としていて、精製されても総てを含蔵しているように、宇宙全体の真理を開示している陀羅尼蔵も、①・②・③・④総てを内蔵しています。乳酪蘇のようにまだ完成されていない立場からみれば、その時点の境涯が最高の真理(味)だと思い込み、または自分の好みでその先を見ようとしなくなります。それは山の中腹で眼下の景色を満喫してしまうのと同じで、それも確かに素晴らしい景色ですが、山頂のパノラマに比べてみれば、せいぜい四割ほどでしかありません。やはり山頂に立った体験があり、その観点からパノラマ的智慧が得られ、完全無欠な智慧によって人々の苦を抜き楽を与えられるのです。真理の身体(法身)を得ようと願い修練し、その境地に達してこそ衆生救済の働きが発動されます。このように総てを含蔵している真言乗だからこそ真言による不思議な力の働きによって身体と心の総ての疾患を癒すことが出来るのです。

(大塚清心)

総持門は契経等の中に最も第一たり　能く重罪を除き諸の衆生をして生死を解脱し　速やかに涅槃安楽の法身を証せしむ（二教論下）

【ダラニ門は経典群の中で最もすぐれている。なぜならば、重い罪を除き、人々の苦悩を解決し、速やかに悟りの境地に入ることができるからである】

◉陀羅尼の力　お大師さまは『弁顕密二教論』において、「ある人が諸々の悪業によって重罪を造ったならば、その罪を消滅し、速やかに解脱を得て、頓ちに悟りを開いて安楽で寂静なる境界に赴かしめるために、諸々の陀羅尼蔵（密教）を説く。総持門（陀羅尼門）は契経等の中で最も第一で、よく重罪を除き、諸々の衆生の生死を解脱せしめ、速やかに涅槃安楽の法身の境界を証得せしめる」と著しています。陀羅尼には重罪を除き、悟りを開かせる力があります。

西暦六七六年、北インドのカシミール出身の仏陀波利三蔵は文殊菩薩の聖地、中国の五台山を巡礼します。以下、『唐五台山仏陀波利伝』の史料を要約します。仏陀波利三蔵は五台山に文殊菩薩がいると聞き、五台山の山門に至ります。そして、山に礼拝し、涙を流し、文殊菩薩の聖容を観ることを願います。すると、山から一人の老翁が現れます。老翁は仏陀波利三蔵に何を求めて来たかと尋ねます。仏陀波利三蔵は文殊菩薩を礼拝するためにインドから来たと答えます。老翁はインドから仏頂尊勝陀羅尼経を持って来たかと聞きます。仏頂神呪は罪を除く秘法である。経を持たずに来ても何の利益もない。インドに取りに戻り、中国に流伝すれば、文殊菩薩の居処を示すと告げ、姿を消します。仏陀波利三蔵はインドに戻り、仏頂尊勝陀羅尼経（梵本）を得て翻訳します。そして、五台山に入り、金剛窟の金剛般若寺に住します。

私は仏陀波利三蔵の文殊菩薩を篤信する涙と老翁の託宣を完遂する汗に深く思いを致します。仏陀波利三蔵の活動は仏頂尊勝陀羅尼経の流伝の原点です。この流伝があって、私たちは四度加行時に仏頂尊勝陀羅尼を読誦して修行しています。仏頂尊勝陀羅尼は尊勝仏頂尊の内証功徳等を説き、罪障消滅等の力を持つ陀羅尼です。初心の行者に必須として課すのはそのためと理解しています。そして私は、この陀羅尼に仏陀波利三蔵の汗と涙の力がこもっていると思って止みません。

（細川敬真）

陀羅尼を総持と名づくる所以《ゆえん》は　一字の中に一切の注文を含蔵す　譬えば大地の一切の諸物を含持するが如し（秘蔵記）

【ダラニを総持と漢訳する理由は、一字にすべての法が含まれているからである。たとえば大地があらゆる物を抱えているようなものである】

◉ドイツ・コンラート散歩　ドイツ中央部のブラウンシュヴァイクという美しい街からザルツギッターに入った私は、地下千メートルの世界を体験しました。「核のごみ」の地層処分予定地、コンラート。かつて鉄鉱山であった坑道に、原発で使われた衣服やごみなど中低レベル放射性廃棄物を処分するための施設を建設中です。

二〇一一年三月の東京電力福島第一原発の事故の後、にわかに高まった原発問題への関心を受けて、私は翌年一月、ドイツの関連施設見学ツアーに参加しました。

施設の入口でパスポートを見せた私たちは、安全講習のあと専用の服に着替え、エレベーターで一気に地下千メートルへと急降下。そこから作業車に乗ってさらに地下トンネルを駆け抜け、ついに最奥部へと向かいます。筒状の岩壁に張り巡らされる血管のような配管や電線。ガンガンと頭をつんざく工事音。少しずつ温かくなってきました。そこはまさに、果てしない闇の広がる「地獄」のようでした。

「核廃棄物はここで三十万年間保管されます」という説明を聞いて意識が朦朧となりました。そのころまだ人類がいるとは限りません。人類滅亡後も続く放射能の威力。それを封じ込めるには、ただただ大地の力に頼るほかないのでしょうか。

弘法大師作といわれる『秘蔵記』には、陀羅尼や真言の解説として「大地の一切の諸物を含持するが如し」という表現が登場します。あらゆる生命を育む大地。私たちは大地から様々な恵みを受け取り、やがて私たち自身も大地へと還っていきます。

とはいえ、人類がその浅知恵で生み出した原発のごみは、それが完全に大地に還るために、人類の尺をはるかに超える時間を要します。劫を経ても尽き難いその放射能を、いったいどうすればよいのか。しかも日本には揺れの起きない大地など存在しないのです。

（坂田光永）

陀羅尼

速やかに煩悩を断じ生死を出でて法身を証せんと楽《ねが》い　及び僧の四重　尼の八重禁を犯すと　地罪を造ると　方等経を謗すると　一闡提《せんだい》の人と　是くの如き衆生の為に如来総持蔵を説きたもう（平城灌頂文）

【如来がダラニを説かれた理由は、煩悩や迷いから抜け出て真理を得ようと願う人や、僧や尼が戒を犯して重い罪を作ったり、経典を誹謗したり、成仏の可能性がない者にも、悟りを得させたいからである】

◉批判されるその心は？　ある檀家さん（仮にCさんとします）の話です。彼は「自分は目に見えるものしか信じない」と言ってはお盆や法事のお勤めに参列せず、顔を合わせても「何を言ったって、所詮金儲けの為でしょ」等、厳しい批判をなさる印象の強い方です。代わりに対応される親族によると、彼なりに仏教信仰、檀家制度の事は偏りなく学ばれた上での批判であるとの事で、結果として僧侶自体が悪い印象になった、と私は解釈し否定反論せず受け止めていました。

ある時、そのCさんの近所の別の檀家さんに不幸があり、遺族の希望で、七日毎の法事を平日の夕刻にお参りしておりましたら、五七日法事の時、遺族に笑顔で迎えられ、参列されるCさんの姿がありました。Cさんは親戚ではなく、その地域では、近所の方の参列も珍しくはないのですが、遺族に事情をお聞きすると、故人はCさんが幼少の頃からよく声を掛け、故人の家族が留守の時に、Cさんに電球の交換を頼んだところ、快く応じてくれたのが嬉しく、それから何度も頼むようになったと教えてくれました。Cさんは大手企業にお勤めですが業務が多忙で、残業も多く余裕がないと聞いていたのですが、その時のCさんはそれまでの印象と違う、優しい表情でした。

私は、短時間で苦が楽に裏返ったような有難い気持ちになり、根底に尊い心があるCさんを想うと、表題の陀羅尼の教えの必要性を感じました。陀羅尼とは、数多の仏さまから量り知れないほど、お清め等の作法をいただき、迷いを離れ、仏となるお諭《さと》しを受ける位の功徳があります。深いですが遠い教えではなく、私たちが生活の中で自ら覚《さと》り、聖なる智慧を目に観《み》える形で実践し、その教えに通じる生き方があれば、直ちに善行の功徳で広い智慧を集めます。正しくぶれない姿勢が確立すれば、煩悩等に怯《ひる》むことなく、仏と同じような行いとなるとも説かれます。私は身近にCさんや、この教えに通じる姿勢で世に貢献される人も多いと感じます。

（村上慧照）

陀羅尼は梵語なり　唐には翻じて惣持《そうじ》と云う　惣とは惣摂　持とは任持なり　言わく一字の中に於て無量の教文を惣摂し　一法の中に於て一切の法を任持し　一義の中に於て一切の義を摂持し　一声の中に於て無量の功徳を摂蔵す　故に無尽蔵と名づく（梵字悉曇義）

【ダラニはインドの言葉である。中国では惣持と訳す。惣とはすべてを収め、持とは保つことである。一字に深い教えを含み、一法にすべての教えを保ち、一義にすべての意義を持ち、一声に無量の功徳を内蔵する。ゆえに、無尽蔵とも呼ぶ】

◉ひとつはすべて。すべてはひとつ　私たちの身体は何でできているのでしょう。水、タンパク質、脂肪。筋肉と骨。細胞。いろいろな考え方ができますね。密教では、私たちの身体も、大宇宙も、万物はすべからく地・水・火・風・空・識の六大でできていると考えます。

私たちの身体には大地と同じく堅固であり、ミネラルを含む骨があります。人体の約六〇パーセントは水でできています。私たちは火の要素も持っていて、常に身体を暖かく一定の温度に保ちます。呼吸は風の要素です。私たちの身体の中にはたくさんの空間＝スペースがあります。この体そのものが内臓の入れ物ですし、口腔内や鼻腔内などにはそれぞれに空間があります。そして、私たちには意識があります。「私」と感じる意識、潜在意識、阿頼耶識……、いろいろなレベルの意識を持っています。どうでしょう、宇宙を構成する六つの要素がすべて体の中にも備わっていることがわかりますね。

私たちひとりひとりは同じ「人間」でありながら、それぞれ違った個性をもった存在です。しかし、どの人の中にも大宇宙を構成するのと同じ六大が備わっています。言い換えれば、一人ひとりは大いなる宇宙の「現れ方」の一つです。

陀羅尼や梵字の一つ一つの音や文字も、それぞれの個性をもった別個の存在ですが、それぞれが宇宙そのものの現れであることには変わりません。富士山に登る時、山梨側から登っても静岡側から登っても最後は頂上にたどり着くように、人間も、陀羅尼や梵字も大元をたどっていくと一つの宇宙の真理にたどり着きます。

（小西凉瑜）

陀羅尼秘法は方に依って薬を合せ服食して病を除くが如し（性霊集九　宮中御修法）

【ダラニの秘法とは、薬を処方してこれを服用し、病気を治すようなものである】

◉薬のように効く陀羅尼　承和元（八三四）年に弘法大師空海さまが宮中に建立した真言院。同二年正月に初めて後七日御修法を修しました。その時に天皇に上奏した文の中にある言葉です。陀羅尼の秘法とは、薬を処方し病気を治すのと同じで、仏法の諸経典の中から選び出した陀羅尼によって、いろいろな問題を解決することができると言っているのです。

仏教の経典は膨大な量が伝えられていますが、基本的にはサンスクリット語を漢訳したものが日本に伝来しました。インドの言葉を中国語に訳したわけですが、どうしても訳せない部分を音写しました。それを真言とか陀羅尼とか言います。一般的には短いのを真言、長いのを陀羅尼と言いますが、本質は変わりありません。有り難い言葉なので、あえて意訳にせず、音写したわけです。『般若心経』の最後にある「ギャテイ、ギャテイ、ハラギャテイ、ハラソウギャテイ、ボジソワカ」というのも陀羅尼の一種です。インドから中国を経て、日本に伝わるまでの間に、少しずつなまって、原語とは違うようになっていますが、細かいことは気にしないようにしましょう。

病気になったら治すために医師の処方した薬を飲みます。予防のためにワクチンを接種する場合もあるでしょう。けれども、心は薬では治すことができません。心の病まで行かなくても、心の空白や恐怖心をどうしたら埋めることができるでしょうか。仏教の経典にその答えは書いてあります。漢訳仏典に当たって、その解釈をすれば答えは見つかるかもしれません。けれども、修行を積んだプロの僧侶でもなかなか正解にはたどり着けません。そこで活躍するのが真言、陀羅尼なのです。

一種の呪文みたいなものですが、一言に深遠な意味が込められています。唱えることで、特効薬のような働きがある。そうした不思議な力があるからこそ、三蔵法師たちは、あえて訳さずに音写したのです。

意味は分からなくてもそれを唱えることで功徳があるのです。もちろん、サンスクリット語を勉強して意味が分かれば、もっと有り難みが増すでしょう。（柴谷宗叔）

陀羅尼は惣持不妄の義　即ち仏語輪所生の言教なり（雑問答四）

【ダラニは諸仏の所説を忘れないように記憶し、仏のことばを生み出す言語である】

◉真言で仏様とコミュニケーション　私達は言葉を使って人と会話をしています。言葉で喜怒哀楽の感情を表現することができます。言葉によって具体的に風景や味を想像することもできます。また言葉で教えてもらった内容はよく記憶に残っています。

仏様にも陀羅尼という秘密の言葉があり、その中に教えが説かれています。陀羅尼には不思議な力があり、人々を様々な災いから救って下さる言葉です。心を仏様にまかせてくり返しお唱えしているうちに、困難に遭遇した時に自然と口から出てくるようお示し下さっているのです。

仏様は人々を慈悲の心ですべてを包み込んでいます。陀羅尼を説かれて、迷いの世界の中でもその人に合わせて薬をつくり、病に応じた処方をして手を差し伸べて下さるのです。

陀羅尼は本来仏の教えを記憶にとどめる言葉でありましたが、時代と共に変化し真言と同一視されるようになりました。お大師様は般若心経秘鍵の中に「真言は不思議なり。観誦すれば無明を除く」とあります。真言には私達が認識することのできない功徳があり、真言を観想し読誦すれば苦しみである煩悩を取り除いてくれると説かれています。

真言は大日如来の言葉です。一文字一文字が仏様であり教えが説かれています。曼荼羅には様々な仏様がおられます。それぞれに真言があり、仏様一人ひとりは大日如来の分担した働きをあらわします。この仏様達にそれぞれ真言があるのは、真言を唱えることでその仏様の力が働くことを意味しています。

真言や陀羅尼には沢山の種類がありますが、本質的に同じで大日如来の真実の言葉であります。

この言葉を無心にお唱えすると仏様に通じて、私達も仏様と同じ心境を得ることができます。お唱えする人の願いが叶えられるよう仏様が働いて下さるのです。こうして信仰の生活の中で真言を通じて仏様といつでも意思疎通ができるように、縁を結んでおくのが大切だと思います。

（天谷含光）

字母は梵書の阿字等ないし呵字等これなり　この阿字等はすなわち法身如来の一一の名字密号なり　ないし天龍鬼等も亦この名を具せり（声字義）

【文字の母とは、梵字で書かれたアやカなどをいう。ア字はあらゆる現象を表現している大日如来の秘密の呼称であるから、神や鬼なども梵字で表現される】

◉あなたも私も大日如来　日本には古来、「言霊」と呼ばれる信仰があり、言葉として口に出したことは、必ず現実になると信じられてきました。例えば、「いってらっしゃい（行って・いらっしゃい）」という見送りの挨拶には、「行って、そしてかならず無事に帰って来なさい」という願いが込められており、この言葉を実際に発することによって、それが現実になると考えられたのです。

インドにも、特定の音や言葉には宇宙の真理が含まれているという信仰があり、それらは真言（マントラ）と呼ばれました。われわれが宝前でお唱えする「ご真言」も、その流れを汲むものです。そして密教では、自然界に満ちているすべての音、文字の一つ一つ、その文字の集まりからなる言葉や名前は、すべて大日如来さまの現れであると考えられるようになりました。さらに、われわれ一人一人の人間を含む、名前を与えられたすべての存在も、大日如来さまと同じように尊いのだと主張します。

四十年ほど前、テレビドラマ「西遊記」の主題歌を歌ったゴダイゴというバンドが一世を風靡しました。そのゴダイゴの「ビューティフル・ネーム」という楽曲に、次のような歌詞がありますが、密教の教えにも通じるすばらしい歌詞だと思います。

「今日も子どもたちは　小さな手をひろげて　光とそよ風と　友だちを呼んでる
だれかがどこかで答えてる　その子の名前を叫ぶ　名前　それは燃える生命《いのち》　ひとつの地球にひとりずつひとつ（中略）呼びかけよう名前を　すばらしい名前を」

風の音も、水の音も、すべて大日如来さま。あなたも、私も、みんな大日如来さま。自然、人、お互いの個性を尊び、いたわり合いながら、幸福に生きてゆきたいものです。

（川崎一洸）

梵文

梵文は義多くして深秘密なれば　隠顕知り難くしてよく破するもの無し（宗秘論）

【梵語の文章は意味が多く、深い秘密あり、隠れたり現れたりしていて、これを見破ることは至難である】

◉ご真言は理屈を超えた聖なる言葉です

「だるまさんがころんだ」という遊びがありますが、子供の頃は「だるま」がインドから中国へ仏教を伝えた僧侶で壁に向かい手足が腐ってしまうほど座禅を続けたといわれる「達磨大師」のことだとは知りませんでした。七転び八起きで必ず起き上がる縁起物のだるま人形はその人をモデルにしたものです。

「菩提達磨」は古代インドで使われたサンスクリット語の「ボーディ・ダルマ」の漢訳で、「ボーディ」は「悟り」を、「ダルマ」は「ドリ」（保つ、支える）を語源とし「世界の在り方を支えている法則」を意味します。後に「ダルマ」が「仏・法・僧」

の中の「法」（仏の教え）として使われました。

唐代にサンスクリット語の「シッダム」（完成・成就）を漢語に音訳したものを「悉曇《しったん》」といい、完成された言葉という意味で、その文字を梵字、文章を梵文といいます。真言宗のお位牌の戒名の上には必ず大日如来を表す梵字の「阿」がつきます。『般若心経秘鍵』に「真言、梵文の一字にはそれぞれ千の理法（無限の尊い教え）が含まれている」とあり、特に「阿」は深い意味を持っているとされます。例えば海上では大きな波や小さな波ができますが海中には波はありません。波を生と死とすれば、海中は生と死を離れた不変の世界・根源つまり「阿」となるのです。

『般若心経』はそれ自体ご真言であるといわれ、特に「般若波羅蜜多」の語句は、真言宗寺院で毎日読誦される『般若理趣経』の中に何か所も記されているほど重要な真言なのです。それは「プラジュニャー・パーラミター」の音訳で、意味は「仏の智慧で悟りに至る、仏の智慧を完成する」という意味です。真言は声に出して何度も繰り返しお唱えすることが大切です。「はんにゃーはーらーみーたー」。皆さんに幸あれ！

（藤本善光）

梵文

漢言の文と義とは同じけれども　梵語は義と文と多し（宗秘論）

【漢語は文章と意味が同じであるが、梵語には意味と文章が多種類ある】

◉一つの音に多様な意味があるお経

私たち真言宗の僧侶は、声明というお経に節の付いたものを唱えます。「オーン、バーンザラ……」というふうに。お客さんや信者様方から、これにはどういう意味があるのですか？　と尋ねられることもしばしばあります。そんな時いつも、この言葉と意味は直結していませんよとお答えすると、皆さん驚かれます。

古代インドで用いられていた梵字は、仏教と同時に中国に渡り、われわれの住む日本へやって来ました。その道中に色んな事があり、中国で梵字は漢字へと変換されました。中国の人々は梵字の音を漢字に当てはめ、今私たちがお唱えしている声明などが出来上がりました。そのため、本来はサンスクリット語で書かれていて、解読するためにはそれなりに勉強をしなければいけません。私はまだ若輩の身で勉強不足な為、調べている途中ですが、このお話を聞いただけでも仏教の長い流れを感じます。

だからといって、意味がないわけではなく、それぞれの音には深い意味が込められています。例えば、ここからここまでは○○如来の智慧を表しているなど、調べてみると構成などもよく考えて作られているのが分かります。

一つ一つの真言やお経には多くの意味があり、どれ一つとってみてもこんなにも種類があるのか！　と驚く様な多面性を持っています。お大師様はそれにお気づきになられ、今日まで密教を伝えて来られました。

お大師様の弟子として、日々のお勤めをするのは大変な面もありますが、秘密仏教の中の奥を追求する事は、私たち僧侶の人生の大きな課題でもあり、メインの生き方ともなっています。経典という大きくて深い海の中へ、今日も私は潜り込んでまいります。


（堀江唯心）

梵文

梵字梵語は一字の声に於て無量の義を含む　改めて唐言となるときは但し片玉を得て三隅はすなわち闕《か》けたり（梵字悉曇義）

【梵字や梵語は一字の発音で無量の意味を含む。これを中国語に訳せば深い意味の一部分だけが理解されて、あとは不明のまま残されてしまう】

◉現代に生きるサンスクリットのことば　お大師さまがお開きになられた宗派が「真言宗」と称される所以は真言を唱えるというところにあります。かつて、お大師さまが虚空蔵菩薩の真言を百万遍唱える「虚空蔵求聞持法」の修行をなされたように、真言宗の修行において真言の念誦は欠かせません。

真言は古代インドの言葉であるサンスクリット語です。サンスクリット語を漢字に訳すと「梵語」という言葉になります。梵語の真言を文字で表す際に用いられる一つ一つの文字が「梵字」であります。首題のお言葉はお大師さまが梵字と梵語についておっしゃったものです。梵語である真言は仏さまの言葉そのものです。真言には無量ともいわれるほど多くの意味が込められています。そのため仏教がインドから中国に伝わった時にも真言は漢訳されませんでした。また梵語だけでなく、梵語を構成する梵字の一つ一つにも多くの意味が込められています。梵字は仏さまを表す字としても用いられています。

密教には大曼荼羅、三昧耶曼荼羅、法曼荼羅、羯磨曼荼羅という四種類の曼荼羅が存在します。その中の法曼荼羅には、全ての仏さまが一文字ずつ梵字で描かれているのです。梵字は現代にも生き続けています。私たちの身近なものでは「御朱印」もその一つです。御朱印は全国各地に存在する霊場で頂くことができます。今日では御朱印にも多種多様なデザインが存在します。その中でも真言宗の札所では、その多くが朱色の梵字の印を押して頂けます。この朱色の印こそが札所のご本尊様を表す梵字です。御朱印を頂くと、筆で書かれた美しい字や書体の方に注目される方もいらっしゃるのではないでしょうか。御朱印を頂いた際には、ご本尊様の梵字にも注目してみてください。それぞれのご本尊様によって用いられる梵字も異なります。ここの札所のご本尊様には、何故この梵字が使われているのかということに着目して頂くだけでも新しい発見があるかもしれません。

（杉本政明）

梵文

梵字は三世に亘って常恒なり　十方に遍じて不改なり　これを学びこれを書すれば定んで常住の仏智を得　これを誦じこれを観ずれば必ず不壊の法身を証す　諸教の根本　諸智の父母　蓋しこの字母に在り（梵字悉曇義）

【梵字は、過去、現在、未来を経過しても、十方に広がっても変わることがない。梵字が読み書きできるようになれば、必ず仏の智慧が得られる。また梵字を唱えたり観想したりすれば不滅の仏身に通じる。あらゆる教えや智慧の根本が梵語に含まれているからである】

◉生命の働きと記憶

密教では梵字は欠かせません。梵字は古代インドの言葉であるサンスクリット語です。密教では梵字の一文字に無限の智慧が含まれており、それが法であり真理であると説くのです。ではその梵字一文字に含まれる無限の智慧とは何でしょう？　と考えたとき、これはもしかしたら生物の細胞の核であり、その細胞の働きや機能、遺伝子の記憶なのではないのか！　と思ったのです。

密教の曼荼羅には大日如来を中心にそれぞれの場所にそれぞれの役割をもった仏さまが規則正しく配置されています。

私たちの体も脳や消化器官や筋肉を動かす為に最初の一つの細胞から約二七〇種類の異なる機能をもった細胞に変化し、三十七兆を超える細胞に増え、決まった場所で働いています。そんな細胞の一つひとつの中には宇宙が誕生してから生物が生まれ進化してきた記憶が遺伝子として刻み込まれています。

この記憶と働きを大日如来というのであれば、私たちの体は曼荼羅であり、それぞれの細胞の核の智慧はそれぞれの種字の本尊であり、無限の智慧によって今も細胞の情報伝達や代謝を行ない、生命活動を任っているのです。「いのち」というものを考えた時、古代の人たちはすでにこのような命の働きを知っていたのかもしれません。それを今、科学の力で証明しようとしているのかもしれません。私たちの生命《いのち》の働きと記憶（遺伝子）が即ち仏さまのいのちの働きと記憶であり、それらの表現が梵字悉曇であり、曼荼羅ではないでしょうか。

（加古啓真）

梵文

一《ひと》たび梵字を披《ひら》かば梵天の護り森羅たらん（性霊集四　梵字を献ずる）

【一たび梵字を見れば梵天の守護に囲まれる】

◉宇宙の創造神を尋ねて　空海さまが四十一歳のとき、天皇になられて五年を経られた若い嵯峨天皇へ贈られた古今の文字、悉曇、梵字などについて説明をされています。

嵯峨天皇が平城遷都に関わった薬子の変を治められてから後は平和な時代が続き、詩文も広まり「弘仁文化」ともいわれる時代になります。空海さまは、嵯峨天皇は最上の徳をお持ちになっていて、雨露が大地に滲みこむようによく国が治まっている、という賛辞を述べられています。その天皇に空海さまが差し上げた沢山の書の中に悉曇梵字などもあって、その効用を述べられたのが頭書のことばです。

梵字というのは、真言宗の塔婆の上の方、刻まれたところに書かれている文字、お位牌の戒名のあたまに書かれている「ア」字などが梵字です。別名「悉曇字」とも言います。「梵」というのは本体が清浄であって宇宙に存在する全てを生み出す根本のものであるとされています。ですから宇宙に存在する全てのものは清浄なのでありま す。地球誕生以来、私たちが受け継いできているいのちも、「虚空清浄」と位置付けられています。その虚空を守護しておられるのが「梵天」であるから、どの梵字を拝してもそのお陰は全て一切のものに及ぶと説明しておられるのです。

私たちが唱える真言（梵字を連ねてことばにしたもの）、光明真言などは馴染みがありますが、それを唱え「一たび梵字を披かば」虚空に存在するすべてのお陰を受けることができると申されているのです。「ア字を一見すれば五逆は消滅する」と教えられています。五逆は喩えようのない残虐な行為を言います。それが許されるわけはありません。でも喩えです。それほどのご利益があるということです。「謹んで差し上げますのでお目通し下さい」と心を籠めて梵字悉曇を差し上げることを短文の中に纏めて申し上げておられるのです。お若い嵯峨天皇も空海さまを信頼され、帰依（心から従う）しておられますから、この年（弘仁五年）に、帝から「百屯の綿を頂戴した」とも書き残されています。空海さまが如何に天皇の御代を案じられ、天皇をして人々の安寧を願っておられたかをうかがうことができます。

（野條泰圓）

呪文

四大の乖《そむ》けるには薬を服して除き　鬼業の祟《たたり》には呪悔《じゆかい》をもって能く銷《け》す
薬力は鬼《き》業《ごう》を却《しりぞ》くること能わず　呪功は通じて一切の病を治す（十住心一）

【身体不調のときは薬を服用し、憑依霊には呪などの祈りを捧げれば消える。しかし、薬は霊を退けることができないが、呪はあらゆる病気を癒すことができる】

◉真言は身も心も癒します　病気は宇宙の構成要素であると共に、私たちの体を構成している四つの大きな力である地大、水大、火大、風大の四大不調からくる肉体的なものと、執念を持つ霊の障りに心弱き人が自己暗示により罹る精神的なものがあります。

四大不調の病気は医薬でも癒すことができますが、心の病である鬼と、前世からの業因の報いとして受ける業の病は薬では癒すことができず、これは深き信心によって癒すことができるのです。

私たちの体は宇宙、即ち無限生命である大日如来の霊的躍動の顕れでこの世に生じ、何年か何十年かこの世で生活しては因縁果によって病を得て死んで、元の仏様の懐へ帰ります。

何時の世でも、子供である私たちに生命を守る慈悲の警告として、御親である仏様の慈悲の働きが発熱や苦痛となって表れるのが病気です。発熱や苦痛があるからこそ病菌に侵されつつあることを知ることができるのです。

この消息をよく理解し医者にも掛かり薬も服用して、苦熱の病体を仏様にお任せし、無理のない仰臥《ぎようが》の姿勢で息を吸うときは仏様の国から雪のように白く、牛乳のごとき潤いのある霊霧が鼻から入り、吐きだす時はその度に霊霧が体内の悪いものを絡め取って行く、と思念する呼吸法を繰り返すことで病状は改善します。

科学的な判断では届かない摩訶不思議な仏様の霊力を信じ、自分に最も縁のあった守り本尊があるならその真言を繰り返し唱えますれば、くよくよする気持ちは落ち着くところへ落ち着き、身も心もおのずと良い方向へ向かうのです。

（篠崎道玄）

唵字に五種の義あり　一には帰命　二には供養　三には驚覚　四には摂伏　五には三身（秘蔵記）

【オン字には、帰依、供養、警鐘、参集、諸仏という五つの意味がある】

◉心中に目覚める

唵字《おん》は神聖語として古くから用いられ、その意味も多含のようであります。『守護国界主陀羅尼経』には、「唵字の観に拠らずして成仏すといわばその理あることとなし」と説かれています。唵の字義を観想する「唵字観」があり、お釈迦さまも、この唵字を観ずることによって、はじめて成仏されたといわれており、三世諸仏も、この字を観じて成仏するといわれています。故に一切陀羅尼の母と説かれ、オン、ソワカの真言陀羅尼があり、また、オン、アビラウンケン、ソワカ等もあります。

さて、「帰命」（帰依）と「供養」については、皆さまはよくご理解があると思います。「驚覚」は、警鐘であり予告・警戒のためにならす鐘の意味もありますが、覚醒させる意味もあります。たとえば春風と雷雨とによって地中に入っていた虫が地をはい出すように目がさめる、目をさます、迷いからさめる、さます、という意味もあります。「摂伏」には、たとえば諸官庁の役人に国王のお言葉があれば寒暑をいとわず参集するという意味があるようです。三身は、法身・応身・化身の諸仏を示します。この中で、私たちが一番近くに感じるのは、皆様もよくご存知の観音三十三応身であります。観音菩薩は、「苦悩している者を度《すく》うのにそれぞれにもっとも相応しいものに身を変じて度う」となります。

「五種の義」には大きな流れがあると思います。仏さまは、私たち衆生済度・救済のために、形をかえて、相手に応じた姿をとって現れてくれます。身命をささげて帰命(帰依)し、供養を重ねたところには場所や寒暑に関係なく、わが身中にある、如来の不可思議なはたらきをもつ力に出現していただけます。

お釈迦さまの言葉の一つに、移り変わる世の中ですが「怠ることなく精進しなさい」とありますが、この精進という行為をすることが、この「五種の義」につながると思います。

(岩佐隆昇)

光明念誦とは口より光明を出だすと念想して持誦するのみ　それ声を出だすにも出ださざるにも　常にこの念を作《な》せのみ（秘蔵記）

【光明念誦とは、口より光明を放つと想念することである。声を出す出さぬにかかわらず、いつもこの観念を持つことが大切である】

◉ア・ウンで通じたら　空海さまは沢山の論書を残してくださいました。人々を教化救済することばかりではなく、その基礎になる行者の修行についても、仏さまを拝む作法についても、その作法の根拠を経典に説かれているところを以って教えてくださっています。ただ、空海さまの著述は膨大なもので、その一文にしても、一字一句を意味深い文字言葉で簡略に表記されています。読み取りが難しいのはそのところです。

声を出さないで仏さまを拝む場合、「観誦」と言います。胸の中に満月を描いたり、蓮華を描いたり、その上に仏さまを描いて無音で念誦するのです。いつの間にか心の迷いが消えて苦しみを感じない状態になります。心の靄が消えてすっきりとした自分に立ち返ることができるのです。光明真言は、仏教界では馴染み深い真言です。皆さまも仏前でよくお唱えになります。声に出されるばかりでなく、お一人の時など仏前で声に出さず無言で念じておられることもあるでしょう。声に出すか出さないかではなく、その時の念じるこころ、心状が大切と申されています。真言は仏さまを讃える、また仏さまの働きのことばです。「一字に千理を含む」と説かれています。親しまれている代表的な梵語は「ア」と「ウン」でしょう。仁王さまも神社の狛犬も「ア・ウン」の働きをしています。

人間界でも「阿吽の呼吸」というのがあります。私の母方の祖父は、全く明治人間の代表みたいな人でした。日露戦役で小銃の弾が肩を貫き背嚢の中に落ちていたのを、営舎に帰ってから自分で取り出したという逸話があるほどの人です。日本原演習場に乃木将軍がご来儀の時、お立ち寄り頂いたそうです。果樹園があり、梨を主に梅も栽培していました。これの手入れが日課です。その道中で近所の人たちに出会いますが、「おはようございます」には「ウン」、忘れ物をしたら「ア」、「何か、鋸ですか鋏ですか」と聞くと「ウン」です。冷たい炬燵に入っていても「ウン」の一言で表情もかわりません。アとウンを周囲の人がよく理解しているから通じるのです。

（野條泰圓）

第三章

念ずる

経文

勅詔《ちょくしょう》の官符と臣下の往来と文字これ同じなれども　功用太《はなは》だ別なり　勅書の一命の如きはすなわち天下奉行して賞を施し罰を施す百姓喜懼《きかく》す　如来の経法も亦また是くの如し（宝鑰第四）

【天皇の勅書と臣下の書簡は、文字は同じであるけれども、効用がまったく異なる。勅書は一つの命令で天下の賞罰が決まり、人々はこれによって行動して喜んだり恐れたりする。仏の経典もこれと同じである】

●「ほとけの智慧」から生かされる

〝喜怒哀楽〟の現実に生かされた私たちは社会の仕組みに翻弄されながら生きています。社会のなすがまま〝信賞必罰〟の現実に向かって生かされています。また言葉ひとつひとつとっても人それぞれに受け方によって内容が異なります。

貧乏を象徴する荒れた地に〝貧乏の種〟を植えました。種から育った花はやがて恨み、ねたみ、ひがみの実となります。年が変わりまた同じように植えた種から花が咲き、恨み、ねたみ、ひがみの実ができます。つまり何もしなければ〝貧乏の種〟はいつまでも貧乏の種として変わり映えのないままです。

一流会社に入社して好きな人と一緒になり、家庭に恵まれ、美味しいものを食べ、旅行もできる等々を〝幸せだ〟と思うのが通念です。でも現実が思うように叶わなければ忽ち〝不幸だ〟と決めつけることになります。短絡的で単刀直入な心境に陥り易いひとは本来のあるべき〝幸せ〟感に気付くこともなく不安不満に包まれた日々を送ることにもなります。

貧乏を生み出す種に〝如来の真理〟の風を吹き込むことで花も実も新たな役割、意義、思考へと生まれ変わります。〝貧乏の種〟はほとけ（如来）の慈悲に救われて一切衆生の三毒（欲、怒り、愚痴）を越えた〝心遣い〟〝思い遣り〟に包まれた〝大空三昧〟の種、花、実へと生かされてきます。

勅詔（天皇のお言葉）は崇高な理念による歓喜を越えたお言葉です。如来の言葉も真理を尽くした勅詔と同じです。〝喜怒哀楽〟の囚われから私たちは〝自性清浄心〟の無垢なこころの種として芽生え、そこから花開き、安心《あんじん》の実へと繋がります。（湯浅宗生）

経文

経とは貫串不散《かんせんふさん》の義　語密を以て経と為し　心密を以て緯と為して　三業の糸を織って海会の錦と為す（大日経開題　衆生）

【経とは、真理を貫き通して散逸させぬという意味である。経糸の言葉と、緯糸の心と、行為の綾で仏の世界を織る】

◉お経とは何か？　経文は天地自然の真理を貫いた仏さまの経糸《たていと》です。その経糸に私の緯糸《よこいと》を通せば、人柄という反物を織ることができます。仏さまの教えに導かれて人間がつくられていくのです。

なぜかしらぬけれども、読経の声には有難さが伝わってきます。意味が分からなくても、聞いているだけで心が落ち着きます。仏前に向かって経本を掌に載せれば、背筋がのび、歪んだ内面が見え、懺悔が湧いてきます。さらに、写経を行なえば心身がすっきりとして深い法悦が得られます。それは、お経は仏さまの金言だからです。人間が考えた文言ではありません。人間のことばならば、意見が分かれたり、疑問が生じたりして議論をしますが、しかし、仏さまのことばは万人が敬います。人生の道や天地の秩序がさまたげなく説かれているからです。

受刑者は罪を悔いて教誨師に読経や写経、瞑想などの作法を求めてきます。狭い部屋で収監されたまま無為に歳月を過ごすことはできません。拘置所や刑務所には、受刑者の煩悶を整理させるために、刑事収容施設法第六十八条によって教誨師を委嘱して彼らの宗教心情に応じています。名古屋拘置所で教誨をしていたときに、ある受刑者が『空海名言辞典』の「本有《ほんう》」の項を開き、「人を殺した私でも仏性はあるのですか」と尋ねてきました。「仏性は誰にでもあります」と答えました。彼はやがて最高裁で死刑判決を言い渡され、私を困らせるほど密教を猛勉強して刑に服して逝きました。

経文は仏説です。空海名言も仏説です。悟りのことばは心の闇を照らします。お経の意味が分からなくても、読経を聞いているだけで思わず知らずに背筋が伸び、手を合わせ、反省の念が湧いてきます。読経の響きのシャワーを浴びて邪心が流され、仏光に照らされた悪魔は眩しくてたまらなく逃げていきます。日常的にお経の声が聞かれる家庭からは重大犯罪は起こりようがありません。悪心が過《よ》ぎっても、神仏を感じて自ずから悪の誘惑を防ぐことができるからです。

（近藤堯寛）

経文

一切経の題目に三義あり　人と法と喩となり（法華経開題　重円）

【すべての経典の表題には、三つの意味がある。法を語る尊格と、その教えの内容と、平易な例話である】

◉内容がないようでは困る　難解なテーマなので、最後の「例話」の方から話を進めましょう。自然界や人間社会は無数の〝ディテイル〟（具体的事実）に満ちている、いやそのものであります。言い換えればすべてが例話であり、例話の中で生きているようなものです。しかも、性質も価値観も真逆な出来事の中で、狂うこともなく何とかバランスを取って生きています。一方、このギャップが大きくなりすぎると整理がつかなくなります。「皆のために」と言いながら、自分だけ利益を得たり、平和を理由に戦争したり……。

人間は、積み上げてきた大切な価値や文化的遺産を、いとも簡単に捻じ曲げてしまうのです。私たちが「理念」や「哲学」を必要とするのは、これらバラバラな考えや行ないを正しい方向にまとめ、まっとうで幸福な世界にするためではないでしょうか。

しかし、抽象的な「大義（cause)」だけではわかりにくいので、「例話」が不可欠です。

シェイクスピアの『ハムレット』の中で、ポローニアスが「殿下、何をお読みで？」と尋ねると、ハムレットが「言葉、言葉だ」と応えるシーンがあります。ポローニアスが「私が聞いたのはその内容で」と更に問うと、ハムレットは、「ないよう？俺にはあるように思えるが」と皮肉っぽいジョークで応えます。これは余談ですが。

思想には理念という上位概念とその具体例（例話）があることによってわかりやすくなり、私たちは一定の方向へ向けて動き出すことができます。上から行くか下から行くか。この両方あるとわかりやすいのです。

「法を語る尊格」とは、お経で言えば「阿弥陀経」などその経典を代表する大テーマのことで、先述の理念に当たる位置にあたります。理念と同時に、そこへいたる行動目標も示し、世間に向けてそれを広く発信します。見えづらい宝を形にして魅力を発信しようと悪戦苦闘をする地域活動でも家族でも政治世界でも、人間活動のあるところすべてに当てはまるとおもいます。喩は例話であり方便でもあります。人・法・喩は一体となって平和で豊かな世界へ、私たちを誘ってくれます。

（友松祐也）

一一の法門みな是れ仏の秘号なり（法華経開題　殑河《ごうが》女人）

【一つ一つの教えにはすべて仏の深い意味が含まれている】

◉間《あい》が鳴る

おもしろい俚謡があります。「鐘が鳴るかや　撞木《しゅもく》が鳴るか　鐘と撞木の間《あい》が鳴る」。

正に禅で言う「隻手《せきしゅ》の声」の公案です。左右の手をポンと打ち鳴らした時、鳴ったのは右の手か、左の手か……「間《あい》が鳴る」となればその音色は仏委《まか》せの巧まざるものということでしょうか。

ここに師弟二人の絵師が居ます。片や師分に恥じぬ名人、もう一方は入門間もない若造です。二人はある寺の堂宇の向かい合った円柱に絵を描くことになりました。名人の絵師は直ちに制作にかかりますが、弟子は思案に暮れた末、彩管を揮おうともせず専《もっぱ》らあてがわれた柱を磨き始めたのです。やがて名人は見事な絵を描き上げます。そして振り返って弟子の絵を見てびっくり仰天、そこに見たのは神韻縹渺《しんいんひょうびょう》たる見事な仕上がりの絵でした。いえ、よくよく見ますと実は磨き上げられた柱に名人の作品が映っていただけなのですが、ただ何故か元の絵より一層趣のある出来映えに映ったのでした。

「学ぶ」を古くは「学《まね》ぶ」と読みました。「学ぶ」は「真似《まね》ぶ」こと、つまり学習の第一段階は「真似る」ことであったのです。その真似ることさえ及びもつかない若輩絵師は、唯ひたすら己が心を祈り澄ましてみ仏のご加護を求めたのでしょう。お大師さまは大日如来に据《す》わりを置いておられました。自らの口に真言を唱えつつ身、口、意を仏のそれに同化し仏の真似《まね》びを繰り返される中で、無限の智慧と慈悲を備えた永遠の生命を感得されたのでした。

『法華経』は密教経典ではありませんが、お大師さまは密教の立場から見直しておられます。それまで有り得ないとされてきた二乗教といった低次の教えにも成仏の可能性を認め、生身の釈迦の背後に「久遠《くおん》の釈迦」を認めるなど、密教への展開を思わせる特徴を本来備え持った経典でした。

（田中智岳）

経文

仏眼よくこの本有の名字章句を観じ　人の為にしかも説きたもう　一字をも加えず一字をも減せず（法華経開題　殑河女人《ごうが》）

【仏の眼力は、本質的な名前や文章などをよく観察し、人々のために的確に無駄がなく説明される】

◉**祈りの対象**　香川県観音寺市で仏師・凡海さん（本名・荻田文昭）が活躍されています。昭和十六年生まれ。京都市立美術大学を卒業。大学では日本画を専攻されましたが、その後、抽象芸術の世界に深くのめり込みました。しかし、芸術あるいは文化そのものを無意味なもの、無価値なものと思うようになり、出口の見えない袋小路へと踏み込んでしまったとのことです。

そんな時、仏教哲学者の鈴木大拙師の著作に触れ、理性を越える世界があることを理解されました。二十七歳の時に南米に渡り、異質な文化に触れ、視野を広め、二年後に帰国、地元の観音寺市に戻られました。

二十九歳の時、讃岐一刀彫の手ほどきを受け、仏像彫刻の修業が始まります。仏像は多くの信者さん方から、何百年にもわたって拝まれている貴重な存在です。仏師は仏像が完成するまで、日々精神統一し、精進されているのです。

香川県内で仏師は凡海さん一人だけです。地元では、一般の方々に向けた仏像教室も開いておられます。今後も大仏師の域に達せられた凡海さんの仏像を多くの寺院に奉安していただき、たくさんの信者さん方に仏縁を結んでいただきたいものです。

以下に凡海さんの仏像を奉安している寺院などを紹介します。

生木地蔵（昭和五十四年、愛媛県四国中央市・切山）、不動明王像（平成二年、四国中央市・宝乗寺）、地蔵菩薩像修復（平成四年、観音寺市・地蔵菩薩保存会）、弁財天像（平成八年、香川県高松市・慈恩禅寺）、聖観音菩薩立像（平成九年、香川県丸亀市・極楽寺）、六地蔵（平成十二年、四国中央市・地蔵堂保存会）、飛天像（平成十四年、高松市・福禅寺）、生木観音（平成二十七年、スペイン・モリナセカ）、阿弥陀如来立像（平成三十年、岩手県陸前高田市・普門寺）、稚児不動明王像（令和元年、香川県善通寺市・仙遊寺）、十一面観音像（令和三年、香川県さぬき市・花護寺）、大日如来立像（平成二十四年、個人蔵）。大日如来像は仏像、仏画共に坐像しか存在しておらず、立像は非常に貴重といえます。

（菅智潤）

経文

一一の句句　一一の字字はみな是れ諸尊の法曼荼羅身なり　法然にしてしかも有なり　人の造作なし（法華経開題　殑河女人《ごうが》）

【経文の文字は、すべて諸仏の表現であり、真理であって、人間が考えた文章ではない】

◉あらゆる名句これ仏、菩薩の説法

弘法大師が三嶋真人という人の亡くなった娘のために「妙法蓮華経」と「般若心経」を書写し、五十八人の僧侶をともなって供養をされました。その時に「妙法蓮華経」の題目について講説されたものが「法華経の開題」で、この御言葉はその中の一節です。

お大師さまは『妙法蓮華経』という五文字の題目は、インドの梵語を漢訳したもので、深い意味は梵語に戻さなくては理解できない、もともとの梵語は九文字で、九文字の梵字一字一字がそれぞれに胎蔵マンダラの中台八葉院の中央大日如来を入れて九体の四仏四菩薩を表している、と説かれ、その一字一字の意味を講説されています。

そして、この九文字の一字一字にそれぞれの仏菩薩の数限りない多数の説法が展開されてゆく等と説かれています。

この御言葉は、どの経典をとっても一句一句、そしてその一文字、一文字が仏菩薩の身体であり、それぞれが教えを説かれています。この教えは、人間が作ったものではなく、「法然」といい、自然におのずからあるもので、すべての経典は必要で有用なものであり、受ける側の受け取り方ですべての教えは薬となる、というほどの意味です。

四国八十八ヶ所では、胎蔵マンダラの中台八葉院の四仏の説法を東方・宝幢如来・発心を阿波、南方・開敷華王如来・修行を土佐、西方・無量寿如来・菩提を伊予、北方・天鼓雷音如来・涅槃を讃岐として、悟りへの道が説かれています。法華経の方便品の中の『開・示・悟・入』、すなわち「諸仏が人々に悟りの内容を『開』いているのに気づく、『示』目標をめざす、『悟』自分の身につく、『入』生活と同化する」ということですが、その『開・示・悟・入』は、大日経の「発心」「修行」「菩提」「涅槃」の四転の悟りへの道とその意味内容において同じである、とお大師さまは説かれています。

（畠田秀峰）

経文

法門の義は深し　宜しく諸の学者文に著して義を傷《やぶ》ることなかるべし（梵網経開題）

【仏法の意味は深い。これを学ぶ者は、文章の表面にこだわって、その深い意味を損なってはいけない】

◉深慮すること　最近、私のお寺の雑記帳に、「せっかく拝観に来たのに、仏像の名前やその説明がないのは不親切だ」という文章が残されていました。宝物殿などの仏様には、お名前やその説明を示しているのですが、さすがに本堂のご本尊にまで説明はしていません。そのことを不親切だと指摘されたようでした。

近年、仏像に関心を寄せたり、ご朱印ブームなどで寺社詣でをする人たちが増えて、それはそれで結構なことですが、お参りというより、仏像を美術的な視点ばかりで捉えようとする人が多いのは少し気になるところです。

若い時、あるお寺でつい「仏さまを見せてください」といって、「仏さまは見るものじゃない。拝むものだ」と叱られたことがあります。もとより仏像に対して、拝むことを強要するつもりはありませんが、知識を得ることで深まる物の見方というのはあるにしても、ただその名前なり、制作年代なり、特徴なりを知ることで、仏さまを分かったつもりになるというのもどうかと思われます。尤も、お寺側にしても「拝観」という名のもとに、ただ仏像を「見せる」という姿勢では困ります。参拝する人の宗教的心情をより醸成するような、宗教空間の構築や活動が大切でしょう。『梁塵秘抄』には、「仏は常にいませども　現ならぬぞあはれなる　人の音せぬあかつきに　ほのかに夢に見えたもう」と詠われます。仏さまは、本来、姿や形を超越した存在ですから、その形状ばかりにこだわるのではなく、むしろ、その奥の尊い何かを感じとる心こそが大切だといえます。

かの西行法師は、伊勢神宮に参詣し、「なにごとのおわしますかは知らねども、かたじけなさに涙こぼるる」と詠じました。何が祀られているかは分からずとも、厳かで敬虔なる思いについ涙があふれたというのです。仏教を学ぶ人も、文字に表された字面のみで分かったつもりになるのではなく、その深淵な内容を吟味体得し、感性や体験を通して学んでいくことをこの文言は諭してくださっています。

（河野良文）

経文

密語は仏親《みづか》ら宣べたもう　経は人に従って伝訳す（宗秘論）

【真言は仏の語らいであり、経文は人へ伝えるために真言が訳されたものである】

◉痛いの、痛いの、飛んでけ〜

お大師様が中国から日本に持ち帰り伝えた密教には、それまでの仏教（顕教）との大きな違いがいくつも見受けられます。神秘的な仏画である曼荼羅、意味不明な言葉の真言、火を焚く護摩祈禱などの修法に特色があります。

中でも真言は、般若心経の最後の部分にも入っているため、これはいったい何を意味しているのと思う人も多いのではないでしょうか。言霊という言葉を聞かれたことがあるかと思います。言葉そのものに霊力があるというものです。真言とは、唱えることで願いを叶えてくれる「スーパー言霊」と考えてもいいかもしれません。

子供のころ、転んで足をすりむいたときお母さんに、「痛いの、痛いの、飛んでけ〜」とさすりながら言ってもらうと、不思議と痛くなくなったという経験があります。一つの呪文のようなものかもしれません。

密教では、ご利益信仰を重要視します。病気平癒には、薬師如来の真言「オン・コロコロ・センダリ・マトウギ・ソワカ」、子どもを守ってくれる地蔵菩薩の真言「オン・カカカ・ビサンマエイ・ソワカ」などが有名です。

般若心経では、「ギャーテイ・ギャーテイ・ハラギャーテイ・ハラソウギャーテイ・ボジソワカ」という真言が、最上級の呪文であると中に書かれています。他の部分は中国語で翻訳されているのに、この部分だけがサンスクリット語です。意味を漢訳するのではなく、音だけを漢字にあてはめて音写しています。これは、この真言の力が絶大なため訳さない方がいいと判断されたと言われています。真言は仏さまの直接の言葉だからです。真言は、意味を考える必要はありません。言葉をそのまま唱えることが重要なのです。

自分の好きな仏さまの真言を覚えておき、お守りのようにことあるごとに唱えてみるのもいいのではないでしょうか。

（大咲元延）

経文

甚深の大乗経典の通解せざる処に於いて　疑いを生ずべからず　凡夫の境界にあらざるが故に（秘密仏戒儀）

【奥の深い経典の意味が理解できない箇所があっても、疑いを起してはならない。仏の世界は凡人を超えているからである】

◉法音を読み聞き唱える

『レインボーマン』という特撮テレビ番組がありました。変身の呪文が「アノクタラサンミャクサンボダイ」。聞き覚えがありませんか。『般若心経』です。インドのサンスクリット語を中国で漢字に翻訳・音写し、日本に伝来したお経です。サンスクリット語の「アヌッタラーン・サミャク・サンボーディ」が中国で「阿耨多羅三藐三菩提」と音写され「無上正等正覚」と翻訳されました。意味は仏の悟り。この上なく正しく真実なる完全な悟りです。

お経は「緩ならず急ならず、高からず低からず」で中庸に唱えることを心がけて仏様と自分とがお互い供養礼拝している「仏、われに入り、われ、仏に入る」という覚りの境地に入る法悦歓喜にひたることが一番大事なのです。

節を付けて仏・菩薩・宗祖・先人の徳、経典・教義を讃嘆してお経を唱えることを声明《しょうみょう》と言います。インドから中国へ日本へ伝来しました。

中国でサンスクリット語を音写したものを梵讃と翻訳したものを漢讃と言い、日本で七五調の形式を列ねて唱えることを和讃・御詠歌と言います。五音（五声）＝宮・商・角・徴・羽の音階を用いて呂曲・律曲・中曲・反音曲の音調があります。嘆くような声、調子外れの声、蚊の泣くような小声、割れ鐘のような大声で唱えてはならないのは勿論ですが、美声の者、テクニックに走る者、早合点する者は自分の技倆に慢心して声明を極めることができないと戒めています。

日常のお勤めに唱える『理趣経』は「切々経《ぜぜぎょう》」で節を付けませんが法会の時は博士《はかせ》譜《ふ》という音譜を用い中曲という音調で唱えます。『理趣経』には毎日早朝に唱えたり、暗唱したり、聞いたり、絶えずこころをめぐらせ深く考えると一切の安楽と心の楽しみと覚りの境地に至ることができると説く文章があり、意味が理解できなくても唱えたり、聞いたりするそれだけで功徳があります。

（伊藤全浄）

経文

山毫溟墨《さんごうめいぼく》を点ず　乾坤《けんこん》は経籍《けいせき》の箱なり（性霊集一　山に遊ぶ）

【山の筆で海の墨汁を含ませ、天地を紙幅にして書いた文章が経典である】

◉**天地を豪快に跨ぐ**　この名言はなんと豪快な表現でしょうか。「山の筆でもって海の墨汁を含ませ、天地を紙幅にして揮毫した文章が経典である」と、まるで漫画のような表現で経典の意味をお大師さまは豪快に述べておられます。

経文は宇宙の響きやこの世の流れを伝えています。鳥の声、風の音、嵐に騒ぐ森林、怒濤の海鳴り、酷暑で枯れる田畑、苦しむ男、悲しむ女、悲喜こもごも、この世はすべて無常であり、森羅万象は因縁によって変化を続けているということを経典は諭しています。仏説に疑いを差しはさむ個所はありません。経典は万人を悟りへ導く真理の花束だからです。

お大師さまのご生涯は、仙人のように山中で過ごされることが多く、眼下にひろがる峰々や渓谷の彼方に大海原を眺望されることが日常的にあったと思われます。高野山の大門は夕陽の美しい日本百景の一つです。大門から西を眺めますと、瀬戸内海が眺望できます。この名言「山に遊んで仙を慕う詩」は、もしかすれば大門のあたりからスケッチされた漢詩かも知れません。

山口誓子の俳句に、「夕焼けて西の十万億土透く」があります。誓子は真っ赤な夕日の果てに阿弥陀極楽浄土を見たのです。この俳句は高野山の大門から詠草されたと考えられていて、高野山奥院に誓子の句碑があり、この石碑の裏には「昭和三十六年六月建之　金剛峰寺」と刻まれています。

青い山脈は生まれ故郷の原風景です。雪が冠ったり、雲に包まれたりして山容は四季それぞれに刻々と変化しています。久しぶりに帰省する車窓の山脈は私にとっては不易です。懐かしい山の姿にほっとさせられます。山は心のふるさとです。日本各地の山頂には祠が祀られていますが、それは郷土の人々が崇拝する霊山だからです。

お大師さまのご生涯は山林生活が大半を占めています。山へ帰ることを旨として高野山に入定なされ、今も禅定を続けておられます。性霊集十巻の編纂者真済《しんぜい》大徳は、天地を丸呑みにしたこの「遊山慕仙詩」を巻頭に掲載しました。師僧の本領が発揮された逸品の詩賦だからです。真済さまの深い意図を汲みたい名言です。（近藤堯寛）

経文

栗駄《りた》の蓮理は湿凝《しゅぎょう》を筌魚《せんぎょ》に貸り　大我の広神は虚金を指兎《しと》に仮る（性霊集六　桓武達嚫）

【心の奥深いところの説明や大日如来の世界は経典が語っている】

◉仏教の神髄は経典の中にある　桓武天皇（七三七〜八〇六）の菩提を弔うために、嵯峨上皇（七八六〜八四二）が紺紙金泥の『法華経』を書写されたのに対し、弘法大師空海さまが天長三（八二六）年の法事で嵯峨上皇や淳和天皇（七八六〜八四〇）に『法華経』を講じられた際の願文にある言葉です。

栗駄とはサンスクリット語のフリダヤ（心）の音写で、真実心の意味。蓮理は深い道理。湿凝は湿った土を見て水が近くにあることを知るという意味で、仏教的には因と果を表します。筌魚は魚を捕獲する道具で、ここでは経典を指します。大我の広神は、仏の広大なる智慧。虚金は自らの虚無を知ることを金にたとえています。指兎の兎は月を意味し、月を指し示すという意味です。

いきなり聞きなれない言葉ばかりが出てきて、これはなんやね？　と、面食らうかもしれませんが、『法華経』や『大日経疏』、中国の古典などから言葉を拾ってきてそれを組み合わせる。たとえば「大我」を『大日経疏』から引いてきて大日如来の世界を表すなど、まさにお大師さまならではの文章の組み立てなのです。直訳すると、真実心の深い道理は、湿った場所が水に近いという因果関係があるように、魚獲りの道具にたとえた経典の中にある、仏の広大な智慧、自らの虚無を知るということは、月を鏡に見立てた金の鏡に映すようなものだ、と言っているのです。つまりは、仏教の深い道理は経典の中にあるということを、遠回しに言っているということですね。

真言宗では『法華経』は重要な経典とはされていませんが、歴代天皇の信仰は篤く、盛んに写経が行なわれました。密教のみならず仏教全般を知り尽くし『十住心論』で教相判釈されたお大師さまですから、もちろん内容は熟知しておられます。その中に書かれている言葉を使って、文章を作ることなど簡単だったでしょう。ここでは経典の優劣を問うのでなく、『法華経』も大事な経典であると言っています。『法華経開題』『法華経釈』などの著作も残されています。仏教は包容力のある宗教です。密教経典だけでなく、多くの経典に触れて、幅広い勉強をしてみてください。（柴谷宗叔）

経文

金文玉字　字字に百千の契経を呑み　空点有画　点点に万億の義理を含めり（性霊集七　笠大夫先妣）

【黄金の宝石に匹敵する文字が経典に綴られ、梵字の点画には無量の意味を含んでいる】

◉吉祥を成就する心身の一致　日本において伝統的に仏教寺院にて使用されてきた悉曇文字は、天平年間に日本に伝えられたと言われています。弘法大師が唐から持ち帰った大量の経典も悉曇梵語で書かれていました。悉曇文字は、それぞれが複数の仏をあらわしていて阿字観瞑想の阿字は大日如来を表す種字で、すべての梵字の元だと説かれています。

笠大夫が亡き母のために大曼荼羅を造り奉る願文の中の一節です。天長元年という記述があるので、八二四年の出来事だということがわかります。

「無限に長い間につくってきた煩悩は、曼荼羅をひとたび拝することによって消滅し、過去の世界からの多数の悪行は、ひとたび経典を口にすることによって霧散して晴れわたる」という文章がこの名言の後に続き、最後は、すべての衆生が等しく胎蔵界の種字である阿字の宝閣（悟り）に登ると結ばれています。

文中に「蓮身弓瑜伽の神殿に得」、という言葉が出てきます。これは、胎蔵界の理法身は真言行者（瑜伽者）の心中の宮殿にて得られるという意味になります。真言密教をヒンディー語で表すと、マントラ・ヨーガだそうです。心身の一致がインドではヨガであり、瑜伽は漢語の音写なのです。

二〇一一年の一二月に会社の役員会に出席のためニューヨークの本社を訪問致しました。ユニオンスクエアーのそばにあるオフィスを初めて訪問したところ、他の役員から、ヨガのレッスンに参加しないかと誘われました。男性インストラクターのパワーヨガ指導に、体力と柔軟性のなさを思い知らされました。帰国後、一念発起して二〇一二年からジム通いと社内でのヨガクラスの開催を始め、以来十年近くヨガクラスを続けています。空海散歩執筆者の一人である小西先生からレッスン開始以来直接のご指導を頂き、心身の一致を目指しているのも、誠に不思議なご縁だと感じています。

（花畑謙治）

劫初の時には物に未だ名あらず　聖人　名字を立つ　瓶衣等の物の如し故に世諦は絶名ならず（十住心第七）

【原始の時には物には名称がなかった。聖人が瓶とか衣といった名前や文字を作った。だから世俗のことは言語によって理解される】

◉自然界の音はすべて大日如来のメッセージです　中国古代の書物『易経』には聖人が漢字を作ったとあります。日本はその漢字を採用し、お大師様はその漢字から「いろは文字」を作り、日本文化の基礎を築かれました。

言葉、言語は人間の社会生活で必要不可欠なものですが、さらにお大師様は真言密教の深い宗教的な意味から、音声と文字には聖なる大日如来のメッセージ、つまり説法が組み込まれていると説いておられます。この場合、文字とは梵字で書かれたご真言や陀羅尼の文字のことで、音声とはそれを口で発声するときに出る音声のことです。梵字を見ながらご真言をおとなえする時、大日如来のメッセージが自分に届いているのです。そして風や雨の音、川のせせらぎの音、動物の吠える声、鳥の鳴き声、虫の声など、自然界の音も実は大日如来のメッセージなのです。お大師様は高野山で朝早く心静かに瞑想をしておられた時、「ブッポーソウ」と鳥が鳴くのを聞いてそれが仏の説法であるとお感じになりました。ラジオの電波を受信するように、私達もそのメッセージに気づくことが大事なのです。

野や山などに行かなくても、大日如来の説法を体感できる場所が実はあるのです。それはお寺です。大日如来、不動明王、観音菩薩、曼荼羅の数多くの仏様の姿、ローソクの揺らぐ炎の光、幻想的に漂うお線香の煙、身も心も清められるよい香り、心に届くお経の声やお腹に響く太鼓の音、ご詠歌のメロディーと鈴鉦の音、本堂の中はまるで仏様の密厳浄土の世界です。

「大日如来という命の世界からこの世に生を受けたあなた達は仏の子なのです。お互い命を大切にし、自分の能力を人の為に活用し、だから皆は兄弟姉妹仲良く認め合い助け合って生きなさい」。これが大日如来の説法の内容です。

（藤本善光）

文字

文字は愚に於ては能く着し能く愛して貪瞋癡等の種々の煩悩を発して具《つぶさ》に十悪五逆等を造る　故に頌《じゅ》に能迷という（声字義）

【文字を凡人が使用すれば、その言葉に執着して様々な煩悩や悪事を作る原因となる。だから詩では、文字は迷いを作ると詠っている】

◉ナイフも盗賊に持たせば凶器となり　医師が持てば病気を治すメスとなる　お大師様の弟子として必読の書としてまとめられた十巻章に納められた「声字実相義」の一節で〝色の文字と迷悟〟を解説された一部になります。

高野山大師教会には「授戒堂」というお堂があり、高野山参拝の方は挙って入壇されます。堂内では、お塗香や洒水加持の作法で心身を清らかにして「不殺生・不偸盗・不邪淫・不妄語・不綺語・不悪口・不両舌・不慳貪・不瞋怒・不邪見」の十善戒が示され仏教信者としての戒を授かり、お釈迦様やお大師様とのご縁を結び、善なる生き方に目覚め幸せになる為の生活規範を誓うのです。

この反対の十悪は知らず知らずの間に、私達が犯しやすい行為で、貪欲な心・怒りの心・愚かな心からなる三毒（貪・瞋・癡）で誰しも持っている危険な心でも有ります。「色なる文字」は単なる言語を超え、他の生き物たちの鳴き声や大自然の活動、絵画や写真、コンピュータや電子機器のソフトやプログラム、アナログやデンジタル信号なども含まれています。近年の電子技術の発展には目を見張るものがあります。役所や銀行の手続き、仕事の連絡や打ち合わせ、身の回りの買い物もパソコンで出来、大変便利になりました。パソコンは迅速な処理が出来て便利な反面、その技術を悪用して他人のパソコンに侵入して貴重な資料を盗んだり勝手に人の口座のお金を下ろしたり悪事に利用されることもあります。悪事に染まることは容易く、善なる生き方を続けることは難しいものです。刃物も愚かな者が持てば悪事を働く凶器となり、人を傷つけることとなります。お母さんが持てば美味しい料理を作る包丁となり、子供や家族の健康や命を養うこととなります。お医者様が持てばメスとなり手術をして病気を治し健康をもたらすことになります。日々の生活や人間関係などで迷いに迷っている私達です。その迷いは「愚かな私」にあることに目覚め、「愚か」を智慧に、悟りに転じて行く信仰修行の日暮らしを始めましょう。

（中谷昌善）

心は即ち是れ内　文字は是れ外なり　一切の文字はみな是れ心より出ず
心は即ち是れ本　文字は是れ末なり（一切経開題）

【心は内面であり、文字は外面である。すべての文字は心によって表現される。心が根本であり、文字は末葉である】

◉大日如来の言葉　文字を持たず多数の国民を束ね統一国家を建設することは大変困難です。大和政権誕生時、漢字を使い統一国家を作ることが喫緊の課題でした。このような時代、日本語にも中国語にも精通した人材が必要なのは必然です。言語に熟達した空海は両方の言語で思考し和漢の学識も豊富でした。空海の、文字に対する造詣は深く、漢籍からの引用で文章を作り上げるほど熟達しています。唐にわたっても空海の、書を駆使し文章を書きあげる姿は注目されます。

文字を持たない民族は統一国家を作れず他国に従属するしかないことを当時の支配層は知っていました。そのような環境下で文字を駆使して人々を魅了する空海の姿は社会に大きな驚きを与えます。空海にとり文字を駆使し表現することは楽しく、文字のあらゆる可能性も試します。文字はただ物事を伝えるだけではなく、深い精神性を伝達する最上の手段でることも空海は知っております。

空海は釈迦に始まる仏教の膨大な経典を理解したうえ、最終的な到達点として密教を発見し、文字を駆使し真言密教を確立してゆきます。空海は自然の中に密教を発見し、四季の美しさが織り込まれ曼荼羅と対をなす究極の世界を具現化します。高野山をこの世の曼荼羅世界の中心として定め密厳国土を建設します。美しい自然も曼荼羅世界も同じ境地であると伝えられています。

文字は真言宗の教えの中で最も重要な役割を果たします。空海が駆使する文字は単なる言葉の伝達ではなく、大日如来の聖なる言葉そのものです。空海が文字に込めた思いは誰よりも強く、文字をただ単に意味だけを伝えるものでなく、大日如来の真の言葉を伝えようと格闘してきたのです。

（長崎勝教）

文字

字字語《じじご》真実にして　無為もと自《おのずか》ら真なり（宗秘論）

【真言の文字や言葉は真実であり、そのまま仏を表わしている】

◉言葉の力　今やＳＮＳは生活に浸透しています。本来、人と人との交流、社会的つながりを助け促進するためのものですが、悪質な書き込みや誹謗中傷が後を絶ちません。匿名性が高いため攻撃ツールとして使われるのが現実だと思います。

私の経験で考えても、一方的な書き様、言い様は、事実が捻じ曲げられているという憤りが心を支配してしまいますから、冷静になれません。気が重くなります。相手にしなければよいと思っていても、実際は、しこりとなって残ってしまいます。

言葉は瞬間に消えますが、記憶や心に残り、しかもデフォルメされます。ひどい事を言われると、思い出すたびに怒りや憎しみや悲しみの感情が戻ってきます。

言葉を文字にしたら、そこに別の作用が働きます。一番は読み手の想像力が加わる事でしょう。読み直しがきく手紙と違い、感情のまま書いても瞬時に送ってしまえるのでエスカレートしてしまいます。これがＳＮＳ上で展開されると、嘘であっても情報操作されていても、独り歩きする魔物に成長します。

さて、解決方法を考えます。挑発に乗らないという程度では解決しません。

私たちは、宇宙の摂理の中で、想像のつかない確率で生命を与えられた存在です。つまり、宇宙の一部分ですから、宇宙そのものが仏であるなら私たちは仏の子、仏そのものであることに気がつかねばなりません。仏の発する言葉が、そのまま仏を表すように、私たちも仏の子として自覚ある言葉を発する必要があります。真言密教を学ぶ者は、覚悟が必要です。まずこの事に目覚め実践しなければ、いくらご真言を唱えても悟りへの道は開かれません。お大師さまは、著書の中で声聞乗（耳学問のもの）と縁覚乗（独学者）には密教は教えないと書かれています。それが真言密教です。

（森堯櫻）

真言はもと言なし　文字は声によりて生ず（宗秘論）

【真言にはもともと文字はない。文字は音声によって作られるものである】

◉真理は文字でなく、生きていることそのものであり迷妄から真実へのうねりである

悟らないものの認識作用は「識」であり、悟るもののそれは「智」と呼ばれます。その智慧が見るもの。それが法＝真理です。真言は文字ではない。『請来目録』に「法は元より言（言葉）なけれども、言にあらざれば顕れず、真如は色を絶すれども色を持ってすなわち悟る」とあります。

ということは月を差す指が文字であり、月は文字ではない。あるいは川を渡り終われば筏を捨てるという譬喩の指や筏は文字であり、月や彼岸が真言でしょうか。

次に、文字は声によって生じるとはどういうことでしょう。声とは『声字実相義』に説かれる「五大に皆響き有り」の響きです。五大とは、地水火風空です。月は物ですが、地水火風の四大が組み合わさって出来ているので四大所造と言います。五大とは取り敢えず森羅万象と考えると、森羅万象はそれぞれに響いて声を発していることになります。この森羅万象と生命の息吹の活動が響きであり声です。この活動の中にこそ文字すなわち教説があるのです。

その活動や息吹は文字ですが、迷妄の者にとっては雑音でしかなく悟者にとっては大日如来の教えそのものです。すなわち識は真理を見ず、智は真理を見るのです。それが真言です。迷妄の者は虚偽と瓦礫をのみ見るのですが、悟者は真理のみを見るのかというと、真理だけではなく無数の迷妄者が見ているガラクタも見る。その両方を見るのです。すなわち、真理とはこの世のすべてを否定するでもなく肯定するでもなく、そのままに見聞しながら、より良きものを生成していく活動そのものなのです。理趣経に「一切智智瑜伽自在」とあります。一切智智とはこの世のあらゆる生き物それぞれの一刻一刻の迷妄と悟りのひとつひとつをすべて理解する智慧です。あらゆる生き物の生涯をそのままに了解しつつ体得し作用できる智慧すなわち行動です。

（加藤俊生）

文字は総持を詮す　総持は文字に非ず（宗秘論）

【文字はダラニを表すが、ダラニは文字ではない】

◉**言霊**　お大師様は、ただ、文字を理論として理解するのでなく、感じとることが大事と説いています。私たちは、「言葉」と「文字」を使用して生活をしています。

私の父は晩年、胃瘻を受け、介護施設に入所しました。一年後、体調を崩し危篤状態で緊急入院しました。私はこの時、沖縄に帰れませんでしたが、父は一か月余の治療効果で体力も回復して元の介護施設に戻る事が出来ました。それから半年後に父が再び危篤状態になり再度入院しました。私は急いで沖縄に飛びました。病室の父は胃瘻で喉元に管が入って言葉が話せませんが、言葉は聞こえている状態でした。

私の顔を見て少し口元が動き、瞳が動きました。この瞳の動きを見て、私は急いでナースセンターに行き、紙に五十音を書いて再び病室に戻り、この紙を使って父と会話を試みました。時間が掛かりましたが、父も何とか理解して瞳の動きで答えられるようになりました。「体調が回復したら、介護施設に帰れるけど何かありますか」と聞いた。「帰りたくない」という文字での返事が返ってきました。「何故」と聞く、「不潔だから」という返事に驚きました。「分かったよ、何とかするから」と言って病室を出ました。

別の病院で看護師をしている友人に電話をして明日の予定を聞き、夜勤明けという返事に、一緒に父の様子を見て欲しいと依頼をしました。

翌日、一緒に病室に入ると友人は父に声掛けして、掛布団を捲り、体を色々と観ました。床擦れ、お尻の辺りの炎症等を見て、「大変悪い環境に居るから改善した方がいい」と意見してきました。自分の病院関係施設を確認して入所出来るとの事でひと安心。

その後、兄と相談して友人の病院介護施設に入所出来ました。父は三年間お世話になり、臨終の際、立ち会った友人に涙をいっぱい浮かべて声にはならないが口元が有り難うと言っていたと話してくれました。

（糸数寛宏）

文字

文字の事相《じそう》は差別すと雖も　修証すれば同じく真にして更に異ならず（宗秘論）

【文字の働きには差異があるけれども、修行して悟れば一字一字が真理である】

◉すべての道はローマに通ず　数年前に高野山初参詣時のことをぼんやりと思い出しました。当時、中国西安から飛行機で出発し、関西空港に着いてからは、電車の乗換えやケーブルカーなどで、ようやく高野山駅に辿り着いたのです。駅の出入り口にある観光マップを手に取ったところ、高野山の全貌が一目瞭然でした。そこで気づいたのが、高野山に通ずる道は、電車ルートだけでなく、町石道やアスファルト舗装の自動車道など選択肢は複数あることでした。

後に、高野山大学に留学し山に滞在する機会を頂きました。休日に友人達と誘い合って町石道の散策もエンジョイしました。ある時、慈尊院から出発し、道端の町石に沿って、丹生都比売神社経由ルートで登っていくと約六時間かかりました。高野山の大門に着き見上げた瞬間、震えるほど脚の疲労を感じましたが、内心は欣喜雀躍でした。電車ルートの体験とは一味違う高野山ならではの体験ができました。

十七世紀のフランス詩人ラ・フォンテーヌの「すべての道はローマに通ず」という言葉を思い出させます。高野山に通ずる道も時間が短縮できる電車ルートなどの他に、町石道のような徒歩の登山道もあります。ルートやスピード遅速に問わず、最終的に参詣巡礼に訪れる信者の皆さんは必ず奥之院に辿りつき、弘法大師御入定の廟前で礼拝することができるのです。

仏教には「八万四千の法門」があるといわれます。当然、仏の教えを表現する文字も千差万別です。これに対して、「文字の働きには差異があるけれども、修行して悟れば一字一字が真理である」という弘法大師の名言がありました。

中国唐代末の禅僧和尚の言葉に「大道透長安」があり、「天下の諸道はすべて帝都長安に通じている。」(『新版　禅学大辞典』)という意味です。ヨーロッパの諺の「すべての道はローマに通ず」とは同工異曲の妙味があると思います。用いる文字が異なっていても、やはり知者達が同じような境地を顕しています。

(洪涛)

文字は差別ありと雖も　修証するときは真理に同ず（宗秘論）

【文字には区別があるけれども、悟ってしまえば文字は真理と同じである】

◉アショーカ王碑の文字　法事を執り行なうとき卒塔婆を書き、読経回向してお墓へ立てに行きます。そうすることによって故人への供養となり積善の行為となるからです。卒塔婆には、先ず上からキャ・カ・ラ・バ・アの五文字を「悉曇」と呼ばれる文字で書きます。そして年回忌の本尊さまの種子《しゅじ》を記します。種子とは、み仏の象徴としての悉曇のことです。そしてその下に供養する故人の戒名を書き何回忌かを記すのです。

元々卒塔婆は、釈尊を荼毘に付したあとにその遺骨を石塔で祀った「ストゥーパ」のことであり、それを音写したことに由来します。そして卒塔婆には五つのくびれがあります。それは人の五体に擬えて五輪塔の形式になっているからです。すなわち卒塔婆は、木の板を故人に見立てて聖なる文字と死後の名前である戒名を書くことによって篤い回向の功徳を得ようとするものなのです。

「梵字」とは、ブラーフミー文字といって「梵天が創造した文字」という意味です。一説に、現在のシリア付近で使われたフェニキア文字がルーツで西へ伝播して、ギリシャ文字や英語で用いるラテン文字（ローマ字）へと発展して行き、東へ向かってブラーフミー文字となり変遷を経て現在インドで広く使われているデーヴァナーガリー文字へと展開したと言われます。

釈尊御生誕の地ルンビニーへ旅したときのことです。聖地を覆う赤銅色の建物の横に歴史を感じる大きな石塔が立っておりました。それこそが御生誕地の根拠となったアショーカ王碑だったのです。そこには古い文字で「釈尊がここに生まれた」と記されていました。この碑は、紀元前三世紀頃に建てられたものでブラーフミー文字つまり「梵字」を使ったものでしたが初期の形であって、時代を経た「梵字」である「悉曇」とは似ても似つかないものでした。

文字の形は、仏神への敬虔な思いによって、より一層威力ある聖なることば聖なる文字へと変遷して行きました。しかし、その源泉にある神やみ仏を称えたいという思いは何ら変わることはないのです。

（瀬尾光昌）

文字

細語と及び麤言《そげん》と　ことごとく第一義に帰する（宗秘論）

【細かく粗雑な言葉もすべて最高の真理に通じている】

◉一円を笑う者は一円に泣く　道端に一円が落ちていました。子どもが拾い、「父さん、要る？」と聞いてきました。「要る、要る〜」と貫いました。本来警察に届けるべきでしょうが……。

真言密教の真言や陀羅尼の一字一句は真実の言葉であり、一字の中に測り知れない仏様の文をすべておさめ、一つの音声の内に測り知れない功徳をおさめ内蔵しています。しかも、修行して実証するときには真理に同化する、と説かれています。

一般世間では、「一円を少しずつ貯めていけば一万円になる。だから一円が大切なのだ」と説く方が多いのですが、この文で説いているのは、一万円は一円で出来上がっていて、一円玉が一万枚で一万円ですから、一円こそが日本円の大もとでとても大事なのです。また、お金は物を売り買いする為の大切な道具で一万円の物を買うときには一万円用意し、百円ショップで買い物するには購入個数×百十円を用意するのです。釘を抜こうとする時に栓抜きを持ってきても何の役にも立たないように、必要な物を購入する時は必要な金額を用意するのです。また、その道具は便利で携帯しやすく自分の為ばかりか他の人の為にも役立ちます。

お釈迦様は目前の人の器に応じて法を説きさとりへと導かれました。法を説くことは、その人の心を耕し本来持っている自らの姿に気付いてもらうための方法で、たとえ思い込みや偏見に囚われて一時的に道を外すようなことがあっても、ひとたび真理の言葉に出会えば、たちどころに過去の体験的知識を活かすことが出来ると説いています。どんなに些細な言葉も本質的に優れたエネルギーを秘めていますから、一円こそ、またその一言こそ、そして、相手を念じ思いやるところに大きなエネルギーが生まれ発揮されるのです。また、この世に存在するものは総てに意味があり、自身にとって都合の悪い事や、気に食わない事は沢山ありますが、高い視点から見ればどれも必要で捨てるものなどありません。たとえ病気でも、病気になったからこそ気付けることがあります。今までの無理な生活だったり、我欲に満ちた心の有りさまを見直したりするきっかけになります。まわりに感謝して生きましょう。

（大塚清心）

文はすなわち教の源《みなもと》なり　名教を以て宗とすればすなわち文章は紀剛の要なり　世間と出世と誰か能くこれを遺《わす》れんや（文鏡秘府論序）

【文は教えの根幹である。教えが重要であるから、文章は制度の規範となる。したがって、誰もが文章を軽くみてはいけない】

◉じょーしーがーぶーん（如是我聞）　文という言葉を聞くと何を思い出しますか？新聞や小説、日記や手紙ではないでしょうか。名作家の書かれた文章を読むと感嘆しきりですが、自ら書いた文章となると真意が伝わらない、何か足りない、文体がオシャレじゃないなど苦悩の連続です。最近ではスマートフォンの普及により誰もが気軽に執筆し、発信出来るようになりました。しかしその反面、炎上といって批判の集中砲火を浴びる方もいらっしゃいます。文章の発表には大いなる責任が伴なうのです。

僧侶にとって身近な文と言えばお経になるでしょう。八万四千の法門と呼ばれるように大変たくさんの経典が現在に伝わっています。その一つひとつはお釈迦様のお言葉であり教えであります。これらはお釈迦様が直接筆記されたのではなく、お涅槃に入られた後に弟子達が国王様の前に集まって内容を確認しあい、文章に残した物です。お経の冒頭に「如是我聞」と書かれているのは、「かくの如く我れ聞けり」、私はお釈迦様からこう聞きましたよ、と前置きをして本題に入るからです。

当時の編纂作業はいかなるものだったでしょうか。まずどの話をどのグループが担当するかを決めたでしょう。そして筆記した内容を確認しますが、聞いた人の理解の度合いによって相違が随所に現れたに違いありません。それらを摺り合わせてお釈迦様の教えの真意が汲めているのか、言い回しは適当か、思い違いはないかなど校合には相当のご苦労があったと推察いたします。

このように教典を編むには大人数の並々ならぬ労力が注がれているのです。これらのことに感謝しながら、うやうやしく読誦し、お釈迦様の教えの本質を間違えずに読み取っていくことが大切です。

（亀山伯仁）

文によって名を詮《せん》し　名を唱えて義を得たり　名義すでに顕れて以て未だ悟らざるに覚《さと》す（文鏡秘府論序）

【文字によって名称が明らかになり、名称を言うことによって意味が分る。名称とその意味によって物事の真相が自覚される】

◉毘沙門天の名前をもとに　インドの神話には多くの神々が登場します。なかでも七福神といえば縁起の良い神様の集まりとして年の始まりなどに多くの人が参拝する我が国特有の信仰形態です。恵比寿天は日本の神、福禄寿と寿老人に布袋尊は中国の神々、大黒天、弁財天、それに表題の毘沙門天はインドの神様です。

いずれ劣らぬ宝の神様として大変人気のある方達を上手くチョイスされたものと感心致します。ところで表題の毘沙門天について少しお話しさせて下さい。元々インドの神様のお一人なのは先程申し上げた通りです。仏教では四天王のお一人で北方守護の多聞天としても有名です。

また、詳しくは夜叉の首領ヴィシュラヴァスの息子であるヴェーシュラヴァナ、あるいは孫のヴァイシュラヴァナという出自を伴う名前が正式名称です。天と名付けられますが実は北方を統べるクベーラ、ヤクシャ族の長の息子を指すものでした。ヴェーシュラヴァナを中国の漢訳者は毘沙門と音写しました。

ここには出自は自明ではありませんが、仏法を守る護法神としての役目を込めて「沙門を助ける」という意訳とも言える「毘沙門」と綴りました。また神的存在として末尾に「天」あるいは「天王」の文字を付しています。元々インドの言葉に漢字の文字を載せて言葉の違う人々が共通の理解をすることには、ある程度の限界が予想されます。

毘沙門天の文字に込められた中国人の感性は、長い訳経の仕事のなかで培われた技術の賜物と言えましょう。

(山田弘徳)

文字

一尊一契は証道の径路　一字一句は入仏の父母なる者なり（性霊集二　恵果碑）

【一尊と一真言は悟りへの道であり、経文の一字一句は仏道の基本である】

◉もしお坊さんになっていなかったらどんな職業に就いていましたか　御朱印の授与を始めてから新しく御縁を頂くことが増えました。御朱印のデザインが好きでコレクションとして集めている方もいれば、お寺やお坊さんに興味があってお参りかたがた御朱印を集めておられる方もいます。私は時間の許す限り御朱印を求める方の話を聞かせてもらうことにしています。ある方から「もしお坊さんになっていなかったら、どんな職業に就いていましたか？」という質問を頂きました。

私には生まれたときにはお寺があり、お寺にずっと住んでいるのでお坊さんの存在は特別ではありません。お坊さんになることに対して葛藤《かっとう》があったので他の職業も体験しましたが、私自身の本質とは何かを考えて突き詰めた結果、巡りめぐってお坊さんになりました。私にとって最もしっくりくるのがお坊さんとしての生き方でした。

お坊さんになっていなかったら、迷ってしまったことでしょう。

お大師さまは自ら志してお坊さんになりました。中国へ留学して密教を修め、日本で真言宗を開きました。中国でのお大師さまの師匠である恵果和尚《けいか》を讃《たた》える碑文《ひぶん》に、お大師さまは「悟りを得ることが難しいのではない。仏の教えに遭遇することが容易ではなかったのだ」と書き記しておられます。人生においてたくさんの出会いがありますが、悟りを開くための仏法との出会いは滅多とないのです。仏法との出会いの難しさを例える話があります。

果てしなく広がる海の底に目の不自由なカメがいました。そのカメが百年に一度海面に顔を出します。広い海原には一本の丸太があり風に吹かれるまま、波に揺られるまま漂っています。海面に浮いていた一本の丸太に開いている穴にカメが頭を入れることができる確率は「ない」と言えるほど難しいですね。

私たちは「ない」と言えるぐらいの確率で仏法やお大師さまと出会いました。曼荼羅の仏さまと真言の出会いは悟りへの道であり、お経に書かれている一文字は仏さまの指し示す道なのです。お大師さまは「勉めよ、励めよ」と私たちを応援してくださっています。お大師さまの後に従って安心して歩いていきましょう。

（中村一善）

文字

龍卦亀文《りゅうかきぶん》は黄犠《こうぎ》を待って以て用を標わし　鳳書虎子《ほうしょこじ》は白姫を候《ま》ちて以て体《てい》を呈《あら》わす（性霊集四　梵字を献ずる）

【龍馬の八卦、霊亀の亀書は黄犠と黄帝の帝の徳によってできた文字である。鳥による鳳凰の書、獣による虎書は白氏少昊と周の文王の徳によって成立した書体である】

◉文字や書体は積徳の産物　中国で文字が出来て日本へも伝わり現在の私達も便利に使わせていただいていますが、文字や書体は当時の偉人の徳により成立したものなのですね。

二十年程前、お大師さまの足跡を辿りたいと思い西安の青龍寺へ参拝しました。お寺の入り口では箒のように長い柄の筆をバケツの水に浸してマス目になっているコンクリートの地面に手慣れた筆遣いで漢詩を書き上げていました。さすが漢字の国だなぁと感嘆しました。お参りを終えると現地の若い添乗員さんが「西安観光の目玉である入城式にご案内します」と言って西の門へ連れて行ってくれました。ここは長安城の出入り口の一つでシルクロードの終着点です。その昔お大師さまもここに立ち、遠い天竺を見つめたに違いありません。入城式とは、当時の衣装に身を包んだ男女が宮廷音楽を演奏し大旗を振って歓迎してくれる観光用の式典でした。その記念品に紙の額に張られた漢詩をいただきました。漢詩は旧字体で書かれ西の門から落ちる夕日を詠んだものと記憶しています。

バスの中でそれを黙読していると添乗員さんに「何と書いてあるのですか？」と言われて中国の人なのに漢字が読めないの？と思いびっくりしました。「私達の世代は旧字体は習っていないので全く解らないし、漢字に意味がたくさんあるのが驚きです」という彼女の為に新字体を横に書き入れ、字の意味を伝えました。略しすぎると大切な字義をも失ってしまいます。文字発祥の国中国の人に日本人である私が文字を教えている不思議さに包まれながらのひとときでした。

普段から何気なく文字に接していますが、これからはこの聖語に書かれている中国の先帝の徳に感謝しつつ大切に用いていきたいと思います。

（亀山伯仁）

字は生の終りを絡《まと》い　用は群迷を断つ　所以に三世の覚満は尊んで師とし十方の薩埵は重んずること身命に逾《こ》えたり（性霊集四　梵字を献ずる）

【文字は生涯を超えて永遠に存在し、その用途は人々迷いを断つ。それ故に、あらゆる仏菩薩は、文字を尊敬して師として仰ぎ、身命に代えて尊重する】

◉文字とは、お守り？　文字は「あ（A）」から始まり、自分の身近から、世界に存在するものを教えてくれます。学ぶ程に人間や広い世界が観《み》え、この世の森羅万象にどれだけの意味と価値があるか、少しずつ霧が晴れるように理解が進むのは興味深いものです。この世で私たちが知るべきことは、正しい知識を備え、正しい文字の組み合わせを見れば気付くことが出来るとわかれば、真に尊い意味が見つかる度に、それは行く先を照らす希望にもなり得ますから、私たちはそれぞれ自分なりの人生に価値を見出せます。その知見を抱き人生を歩むので、私は文字がお守りのように感じます。

しかし私たちは、意外と文字の本来の意味を知らないこともあります。小学校六年間で習う漢字も約千といわれますが、漢字によっては深い意味まで知れば、私たちを正しい方向へ廻心させる、妙なる説得力があります。例えば「信」（習うのはおよそ小学四年生）の字の成り立ちを表す篆字《てんじ》では、信は人＋口＋辛の組み合わせで、辛は「持ち手のある刃物、刑罰」を表します。つまり、信じるとよく言いますが、それは「発言に嘘があれば、進んで厳しい刑罰を受けると誓う位の信《まこと》」という意味です。この意味を知ると、今は世で信用、信任、信頼とよく「信」を聞きますが（信仰も含め）、嘘や裏切るようなことが続くと、何だか意味を深く解釈されず、随分軽んじられていると感じるのは、私だけではない筈です。互いに「信」を築けば理に適うからこそ、嘘なら刑罰と言いたくなる程、「信」は尊重に値することとの解釈なのでしょう。

現代の多忙な人たちには、わかり易い文字表現が好まれるかもしれません。しかしそれだけでは不十分で、表面的な意味、思い込みに捉われる恐れがあります。その解釈不足を補うように一言では言い表せない深い意味の文字が、人と世のありかたを共通理解へ導き、何物にも得難い充実と喜びをもたらす為、存在すべくしてこの世に存在しているとは思えないでしょうか。尊い文字は、深い意味まで正確に知るべきです。それが行いに現れると、この世を大切にすることと等しくなります。

（村上慧照）

文字

満界の宝は半偈にも報い難く　累劫の障は一念に断じ易し　文字の義用大いなるかな遠いかな（性霊集四　梵字を献ずる）

【全宇宙の宝は無常の半偈の教えに及ばない。永年の罪は正しい念で消えてしまう。文字の効用たるや、まことに偉大である】

◉宝探しの人生旅　偈は偈陀《げだ》・伽陀《かだ》の梵語音写由来で、仏の教えや仏菩薩の徳を讃えるポエムです。仏典首盧迦《しゅるか》体の偈は十六音節二行計三十二音節で、漢訳偈の多くは四か五文字四句組スタイルです。『観音経』（『妙法蓮華経観世音菩薩普門品第二十五』）の世尊偈では「或漂流巨海《わくひょうるこかい》　龍魚諸鬼難《りゅうぎょしょきなん》　念彼観音力《ねんぴかんのんりき》　波浪不能没《はろうふのうもつ》」のように五字四句組でワンシーンを説きます。私の師僧は世尊偈の四句毎に一幕とし、計二十六幕の短編小説『おとなの絵本　観音物語』（高野山出版社）を創ったのです。『観音経』では「百千万億衆生」が命がけで宝を求め大海原に出かけるシーンがあり、金・銀・瑠《る》璃《り》（ラピスラズリ）、硨磲《しゃこ》（シャコ貝殻）、碼碯《めのう》、珊瑚《さんご》、琥珀《こはく》、真珠等宝の具体名まで挙げられてあり、衆生の宝への渇愛と執着と勢いまで生々しく感じます。いまや我々衆生の欲しがる宝リストは変わってきましたが、またもやこの時空に移り住み日々生きるため必死に戦っているのです。家計簿にせよ企業決算報告書の貸借対照表や損益計算書にせよ、個人も組織も資金調達やキャッシュフロー等の損得勘定で悩みます。貪瞋痴が原動力になって、利益追求が当然たる価値基準になっています。

「益」の最古字形は足付きの皿に水があふれるさまでしたが、後「増益、助ける」の意に変化したのです。まるで溢れる水と溢れんばかりの欲望とのシンクロに思えます。劫《こう》は梵語kalpaの音訳劫波《こうは》の略でとても長い時間の単位です。累劫で造った身語意業は因で肝心なタイミングに業障として現れ、無理難題・邪魔障害・災禍など四苦八苦の果となってきます。利益《りえき》と利益《りやく》はニュアンスが異なり、経や偈を唱えては利益《りやく》と功徳になります。障りを除き心が清浄になってはじめて備え持つ仏性が顕れます。ピンチの時は観音様にＳＯＳを発しますが、日頃随時正しい念に切り替え内なる宝を発見したいものです。

（松本堯有）

文字

字字の法身盈盈《えいえい》たる月曜を引き　句句の本尊赫赫《かくかく》たる日光を熾《さかり》にせん（性霊集七　葛木参軍）

【経文の一字一句から月光のように仏が満ちあふれ、太陽のように本尊を輝かせる】

◉日本は無宗教の国か　これは弘仁十二（八二一）年十月八日に葛木魚主《かつらぎのうおぬし》が施主となって亡父の年忌法要を行なった際、弘法大師によって奏上された祭文《さいもん》の一節です。施主魚主によって『金光明経』『法華経』『孔雀経』『阿弥陀経』『般若心経』の写経が奉奠《ほうてん》されたことを受け、真言宗では写経の一字一句を実相の法身大日如来と位置付けることから、胎蔵界の理法身が月光に、金剛界の智法身が日光に譬《たとえ》られているのです。

そもそも、仏教の特色は成仏という概念にあります。一神教のキリスト教やイスラム教では、どんなに頑張っても私たちは神様にはなれません。これに対して仏教の最終目標は成仏であり、私たち自身が仏様になることにあります。浄土宗や浄土真宗などの宗派には往生という概念がありますが、これも往生がゴールではありません。凡《ぼん》夫《ぷ》である私たちは、ひとまず阿弥陀如来の極楽浄土へ往生し、そこで改めて成仏を目指しましょうとの意図であり、やはり最終目標に据えられているのは成仏です。すなわち、この葛木魚主のケースでは、亡くなられたお父様がもっとも身近な仏様だったと言うこともできるでしょう。

アメリカの調査会社ピュー・リサーチ・センターが二〇一二年に行なった「各国の宗教」を扱ったアンケート調査では、「無宗教」との回答の割合の多い国は、一位チェコ、二位北朝鮮、三位エストニア、四位日本、五位中国であり、日本は社会主義国や旧社会主義国に混じり四位にランキングされていました。たしかに日本における宗教のあり方が問題視されているのは事実です。しかし、本当に日本は無宗教の国なのでしょうか。宗教の定義は様々であり、一概に論じることはできませんが、人生の指針となる教義や信仰を宗教と位置付けるのであれば、私はご先祖様を大切にし、亡父に恥ずかしくない生き方をしようと心がけることも、立派な宗教であると思います。葛木魚主がどのような人生を歩んだかについては明らかではありませんが、おそらく仏様に見守られた幸せな人生だったのではないでしょうか。

（愛宕邦康）

文字

所説の字義　文字を立つと雖も是れ文字なきなり　何を以ての故に　義は文なきが故に（雑問答一）

【仏説は文字によって説明されているけれども、本来は文字のない境地である。なぜならば、仏の深秘は文章では表わしきれないからである】

◉言わなきゃ伝わらない。けれどその先を考える　最近、インターネットでは色々な質問ができるサイトがいくつもあります。簡単なことから専門家でないと答えられないことまで様々なジャンルで様々な内容を見ることができます。大体はいわゆる「親切な人」や「世話好き」ないい意味での「お人好し」な方が丁寧に回答されていて、質問者はとても喜んでいたりするのですが、中には質問に対して辛辣な回答をされている方もいます。

これと同様のことが、身の回りでも起こってきています。自分でほんの少し調べたらわかることでも、すぐに人に訊く。それでいて自分の意図しない回答には文句を言ったり。そんな人を見ているとその人はいったい何をしたいのだろうか、と考えてしまうことがあります。

話は変わりますが、言葉というのはとても難しいものです。同じことを言っても、受け取る側の理解や解釈が違うと全く逆の意味に取られたり、こちらの意図しない方向に物事が進んだり。でも、人と人とのコミュニケーションでは、言葉を使わなければ、何も伝わりません。ただし、昨今のネット社会のやりとりでは問題も多く発生しています。

私は、メールでよくやりとりをしますが、その内容にはとても気を遣います。なぜなら、メールの文章は自分が思う以上に「冷たく」伝わるからです。手で書く手紙と電子の手紙は、似て非なるものです。ですから、メールを書くときには「自分がこのメールを受け取ったらどう感じるだろうか」ということを常に考えながら入力しています。言葉の選び方、文章の構成、そして最後に相手を気遣う言葉。普通の手書きの手紙より、実は疲れます。でも、それでいいと思います。文章だけしか見ない状況でも相手の笑顔を思い浮かべられる。言わなきゃ伝わらないけど、その先の思いを伝えていきたいと思っています。

（中村光観）

文字

もし世間所用の如きは是れ妄執の文相なり　もし世尊所説の如きは是れ真実の字義なり（雑問答三）

【我々が日常に使用している文字は迷いの原因を造る。しかし、世尊の説法は真実の意味が伝えられる言語である】

◉経典はどのように作られたのか　お釈迦さまは、弟子がそれぞれの個性にあったやり方で道を歩み、最終的に悟りにたどり着くことを望みました。決して一方的に修行方法を押しつけることはしませんでした。そして、ひとりひとりにあった説法をしました。これを対機説法といいます。

相手によって話す内容が異なるため、膨大な数になっていました。よく仏教では「八万四千の法門」と言われます。「八万四千」とはインド特有の誇張表現で、膨大な数であることを指しています。そしてこれらは、決して文字に書き残されることはありませんでした。教えは、口伝えで師から弟子へ、先輩から後輩へ、僧から信者へ伝えられました。

お釈迦さまの入滅後、月日が経つにつれて、人により地域によって教えに違いが出てきました。そこで、弟子たちが集まって正しい教えを決めるための会議が開かれました。これを「結集《けつじゅう》」といいます。この結集では、長老たちがお釈迦さまから聞いた教えを語り、それを弟子たちが繰り返して暗記する方法をとっていました。教えは、「如是我聞」から始まります。「私は師からこのように聞きました」という意味です。

一方で、貝葉（ターラ樹の葉）などを用いて教えを文字にして残すようになってきました。そこに書かれた言語は、サンスクリット語です。これらの経典が中国に伝えられ、玄奘や鳩摩羅什などの僧によって中国語に翻訳されました。それが日本に伝わってきたものです。

私たちはお釈迦さまの教えは、書かれた文字を通してでしか学ぶことはできません。そこで重要なのは、底に流れているお釈迦さまの真意を見抜くことだと考えます。

（大咲元延）

毗盧遮那如来　加持の故に身無尽荘厳蔵を奮迅示現す（十住心第十）

【大日如来の不思議な力は、身体から尽きることのない華麗なる世界を勢いよく現わす】

◉大日如来はすべての根源　「阿字の子が阿字のふるさと立ち出でてまた立ち帰る阿字のふるさと」という有名な御詠歌があります。

阿字とは、古代インドの言葉であるサンスクリット語のアルファベットにおいて、その冒頭に位置する「ア」という音を表す文字のことであり、梵字では𑖀と書きます。

なお、サンスクリット語の文字は表音文字でありながら、一文字一文字に深い意味がこめられているとされ、阿字は、アルファベットの第一の文字であることから、「始まり」や「根源」を象徴します。また、インドの言語論では、すべての音や言葉には、このアの音が含まれていると考えられています。

ちなみに弘法大師は、サンスクリット語のアルファベットを手本にして「いろは歌」をお作りになったと伝承されており、「いろは歌」から発展した日本語の五十音表（あいうえお表）も、「ア」の音から始まっています。

さて、一般の仏教では、あらゆる存在はさまざまな原因が集まってできあがっていると説かれますが、密教では、それら一つ一つの原因のさらにその原因、またさらにその原因をたどってゆくと、初めも終わりもない「本不生」と呼ばれる根源に行き着くと考えます。阿字はまた、この本不生の根源を表しています。

そして、この本不生の根源は、宇宙の真理を身体とする大日如来という仏さまの懐の中であって、そこには、自分と他人、人間と自然、好きと嫌い、嬉しいと悲しいなど、あらゆる対立がありません。つまりそれは、悟りの世界です。このありのままに完全な世界を、「無尽荘厳蔵世界」といいます。

「阿字の子が……」の御詠歌は、われわれの命も、阿字によって象徴される本不生の根源から生まれ、死後はまた、その根源に帰ってゆくことを詠っています。ですから私たちは、小さな損得にとらわれないで、大日如来さまに身も心もまかせて、他者を慈しみながら自分の役割を全うし、大らかな気持ちで生きてゆかなければなりません。

（川崎一洸）

加持

加持とは如来の大悲と衆生の信心とを表す　仏日《ぶつじつ》の影　衆生の心水に現ずるを加といい　行者の心水よく仏日を感ずるを持と名づく（即身義）

【加持とは、如来の大悲の光が、衆生の清らかな心に映されることである。つまり、仏の日光を加といい、その光を衆生が受けることを持という】

◉水を掬《きく》すれば月手に在り　お大師さまのこの「加持」の御文は有名で、この御文を目にするたびに私は「水を掬《きく》すれば月手に在り、花を弄《もてあそ》べば香衣《かおりころも》に満つ」という唐の詩人の詩を思い出します。満月の夜に庭に下りて水鉢の水を両手ですくった時、掌の内の水にお月さまが映っているのに気が付いた——という詩です。

この詩を昔のお坊さんは、仏の大悲の光をお月さま、そして仏の戒めをたもつ人の香を花の香りに例えました。

両掌ですくった水の中に満月が映って輝いている——これは象徴的に仏というものが自分の手中（自分の内）にあることを表現しており、「一切衆生皆悉く仏性あり」

の仏性を自らの中に見いだすこととつながります。

大師は、「仏日の影　衆生の心水に現ずるを加といい」と説かれ、仏の大悲の光が常にわたしたちにそそがれている。そしてわたしたちの願いをかなえて下さる、智恵を授けて下さる。生きる勇気を与えて下さる、その力が常に加えられている。あとはこれをわたしたちが体で感じ、手に持つことが大切であり、それを「行者の心水よく仏日を感ずるを持と名づく」と説かれています。実は、わたしたちの心の水が鏡のように静かで波立っていなければ、良く仏の大悲の光を感じ、これを受け取って〝持〟つことが出来るわけです。

大事なことは、外に求めてもないのであって、求めるものは内にあったのです。その為にお大師さまは、「身口意」の「三密の修行（加持）」を説かれています。それをわかりやすく言いますと、「(身）できないことを（口）言ってはいけない」「(意）心にもないことを（口）言ってはいけない」「身口意」にうそがないところを探す、ここそが「心水」の波立たないところであり、仏日を感じることのできるところである、と説かれています。

（畠田秀峰）

加持

加持とは古くは仏所護念といいまた加被という　然れども未だ委悉《いしつ》を得ず　加は往来渉入を以て名と為し　持は摂して散せざるを以て義を立つ　即ち入我我入これなり（大日経開題　法界／同　降崇／同　関以）

【加持とは、古くは仏が守り加えると訳す。しかし、これではまだ言い尽くしていない。加は互いに出入りすること、持は把握して離さないことである。仏と私の相互の往来である】

◉護摩祈禱はホントに効くの？　毎月二十八日は不動明王の御縁日です。不動明王のお姿は、歯をむき出し恐ろしい顔をして青い身体に炎を背負い、手には剣と縄を持ちます。どう見ても恐ろしい形相《ぎょうそう》で怒っているようにしか見えません。不動明王は仏さまであると言われても、ピンと来る人は少ないでしょう。なぜなら、仏さまといえば奈良の大仏のような優しいお顔をされた姿を思い浮かべることが多く、恐ろしい形相で怒っている顔をした仏さまはイメージできないからです。

あるとき、「不動護摩祈禱《ふどうごまきとう》で添え護摩札に願いごとを書いたらホントに効くのですか？」と聞かれたことがあります。不動護摩祈禱は、不動明王に供物《くもつ》を捧げて私たちの願いごとを伝える加持祈禱法《かじきとうほう》です。加持とは、仏さまに守ってもらうという意味ですが、お大師さまはそれだけでは言い尽くしていないと説きます。お願いごとをしている人が一心に不動明王に祈ることで、祈る人と仏さまとの間に心の交流が生まれてはじめて御利益をいただくことができるのです。つまり、護摩札に書いた願いごとをするあなた自身ができる限り努力することが必要なのです。その結果として仏さまの心とあなたとの間に交流が生まれます。護摩札に書いた願いごと、例えば「病気が治りますように」や「試験に合格しますように」などについて、できる限り努力することが必要なので、その結果として仏さまの心と交流が生まれ、最後のひと押しは仏さまが力を貸してくださるのです。

仏さまは努力するあなたを決して手放したり、見放したりすることはありません。安心して護摩祈禱にて不動明王にお願いをし御利益をいただきましょう。（中村一善）

衆生　仏の加持力を蒙って六塵の淤泥《おでい》を突破し　自心の覚理を出現すること　春雷の響に頼《よ》って蟄虫《ちゅうちゅう》の地を出づるが如し（秘蔵記）

【衆生が仏の力によって悩める環境から脱出して、自心に眠る悟りの種を発見することは、虫が春雷によって地中から出てくるようなものである】

◉仏の慶び　僧侶は修法の際に、自分が拝んでいるご本尊に瞑想から目を覚ましていただくために、仏さまを起こすことをします。仏さま方は、深い瞑想に入っておられますので、すこし強く「起きてくださいませ」といって揺り起こすように拝むのです。仏さまが来てくださるのを待ち望む、これは閉ざされた冬から暖かな春の到来を待つような心地にたとえられます。

真言僧が修法をして祈る、また信者さんの求めに応じてお加持をする、それはやり方によってよく効きます。どんなにすぐれた僧侶でも百発百中ということはないでしょうが、信者さんの思いと仏さまの慈悲を繋げて活性化させることで、祈りは通じ願いはだんだんと叶ってきます。じわじわというより、繰り返し祈禱していると、パッと変化するときがあってわかります。バンとか、ドンという音がしたりして気づかされることもあります。春が近づき、土が温まってきますと、土の中に生きる微生物が蠢き始めます。土の表面に出て、雷のように鋭くまばゆい光を浴びた土中の虫のように、大きな変化を明らかに認識するのです。

私たちは誰でも「仏性」をもっているといわれます。仏性に気づくとは、虫が土の中から飛び出して、世界を見て驚くようなものでしょうか。煩悩にまみれた自分自身に気づいて、これまで悩み苦しんできたのは、こういうことだったかと驚き、そこから仏法に則り、クリアリングしていこう、仏性を発見し磨いていこうという境地に立ちます。自分の認識していた空間から、まったく知らなかった時空へ飛び移るような体験もあるでしょう。穢れのない清らかな本来ある佳き人間性に気づいて自ら感動する、それを磨こうと意志し意欲することが、仏さまがお慶びになることと伝えられます。意欲とは煩悩でなくよき人間性の象徴です。

（佐藤妙泉）

加持

加持の義　加とは諸仏の護念なり　持とは我が自行なり　また加持とは譬えば父の精を以て母の隠に入るる時　母の胎蔵よく受持して種子を生長するが如し（秘蔵記）

【加持の加とは諸仏の守護であり、持とは私の修行である。たとえば、父の精子が母の子宮に入って胎児が成長するようなものである】

◉互いに寄り添うことで生まれる力　この世の中にあるものは、すべて必要だからこそ存在するということは、少し考えてみると案外すぐにわかる事実です。それは全てのものが互いに時には交ざり、時には離れという具合で、常に状態を変化させつつも関わりを持って存在しているからです。

今から約二千五百年前にインドで仏教を広められたお釈迦さまは、この厳然たる事実を真理として感得されました。密教はお釈迦さまの時代からずっと下った西暦七世紀ごろに生まれた比較的新しい仏教の考え方になりますが、それはお釈迦さまが「説かれた内容」よりも「悟られた内容」そのものに焦点が置かれております。悟りとは、自然や宇宙のリズムに自身を同化させていくことであり、それは例えばラジオのチューニングのようなものであると、私は考えております。自然は常に人に寄り添い、力を働かせて下さっています。なぜなら、人もまた自然の一部だからです。ですから、人も本来は自然に寄り添えるように自らをチューニングしていかなければいけません。お大師さまのお言葉にある「加持」とは、そういった「互いに寄り添うことで生まれる力」を意味しているのです。

しかし、人には「社会」という別の価値基準が存在します。それが人も本来自然の一部あるという気づきの妨げともなっております。例えば、昔の人々は日が昇れば起きて仕事をし、日が沈めば家に帰り寝たものです。ところが、現代社会は眠ることを知りません。

山川草木、人間以外のすべての生き物は自然や宇宙のリズムに順じた生き方をしています。過度に自然と距離を置きすぎている現代社会の考え方に、我々はこれからもっと注視していかなければいけません。

（山本海史）

加持

覚《さと》れるを諸仏と名づけ　迷えるを衆生と名づく　衆生癡暗にして自ら覚るに由《よし》なし　如来加持してその帰趣《きしゅ》を示したもう（理観啓白文）

【悟りを仏といい、迷いを衆生という。衆生は智慧が暗く、自ら悟ることができないから、如来は不思議な力を加えて悟りへ導く】

◉**心器**　かつて先人たちは、死して浄土に趣くことを信じ、あるいはこの身このままでの成仏を願い、とにかく己の生涯を、それを越える永遠の相の中に位置づける試みを様々行《おこ》なって参りました。死生観はその人の人生に強い影響を与えたものです。ところが技術文明の進歩は暮らしの快適化を飽く事なく求め、生の謳歌と裏腹にしだいに神仏の影が薄くなっていくように感じられます。それを証《あか》し立てるのが、「心と体」の境界域に起きる「病《やまい》」の増加ではないでしょうか。

お大師さまは「身病」の治療に八つの和漢療法、「心病」治療には根本原因の無明を除く為、仏典を学んで仏智を磨き、真言・陀羅尼を念誦することを示しておられます。一方、心身の癒しを求めて神仏のもとに参籠して「お伺《うかが》い」をたて、あるいは霊場を巡拝して「お示し」を求めることもよく行なわれました。心願成就を期し死装束を身にまとい旅立ったのは、いわば死地を越え「新しい命の誕生（incubation《インキュベイション》）」を目指したのです。

脳死の息子を看取った柳田邦男氏の体験が語ります。生命維持装置に繋がりながら、ご子息は父の呼び掛けに血圧昂進や体温上昇をもって応《こた》えたといいます。脳死状態にありながら息子が「体で応えてくれる」事実は、医学的にはいざ知らず、そこにはまごうことのない命の通い合いが見られ心の世界の奥深さを思わせられます。

み仏と私たちを分かつ境界はお悟りにあります。すべての人々は測り知れない仏の智慧を生得的に具《そな》えながら、その事に気付かず迷いの中に沈溺《ちんでき》している、と教えられます。私たちは迷うが故に他者との間に埋め難い隔たりを感じ、円満な悟りの世界へ、命の本源へ帰る道筋を見つけられずにいるのだ、と。私は、その考えをまるごと信じています。

（田中智岳）

鐘谷《しょうこく》に比して唱和し　摩尼に超えて感応す（性霊集六　天長皇帝　雩《あまごい》）

【仏は鐘の響きや山彦のように、必ず願いに応じてくださる。それは摩尼宝珠よりもすばやく感応される】

◉加持感応　私が担任をしました生徒が、卒業後に進路で行き詰っていることを聞きました。私は心配で何か良い方法はないかと思案しておりました。私なりの打開策を考えたのですが、それを聞いた本人は、嬉しそうにしながらも困った様子でした。以前より保護者の方との関係が難しく、そのことが大きな障害となっているようでした。その事もわかっていた私は、保護者の方をどう説得しようかと悩んでおりました。その生徒と保護者との関係性からすると、私が話したところで解決しないだろうと思えましたし、火に油を注いで余計に関係性が悪くなったらどうしようと考えていました。数日間は拝んでいてもその事ばかりが頭に浮かんできました。

しかし、ある時に直接話そうと思い立ち、電話をかけてみました。久しぶりでどのような反応かと心配しながら電話の発信を押しますと、呼び出し音がならないうちに保護者の方が出られました。相手は驚かれた様子でした。時候の挨拶をする以前に、「私も今、子供の進路のことで先生に電話しようと思っていました」、と言われるのです。話を聞いておりますと、卒業後の進路先で躓いたことで、将来が見えず不安な日々を過ごしていたといいます。困って高野山高校を紹介してくれた近隣の真言宗のお寺のご本尊さまにお参りでもすれば、道が開けるかと思いお参りに来たところ、ふと先生に相談しようと思い立ち、電話を取り出したらちょうど私からかかってきたというのです。もちろん私の考えを聞いて深く喜んで下さり、急展開で進路の新たな展望が進んだのです。

現代は携帯電話というものがありますから、人と人とが一瞬で繋がることの不思議を感じることは少ないかもしれません。しかし、お互いが同じ瞬間に思い、連絡が繋がり思いが合致するというのは仏の操作としか思えません。祈りや拝む世界にはこのような不思議な引き合わせがたくさんあります。携帯電話で一瞬にして繋がることができるからこそ、加持感応したことがお互い確認することができました。お大師さまが仰せられる加持感応という世界は正しくあるのです。

（富田向真）

加持

三等の法門は仏日に住して常に転じ　秘密の加持は機水に応じて断えず（性霊集七　奉為四恩）

【仏の平等精神は日光のように灌ぎ、その慈光はいつも人々の願いに応じ続けられている】

◉人間の安全保障　一九九四年に国連で提起された「人間の安全保障」という概念は、国家が国民の安全を保障するという枠組みを超えて、国際社会が様々な状況にある人びとの安全について考えるという、より人道的普遍的な考え方でした。紛争や自然災害、人権侵害などによる人びとの脅威と欠乏に目を向け、地球規模でそれに対処する措置を講じていき、人間存在を一つの共同体とみなしそれを構成する無数の命を、分け隔てなく平等に守るという認識です。日本はこの提言を受けて「人間の安全保障基金」を設立し、コソボ紛争や東ティモール難民救済などの人道支援、紛争解決や軍縮のための条約調整、国際社会の枠組み作りなど主導的な役割を果たしています。

このような考え方は、長い人類の歴史の中で、民族間、国家間の争いを超える思想として何度も唱えられてきたことではありますが、一方で命を脅かす状況は複雑化する国際情勢、加速する経済活動、核爆弾の出現から地球環境の破壊に至るまで、ますます大きくなっているのが現状です。持続可能な世界の実現を目指す人類にとって、平等に命を守る思想というものは必然不可欠なものだと言えます。

これは実は加持の世界なのです。仏日の光は、あらゆる状況にある衆生に等しく注がれ、どんな苦境にある人でもそれが断たれることはない、加持とはそういうことです。人間だけに限らない分、もっと進んだ考え方と言えるかもしれません。平等であるがゆえに、人々の苦しみが理解できる、自らの苦しみに打ち勝てる、その認識がより良い世界をつくる原動力となるのです。

加持に、どのようなイメージをお持ちでしょうか？　加持とは、国家の安全保障、人間の安全保障を超えて、「命の安全保障」とも言える未来に向けた思想なのです。

（佐伯隆快）

三密加持によって自身本有の三部の諸仏速疾に顕発す　故に加持と云うなり（異本即身義三）

【行為と言葉と心が一体になれば、自身が本来そなえている仏をすみやかに現わす。これを加持という】

◉身体も言葉も心も守られている　真言密教では、如来、菩薩、明王、天部の神々など、たくさんのホトケたちを信仰します。それらのホトケたちは、衆生を救済する際の役割や方法によって、仏部、蓮華部、金剛部の三つのグループ（三部）に分類されます。

第一のグループである仏部には、大日如来や釈迦如来など、悟りに直結するホトケが含まれ、われわれに心の安穏や、悟りの智慧を授けてくださいます。

第二のグループである蓮華部は、観音菩薩を中心とする慈悲のホトケたちによって構成され、われわれの苦しみを取り除き、願いを叶えてくださいます。

第三のグループである金剛部は、金剛杵というインドの武器を持つ金剛手菩薩を中心とする、勇猛果敢なホトケたちの集まりです。金剛部に属するホトケたちは、ときには忿怒の表情を示しながら、災厄や煩悩などを追い払ってくれます。

さて、真言密教では、①仏さまと同じ行動をとり、②仏さまと同じ言葉を話し、③仏さまと同じ心を保っていれば、仏さまと同じじように幸福で平穏な生活を送ることができると説かれます。このように、身体、言語、精神の活動を仏さまと一致させる修行を、「三密瑜伽の修行」といいます。

そして、三密瑜伽の実践に際し、①困っている人々を助けようと懸命に身体を動かして努力しているときには、仏部のホトケたちが力を与えてくださり、②人々を安心させ、励ます言葉を話しているときには、蓮華部のホトケたちが見守り、③他者を思いやる心を感じているときには、金剛部のホトケたちがサポートしてくださるといわれています。

常に、仏さまと同じような行動、言葉、精神を心がけていれば、何も恐れるものはありません。三部のホトケたちが、総動員で守護してくださっているのですから。

（川崎一洸）

仏の加持を離んぬれば十地の菩薩すら尚し知ることを得ず（雑問答四）

【仏の助力がなければ、悟りに近い菩薩でさえも悟りを開くことはできない】

◉捨てて燃やすほど有り余るご利益　大自然の恵みや仏さまの御利益というものは、常に放出されていてこの世を満たしているのです。『毘沙門天王功徳経』には、この様子について「福は膨大にあって、これを毎日三回燃やしている」とまで述べられています。毘沙門天さまは「キミ達、私の福が要らないのなら捨てて燃やしてしまうぞ！」と言われているのです。このように、常に仏さまから発せられている御利益のことを「加」といいます。

では、この余り余って燃やしてしまうほどある「加」を我がものとするためにはどうすればいいのか、続いて同経には「戒律を守り、仏法僧に帰依して、父母孝養のため、功徳善根のため、国土豊饒のため、一切衆生のため、無上菩提のために願え」とあります。つまり「御利益をキャッチするための努力をせよ」ということです。このように御利益を得る努力をしてこれを維持していくことを「持」というのです。

「加持」とは、大自然や仏さまから放たれる膨大な恵みと、その恩恵を受けようとする努力、その両者が揃って初めて成り立つのです。

つまり大切なのは、目的地が明確に確認できること、そこに到達する方法があることに気付き、これを実践して努力することなのだということが解ります。

交通安全の御祈禱を受けてお守りを授けてもらったら、それだけで何をやっても仏さまは交通安全を保障してくださるわけではありません。お守りを持っていても赤信号の交差点にノーブレーキで突っ込んだら必ず事故をします。交通安全の御守護を願ったら、交通ルールを遵守するという努力をしてこそ御利益を蒙ることができるのです。

お寺で生活し祈りの日々を送っていると、「あぁ、これは仏さまの御利益だなぁ」と感じる出来事がよくあります。普段は何とも思わない天気のことでもレジャーで遊びに行く日に快晴であったら、それだけでも「有り難いなぁ」と感じます。他者からみると何でもないような些細なことであっても、仏さまの御利益というものは常にあり溢れていることに気付きましょう。

（大瀧清延）

昼夜に真言を誦じて塵滴《じんてき》を聖化に添え　日夕に金仙を礼して宝寿を山獄に延べん（性霊集四　小僧都を辞する）

【昼夜に真言を唱えていささか聖帝の力に添え、日夕に仏陀を礼拝して陛下の長寿を祈りたい】

◉**護摩《ごま》の灰**　私の寺では二月の初め、節分に合わせて護摩を焚きます。学業成就、安産祈願、病気平癒、厄除け祈願など、皆さんの願い事が書かれた護摩木《ごまぎ》という板を火中に投じ、その願いが成就するよう祈ります。

護摩を焚いた後、炉の中に灰が残ります。まさに「護摩の灰」ですが、この言葉、よい意味では使われていません。諸説あるようですが、その昔、僧侶に化けた者が何でもない普通の灰を、弘法大師が焚いたありがたい護摩の灰だと偽り、押し売りしたことに由来すると言われ、悪事を象徴する言葉となりました。お大師様がお聞きになれば、さぞやお嘆きのことだと思います。

そもそもお大師様の護摩は私利私欲のためでなく、国家の安寧のために焚かれ、その象徴である天皇のために祈るものでした。国家云々と言うと、堅苦しく聞こえるかもしれませんが、私たちの生きる世界の平和を願ったということだと思います。

さて、節分に祈った皆さんの願いはどうしても自身のご利益を願うものが多く、お大師様の願いに比べスケールダウンしている感は否めません。しかし、だからといって自分自身のために祈ることが、浅はかだということでもないと思います。ひとりひとりが幸せになることの積み重ねで、全ての人が、世界が幸せになれるのですから。己の利益を祈ることは決して否定されるものではなく、胸を張ってお願いすればよいと思います。ですが、気を付ける点があるとするならば、それは自身の利益を願っても、他人の不利益は願わないということだと思うのです。多くの自身の幸せを祈る中に、ほんの少し周囲の方々の幸せも祈ればいいのです。

お大師様が、国家、世界の大きな幸せのために焚かれた護摩の灰。私たち自身のささやかな願いのための護摩の灰。しかしそのささやかな願いの灰にわずかでも、世界や周りの人々の幸せを願う灰が混じっていれば、それは偽物ではない、正真正銘、お大師様の護摩の灰だと思います。

（穐月隆彦）

一百八十七所の天神地祇等の奉為《おんため》に金剛般若経を神ごとに一巻を写し奉らん（性霊集六　藤中納言願文）

【一百八十七ヶ所に祀られている天神地祇等に捧げるために、金剛般若経を神ごとに写経して奉納する】

◉菩薩の祈り　もはや手の打ちようがないときの「神頼み」。みなさん経験があると思います。この半分あきらめのような最終手段がいまだに残っているということは、頼み方によっては叶うということではないでしょうか。

古来より日本人は大自然の中に神の姿を見出し崇拝してきました。法を求めて唐に向かう船上のお大師さまも大海に神を見出しました。嵐に見舞われ船がいつ転覆するかという状況での「お大師さまの神頼み」です。その神頼みが見事に通じて、無事唐にたどり着くことができたのです。お大師さまも神のご加護によらなければ、遣唐使としての役割は果たせなかったと記されています。

そして「神頼み」が「祈禱」に変わる瞬間がきます。それがこの名言です。そのときの感謝を捧げるために神ごとに金剛般若経を写経するのです。何が変わったのでしょうか？　「感謝」が加わったことで「依頼」から「祈り」に変わったのです。頼んだだけで終わってはだめなのです。もし叶ったとしてもそれはたまたまで、次はないかもしれません。人間関係と同じです。しかし話はこれで終わりません。書写した経が「金剛般若経」であることが、重要なのです。この経は、菩薩は物事や外見に囚われず、また法も含め何事にも執着せず、虚心にならなくてはならないということが説かれています。お気づきかもしれませんが、お大師さまは仏教僧なのに「神」に無事をお願いしています。神仏に囚われず願う姿は経のいう菩薩そのものです。真言宗は神も仏も拝みます。事実、お大師さまが高野山で最初におまつりしたのは土地の明神です。

人は「執着」することで新たな苦を生み出します。「執着」しないこと、また「執着しない」ことに執着しないことで「苦」を抜き、「楽」を得ることができるのではないでしょうか。

（中村光教）

一《もっ》ぱら経法によって経を講じ　七日の間まさに解法《げほう》の僧二七人　沙弥二七人を択《えら》んで　別に一室を荘厳し　諸尊の像を陳列し供具を奠布《てんぷ》して　真言を持誦せん（性霊集九　宮中御修法）

【ひたすら経典の内容を講演し、七日間は熟練の僧二十七人と修行中の沙弥二十七人を選び、特別に一室を荘厳して諸尊の仏像を祀り、供物を具えて真言を唱え続ける】

◉御祈禱の御利益は縁を結んでいただけること　二十年ほど前のある日、五人家族が病気平癒の御祈禱に来られました。旦那さんと奥さん、そして三人のお子さま連れの御家族でした。御祈禱の目的は、子供さんの内二人の重度のアトピー性皮膚炎の完治でした。

そのお子さん達の顔や腕・足の皮膚が、かさぶたに覆われている様な状態で、彼らは終始うつむきつつ痒みを必死にこらえて居る様子でした。私は少しでも良くなるようにと御本尊の薬師如来に必死に祈りました。そして次の週もその御家族は病気平癒の御祈禱に来られました。そしてまた次の週も来られ、三週連続で御祈禱を致しましたが、次の週から来られなくなり、その後どんな様子なのかと心配していました。

それから、ひと月ほど経った日、再び来られました。あんなに辛そうだった子供達が境内を笑顔で元気に走り回っていて正直驚きました。よく見ると、肌が綺麗になっていました。

詳しく話を伺うと、

「実は前回の本堂で待っていた時、本堂にいらっしゃった方が声をかけてこられたのです。その方は薬剤師さんで、事情をお話ししたらいい漢方薬があるからとご紹介くださり、それを試したら症状もかなり良くなりました。今日はその方と引き合わせてくださった事への感謝のお礼参り伺ったのです」

私は、現在も様々な御祈禱をさせていただいておりますが、今思い返してみても、この出来事を通して感じるのは、御祈禱の御利益というのは仏様を通して有難い御縁を結ばせていただけることが、何よりの御利益ではないだろうかと思います。

（成松昇紀）

持誦の声響き間絶せず　護摩の火煙り昼夜を接す　以て神護《じんご》を仏陀に仰ぎ平損を天躬《てんきゅう》に祈誓す（性霊集九　弘仁天皇祈誓）

【真言を途絶えることなく唱え、護摩の火を昼夜に焚き、神仏の加護を頼み、玉体の病気平癒を祈る】

◉いのちを支える水、法の水　私たちがいつも飲んでいるお水も、実は当たり前のことではなく自然界の成す技であり、天地のお恵みでしょう。ほんの一滴のお水でも欲しい時に、一杯のお水を差し出されたらどんなに有り難いことでしょう。私は早朝にいただく一杯のお水が冷たくて実に清らかで、なんておいしいのだろうと思います。この一杯を飲まずには体調を維持し一日が心地よく過ごせない気がしています。

そもそもお水は、私たちの生から死を迎える最期の時までいつも生命を支えてくれている大切な存在です。生命が誕生し産まれた時には産湯に浸かり、毎日毎朝、お水をいただきます。時に被災をしたならば先ずはお水の確保が必要です。また、病気の時には薬と一緒に服用し、最期を迎える時には末期の水として死に水を取ってもらいます。お水は我が生命を支え、身心に潤いを与えてくれる大変有り難い存在です。

表題の文章は弘仁七年、お大師さまが『弘仁天皇の御厄を祈誓する表』の題で嵯峨天皇陛下（以下「陛下」と称す）に上表された文章です。この時期、ご病気の陛下を心配されたお大師さまは、陛下の病気平癒と玉体安穏の祈禱のために、七日間にわたり二十一座の護摩修法を行ないました。燃え上がる炎に祈りを込め、全身全霊の祈りの行を昼夜分かたず修し、その修法を囲むようにして弟子達は不断の真言を唱え、同じく至心の祈りをささげました。特にお大師さまは修法の中で加持を施し、仏徳を含んだお水を陛下に献上し、くれぐれもお薬と一緒に服用される様、申し添えています。

陛下は真言密教の教えを乞い、時には詩歌や書を通じて親交を深めて公私に亘って深甚の信頼を置くお大師さまから祈りの法水を手にした時、広大無辺のお大師さまの愛情を感じ、喜び安堵感、そして心強さを持たれたことでしょう。きっと、お薬とともに、いいえそれ以上の治癒の役目があったに違いありません。

（阿部真秀）

謹んで神水一瓶を加持して　かつ弟子の沙弥真朗を勒して奉進せしむ　願わくは以て薬石に添えて不祥を除去したまえ（性霊集九　弘仁天皇祈誓）

【心こめた一週間の祈禱による神水を弟子の真朗に遣わして嵯峨天皇に奉献する。願わくは、薬とともに服用して病気を治されたい】

◉いのちのいのり　私のお寺は、そもそもは諏訪の神様仏様に祈りを捧げるお寺である「諏訪神社の別当寺」として始まり、後に領主「諏訪氏」の祈願寺とされ、お殿様や藩（地域）のための祈りを捧げてきた歴史を持ちます。

今でも、藩主の重要なご祈禱であった「聖天祈禱」と「不動明王祈禱」、それに「本尊薬師祈禱」と「諏訪大明神祈禱」と様々な仏様に祈りを捧げるご祈禱が続いています。お殿様のご祈禱の記録も江戸初期から明治初期まで数十点の古文書が残されていますが、その様子を読むと、いまより医療が進んでない時代に於いて、祈りはもっと真剣で切実で重要なものでありました。「いのち」に直結する「いのり」がそこにあったのです。

医療が進んだ現代に於いても、祈りは途絶えません。やはり人智を超えた「なにか」が、そこには必ずあるのです。それは、この世のことわり（理）本質がそこにあるからなのかもしれません。祈ることは私たちの知識さえ超える力があるのです。そう、祈智《いのち》を超えた祈理《いのり》がそこにはあります。

不思議なことは本当にあります。あるとき、重度のがんと宣告された方がお寺を訪れ医療では治る見込みがないと言われたので拝んでほしいと言われました。真言宗に伝わる拝み方で至心に祈りを捧げました。そうしたところ、その方のがんは快方に向かい、今でも元気にお暮しになられています。それは、薬が効いたのかもしれません。治る見込みがないという所見が間違っていたのかもしれません。祈りが通じたのかもしれません。でも、確かに絶望は希望に変わり、現在もお暮しになられているという事実があるのです。祈るということが、何かを変えるきっかけになったのだと思います。きっと祈りは希望へとつながる一歩なのです。古来より祈りが続いているように。

（岩崎宥全）

香煙芬馥《ふんぷく》として入定の諸尊を驚かし　妙薬纔《わずか》に嘗めて身中の万病を除く（高野雑筆二）

【芳しい香煙は悟りの境地にある諸仏を喜ばし、真言秘法の妙薬は少し服用するだけであらゆる病を癒す】

◉お香の力　お大師さまは「芳しい香煙は悟りの境地にある諸仏を喜ばせる」と著しています。私は恩師から良いお香を焚くことが重要であると教えられました。それから私はどんなお香が良いのか試行錯誤を繰り返しました。仏が喜ぶ香り、仏に通じるお香を求めて、原料の吟味を行うこともして、最終的にインドの老山白檀を選びました。自分が拝む時に焚きながら、老山白檀の香りが最も良いと思ったからです。白檀は観音菩薩を始め蓮華部の諸尊に通じるので、このことからも私は白檀を好んで用いています。良い香りは一瞬嗅ぐだけで私たちを癒します。私は良い香りのお香に供養の力があると思っています。

平成十八年、私はお大師さまの師の恵果和尚がおられた中国の青龍寺を参拝しました。そこで私は箱の蓋に青龍寺と書かれた線香を得ました。私はその線香を高野山奥之院のお大師さまの御前で焚きました。拝みながら、お大師さまが喜ばれているように感じました。恩師に話すと因縁を喜ばれると教えられました。私はお香に香りや原料を超える供養の力があることを知りました。

お香は六波羅蜜の精進を表しています。対となるろうそくは智慧、花は忍辱を表し、揃って三具足、五具足と呼びます。同時にこれらは布施と供養になります。布施は他を利益すると共に自心を清浄にする六波羅蜜の修行です。供養は『法華経』化城喩品第七の偈の回向文より、「われらのささげるもの」（サンスクリット原文和訳）から得る自身の功徳を他にも及ぼして、自他の成仏を願い、共に清浄になることを目指しています。真言密教の修法は、壇上にこれらの供具を供え、一つ一つ印と真言で清浄にします。そして、本尊に奉献する所作によって、行者の一切の煩悩罪垢を清浄にします。「妙薬纔に甞めて身中の万病を除く」とは、真言秘法の祈祷によって、自他の身中の煩悩罪垢を清浄にすることができるということです。

（細川敬真）

三時を越えたる如来の日　加持の故に身語意平等句の法門なり（十住心第十）

【時空を越えた如来の光には不思議な力が働き、身体と言葉と心が一体であることを諭す】

◉イタリア・ミラノ散歩　小説『ダ・ヴィンチ・コード』が映画化された二〇〇六年の秋、私はイタリアのミラノを旅行しました。サンタ・マリア・デレ・グラッツェ教会でレオナルド・ダ・ヴィンチ作「最後の晩餐」を見るためです。

この絵は保存のため鑑賞者の人数制限がかけられており、殺到している時期だったのもあり、日本の旅行社では予約できず、海外の業者を通じてチケットを確保しました。無事に入場できたときは心底安堵。しかし「十五分で退室を」と言われ、焦りと動揺の中で名作と対面することになったのでした。

ダ・ヴィンチの絵は「受胎告知」にしても「聖アンナと聖母子」にしても、キリスト教を題材とする宗教画でありながら、光の射し方や人体の描写はどれも科学的。特に「最後の晩餐」は、裏切りを告げるイエスの言葉を聞いた弟子たちの感情が豊かに表現され、その緊迫感は時空を超えて伝わってきます。

　ダ・ヴィンチ自身、『絵画論』の中で、最も価値があり最も困難な絵画の目標は、人間の魂の意図を肉体の動きを通して表現することだと述べています。そのため彼は解剖を繰り返しては人体の構造を理解し、水の流れを観察しては毛髪の描写に生かしたといわれています。魂と肉体は一つであるという確信のもと、肉体の動きを徹底的に理解することで魂に迫ろうとしたのでしょう。

　ところで、弘法大師の『秘密曼荼羅十住心論』は心の発達を十段階で示した大著です。この第十段階「秘密荘厳心」について大師は「自らの心と体をありのままに理解した状態」であるとし、「身語意平等」というキーワードを繰り返し提示します。身体と言葉と心はバラバラのようで実は一体。それを覚知することが密教行者の境地だというのです。ダ・ヴィンチの絵画論とも通じますね。

　ちなみに「十五分で退室を」と言われた私は、焦りのあまり眼前の「最後の晩餐」を手帳に模写するという意味不明な行動をとってしまいました。体と心がバラバラの状態で描いたその絵は私の動揺をありのままに表していました。

（坂田光永）

手に印契を作し　口に真言を誦じ　心三摩地に住すれば　三密相応して加持するが故に早く大悉地を得（即身義）

【手に印を結び、口に真言を唱え、心を統一すれば、仏の働きになって早く悟りが得られる】

◉突然、夜中に背中の激痛！　令和二年、いい夫婦の日の夜の事、家族から背中をマッサージしてもらい、床に就こうとした私の背中に、突如激痛が走りました。仰向けでもうつ伏せでも、どの体勢でも激痛が止みません。もはや眠るどころではなく、飛び起きてオロオロしている内に背中周辺の筋肉が固まって、呼吸が浅く苦しくなってきました。一体何が原因？　マッサージのもみ返しの痛み？　単なる四十肩か何か？数か月前に発症した首のヘルニア？　それとも「子孫に残るのは、遺産だけでなく病気もあるよ（笑）」と言っていた祖母が発症した、遺伝性の後縦靭帯の病気か？　救急車を呼ぼうか？（この日は生憎《あいにく》三連休の中日！）考える程に焦りが募ります。

まず冷静さを取り戻したいと思った時、自然と合掌して、口に自坊の本尊の阿弥陀如来や薬師如来、考え付くだけの真言を唱えながら「仏さま、助けて下さい」とすがるように願い続ける私がいました。唱え続ける内に少しずつ心が落ち着き、頭が冷静になり、呼吸も戻ってきて、水を飲んで、息の長い呼吸、背筋を伸ばした合掌の姿勢から、四十肩なら腕はどこまで上がるかとか、救急車を呼ぶにしても迷惑にならないよう自分の体の状態を確認せねばと思い、背筋を伸ばす体操のような事をしている内に朝になり、痛みは残るものの、とりあえず日常生活が送れる状態に戻りました。

後日、医師の診察で、大動脈解離という死に至る症例を疑われ、血の気が引く中、即血液検査となりましたが、懸念された項目の結果は正常値でした。ただ、三箇所だけ異常値だったのが脱水症状の時高くなる項目で、私がたまたま脱水状態の時に、加齢によるぎっくり肩、ぎっくり背中の症状が重なった（この場合激痛を伴うそうです）との診断となり、闇のような不安から一転、幸い痛み止め薬だけで済みました。

身《からだ》・口《くち》・意《こころ》の三密《さんみつ》が揃い有難い事は、この度の経験で私の体の状態、健康を保つ方法、世に生かされている幸せを知る事に通じました。私は思います。万人に善い身体の行ない、正しい言葉、安らかな心をもたらす積み重ねは、いつでも近い遠い早い遅い関係なく、誰でも可能な救いとなり、二次的な苦も防ぐと。

（村上慧照）

真言門に略して三事あり　一には身密門　二には語密門　三には心密門なり（大日経開題　降崇）

【真言には略して三つの部門がある。それは仏の内密である身体と言葉と心に関する法門である】

◉梅干しと三密　突然ですが、梅干しをイメージしてみて下さい。どうでしょう、今あなたの口の中には唾液がジュワッと湧き出でいるのではありませんか。この現象を条件反射といいます。次は、更に鮮明にイメージしてみましょう。梅干しの色や形や匂いを、手に持った時の手触りを、口の中に含んだ時の味を、できる限りリアルに想像します。すると先程よりも更にたくさんの唾液が分泌されたのではないでしょうか。

心と言葉と身体は常にお互いに影響を与えあっています。梅干しという言葉を聞き、梅干しを想像することによって身体は唾液を分泌するという反応を示します。真言門、すなわち真言宗の修法の方法が素晴らしいのは、心、言葉、身体の三つの方向から、あるいは三つの全てを使って仏の世界にアクセスできる所にあります。何故にアクセスできるのでしょう。それは私たちの心の中に、既に仏の身口意が備わっているからです。梅干しを見たことも聞いたことも食べたこともない外国人に梅干しを想像してくださいと言っても、彼らの口の中に唾液は湧きません（しかし欧米人はレモンを想像すると唾液が出るそうです）。見たことも、聞いたこともないもの、経験のないことには身体も心も反応しません。私たちは誰もが仏の本質をその中に備えているのです。ですから我々の持つ身口意を使って仏の身口意と一体になれるのです。

真言門の素晴らしいところは、私たちの持つ五感と意識をフルに活用して仏の世界に赴くところです。視覚は曼荼羅や仏像、梵字などに意識を向けることによって、心の目で仏の姿をイメージすることによって。聴覚は仏の言葉である真言を唱え、再び自らの耳でその音を聴くことによって。嗅覚は塗香や焼香、線香など数々の香りを仏に捧げ、自らも楽しむことによって。触覚は手に印を結び、念珠を操ることによって。さて、味覚はどこへいったのでしょう。私は経験したことがありませんが、先輩諸氏の中には瞑想中や修法中、口の中に自然に広がる甘い味を感じたという方がいます。

いつの日か、私もそれを経験する日がやってくるのでしょうか。仏様の甘露の味はどんな味なのでしょう。修行の楽しみがまた一つ増えました。

（小西凉瑜）

平等と言うは三平等なり　身語心の三密平等なるが故に　亦は三部と名づく　三部とは仏蓮金これなり（平城灌頂文）

【仏の平等には三つある。仏は身体と言葉と心の働きが同一である。これを三部といい、仏部、蓮華部、金剛部によって仏の世界が現されている】

◉心の防護策　新型コロナウイルス感染予防標語の「三密」とは密閉・密集・密接を意味し、ウイルスは生体を宿主にする色界の毒素です。心につき中国四千年前の漢方学者岐伯が君主黄帝に「心者君主之官也」（心とは君主の官なり）と説いたほど、古より心こそ肝心かなめで、「喜怒憂思悲恐驚」などネガティブ感情が心（精神）の毒素とされてきました。真言密教の「三密」には深遠な意味があり、身密・口密・意（心）密になります。我々衆生は識を仏菩薩の智慧に転じることを知らないため解脱に程遠く、執着心にも苦しみます。輪廻で様々な我執が末那識に溜り、天変地異・疫病・飢饉・戦禍などの共通の意識は阿頼耶識に溜ります。

観自在菩薩の説く『般若波羅蜜多心経』に心が自在になるヒントで「五蘊皆空」が説かれていますが、我々衆生は「空」を観じ難く、逆に「眼耳鼻舌身意」経由の情報をがっちりキャッチし「色受想行識」五段階で処理する習性があります。ＰＣ情報処理プロセス風にスローモーションで観ると、物質界（色）の刺激を受け（受）、輪廻の識蔵を素早く検索し浮かんだイメージを想念し（想）、結論を選び決定キーを押し（行）、経験を「識」として保存するという流れを刹那に処理します。情報乱飛の時代、八苦の一つ「五蘊皆苦」に陥りやすいものです。苦を逃れたく、また身語意の業をつくりがちです。衆生の心を苦しめ、仏性を蝕み、善根や仏種子を潰す毒素が貪瞋痴です。無明「痴」識が光を遮り仏世界への感度も鈍くなります。心の眼が翳み、心のエンジンもかからない場合もあるほど、清浄さを失いかける煩悩心は、無防備状態です。吝嗇・貪欲、怒り・妬み・怨恨・憎悪、愚痴・執着・分別・妄念・邪念等、負の念を止めるだけで善になる「十善戒」は三毒防止の鎧兜で心の防護服でもあります。（松本堯有）

三密刹土《せつど》に遍《あまね》し　虚空に道場を厳《かざ》る（性霊集一　山に遊ぶ）

【大日如来の働きは国土に満ち満ちて、大宇宙に浄土を荘厳されている】

◉お浄土に生きる

身近にお浄土の世界を知る為に、お大師様は即身成仏という思想を唱えられました。即身成仏とは自らが仏となる教えであります。修行を通して仏様の境地に赴く方法です。三密行は、本来私達が大日如来とは本質的に同一であるという教えのもとに、それを自身で感じる為の修行者の行であります。三密とは仏様の身体（身）、言葉（口）、心（意）の働きのことをいい、聖なるものと考えます。人はこの身体を動かし、言葉を話し、心に思うという三つの働きが生活の基本です。

仏教では人のこの働きが煩悩のもととなるものと考え、同じ身、口、意の三つを三業といいます。修行者が手に印を結び、口で真言を唱え、心を仏の世界に誘うことで煩悩から解き放たれ、仏様との一体化を目指す修行を三密行といいます。三密と三業は本質的には同じであり、三密と三業が一体化して仏の境地に達することができたとき、即身成仏が叶うと考えます。

真言宗の僧侶になるには、加行という百日間仏様を拝む修行がありますが、その中で中核をなすのが三密行です。私が体験したのは高野山で集団の中での修行でしたので、遅れをとってはいけないと思い必死でした。修行者の中には風邪を引いてしまい途中からついていけなくなり、泣く泣くやめていく者もいました。私はいく度となく気持ちを引き締め直してひたすら修行に専念したことでした。

結願後伽藍や奥の院の参拝を終えて、自室に戻り着がえて外の白い雪をながめていました。毎年目にする雪景色ですが、その時に見た雪景色は、現世の世界とも思えない清閑で、かつきらきら輝き、まわりの景色を雄大に荘厳しているかのようでした。しばらくその美しい景色に吸い込まれていきました。気が付くと心がスッとして何かが落ちて、別人のように浄化された自分がそこにいました。私達は清らかな仏の眼で見ると今生きている世界の此処彼処に、仏様のお浄土を見ることができるのではないでしょうか。

（天谷含光）

三密の印　これを一志に貫く（性霊集五　本国に帰る）

【私（空海）は、仏の身体と口と心が合致する秘法を授かり、これをしっかりと体得した】

◉あなたが持っている秘法は　永い人生を生きてくると、その過程において貴重な体験をされ、それを大切に心に残しておられることもあるでしょう。人生観、知識、技などを宝のように大切にしておられると思います。それが今生きていることの支えになっていればなおさら幸せです。

空海さまが「三密の印」を授かった、これを生涯大切にしていくと言われるのは、人の身口意が仏さまの身口意と一体のものになって成仏（仏と同じ）できる、ということを実践できたということなのです。人、すなわち私たちには「こころ」がはたらいています。その心のはたらきが「ことば」になって顕れます。その言葉に従って「からだ」が動いています。この人間の「こころ・ことば・からだ」を三業と言いますが、修行することで仏さまと同じ「こころとことばとからだ」のはたらきができるようになるから、人の三密は、仏さまの三密と変わらないと教えておられるのです。

仏さまは「慈悲心」を働かせておられます。私たちにも人を思いやる温かい慈しみの心があります。その心（意）は、自然に温かい優しいことば（口）になってあらわれます。ですからその心とことばのとおりの行い（身）ができるのです。仏さまの「智恵」もおなじです。迷い、悩み、苦しみ、誰も持っています。仏さまの正面に向かい、心を静かに落ち着けて問いかけてごらんなさい。きっと、その原因とか解決の道とか観えてまいります。常にこのように心がけて暮らしを続ける（修行）ことによって、仏さまと同じ働きができる、一体になれる、三密のはたらき、これを空海さまは大切にされて私たちにも諭しておられるのです。空海さまが中国で得られたものは日本では学べなかった尊いものばかりでしたから、早く日本に帰ってこの教えを広めたい、人々を救いたいと願われたことが窺われます。

私たちも何か得たものがあれば、いち早く形に表したい役立てたい人に伝えたいと様々に思うものです。「秘法を授かる」、このことを大切にして授かった技をさらに磨き継続しておられる棟梁の話は、第五巻に紹介しました。生涯大切にできるものがあるのは、生きている証しであり幸せであります。

（野條泰圓）

もし無我の大我を求めば　則ち遮那の三密は即ち是なり　遮那の三密は何《いずれ》の処にか遍ぜざらん　汝が三密は即ち是なり外に求むべからず（性霊集十　理釈経答書）

【大日如来は無我にして大いなる自我を持った三密の働きである。その三密は汝の心の内に遍在していて、他所に求めるべきではない】

◉三密加持とは　身と口と意の働きを指す言葉が三密です。つまり、身体の内外に現れる行為と言葉と精神の働きの三つを言います。また、お大師様が『即身成仏義』の中で、「曰く三密とは、一は身密、二には語密、三には身密なり。法仏の三密は甚だ深い微細にして等覚十地も見聞すること能わず故に密という」と仰せられています。

仏様の三密は微妙不可思議なものであり、凡人には容易に理解できるものではないので特にこれを三密と呼ぶのであります。そしてこの三密を「理の三密」と「事の三密」の二つに分ける事があります。この二つは我々凡夫の活動について分けたもので、前者は理想的な有り方、後者は理想的な実現であります。

理の三密とは、仏様の場合には当然の事として、理想的で立派な三密でありますが、我々凡夫の場合はどうでしょうか。我々の行為は仏様と比較しますともとより微少なる善であります。心は常に妄想に纏われ、言葉は悉く戯論を伴う、そのような不善の業用であるのが現実であります。そこでこれを敢えて三密とは呼ばずに「三業」と言います。

但し、これはあくまで比較の上の事で、仏様と私達とはその本質に於いて何ら異なるところがありません。ただ大きく相違する点は、その行為の善・不善の差だけであります。だから理論上、我々にも本来しかるべき三密があるはずであり、仏様と等しい三密妙用があるはずです。また、有らねばなりません。そのような三密を理の三密と呼びます。そしてこの点では衆生の三業もまた三密と言います。

（安達堯禅）

法仏の三密は法界に周遍して甚深微細にして十地等覚智も知見すること能わざるが故に名づけて密という（異本即身義一）

【仏の身体と言葉と心は全宇宙に広がり、きわめて深く微細である。よほど修行をした菩薩ですらも窺い知ることができないので秘密という】

◉コロナはピンチの三密　密教はチャンスの三密　昨年（二〇二〇年）新型コロナが日本にも上陸し、今年に入っても衰えることなく日本全国にまん延し、猛威を奮っています。感染防止の為に三密（密閉・密集・密接）という言葉が考え出され、全国いたる所で三密三密三密と叫ばれています。

我々真言宗では大変馴染みが深く日夜、三密（身密・口密・意密）に精進し、信者様や檀家の皆様には三密加持で入我我入を実現します。この真言の三密は、日本人最大の巨人と言われ数々の奇跡をなされた弘法大師空海様が、大和の国や民の繁栄を念願して全身全霊で熟成されました。密教のエキスであり、日本の宝でもあります。

もしかすると、コロナ撲滅の三密という言葉が出現し巷にあふれるようになったキッカケは、空海様が近年の宗教界の衰退と日本の弱体化を大いに憂慮されて危機感をもたれ、真言密教者を発奮させる為に密教のキーワードである「三密」という言葉がパワーアップするように仕向けられたのかもしれません。

ここで私のアイデアではありますが、真言宗の結束と活性化の為にもマスコミを巻き込んでコロナ撃退の一大イベント「柴燈大護摩供」を高野の山で巨大な「のろし」を打ち上げるのはいかがでしょうか。

私もこの度YouTube『Ｔｈｅ人間繁盛』で生き方改革のヒントを発信させていただいております。

最後にこの国難を排除し結束化の為に私の大好きな言葉であり、ラグビー選手のモットーでもあります「一人は万人の為に　万人は一人の為に」を贈ります。

この名言を各人が肝に命じて一つになる事を願ってコロナの終息を祈っております。

（井本全海）

行者　如来の教えに随うて三密の行観を修する時　三部の仏用を発して自を利して他を利す　このゆえに仏に同じく密と名づく（異本即身義一）

【修行者が仏の教えに従って仏と一致する禅観の行をすれば、様々な仏の作用が起きて自他ともに利益を得て、仏の三密と同じになる】

◉**大乗仏教至極の道を行く**　密教は特にお大師さまのみ教えを信じる宗教ですから、その教えを背景に手に印を結び、口に真言を唱え、意《こころ》に観想《かんそう》をこらす修行法を三密瑜伽《みみつゆがぎょう》行と言い、これにより行者の身、口、意《い》の三密が根本仏である大日如来と通じ合い、行者の身、口、意の三業が三密となり、自らの自覚を堅固なものにし、またこの行法を以て加持祈禱を行い、他の幸福を祈る事ができるのです。

私たちが生存しているこの宇宙は、その構成要素である地大、水大、火大、風大、空大、識大の六大が妨げあうことなく、円やかに溶け合った瑜伽《ヨーガ》の状態にありますから、瑜伽を行ずる事によって宇宙の実相を知り、密教を修めることができて救われるのです。

そして自らが救われた利益は他を救おうという、自利から利他という勝れた心映えに進展しますから、自ずと智慧力量を磨き自利利他円満《じりりたえんまん》の人士となり、自在に他を救済して行く、この大慈悲の行者を密教では金剛薩埵とお呼び奉ります。

真言密教の理想は即身成仏ですが、仏と言っても螺髪《らほつ》というパンチパーマの様な髪をして蓮の台に座った姿ではなく、現実の生活の中で大慈悲の心を持って生きて行くなら、凡夫のままで金剛薩埵です。

私たちは無限の過去から死んだり生まれたりする中で、過去の因縁の果報で今回の人生では物質的に恵まれなく薄福で貧しくとも、菩提心を起こし大慈悲の心を深めたなら、世間的には微《かす》と思われる仕事に携わっていても、その仕事を通し大乗仏教の至極の境地に住することができるのです。

（篠崎道玄）

第四章

ちから

仏　一切衆生の為に自在王となって能く智剣を以て一切衆生の無明等の苦を催破す（大日経開題　法界）

【衆生救済のために、仏は自由自在に活動できる王となって、智慧の剣で煩悩の苦しみを斬る】

◉困った時の神頼み　この言葉は、仏はすべての生けるもののために自由自在の王となって、よく智慧の剣をもってあらゆる生きとし生けるものの根源的な迷いなどの苦しみをくだき破壊するという意味にとれます。

お彼岸やお盆が近づいて参りますとお墓の前で長い時間手を合わせて仏さんとお話をしているお方をよく見かけます。仏さんに、これからの生き方、悩みなどを聞いてもらっていると思われます。

苔むすのは、古くなった石だけではなさそうです。人間も年齢を重ねられて、本来の美なるもの、真なるものが隠されてまいります。そして、いつの間にか心に垢がいっぱいたまります。こんな歌がございます。

欲深き　人の心と　降る雪は　積もるにつれて　道をわするる（寂室禅師）

しかし、隠されたり、あるいは埋もれたりというだけで、誰もが心底に純粋な人間性が宿されている事実には変わりないと仏さんは申されます。

また、古語には「石中に火あり、打たずんば発せず、心中に仏性あり、修せずんば出でず」とあります。求道者やすぐれた人々は、とらわれない心を起こさねばなりません。声や、香りや、味や、触れられるものや、感覚的な対象にとらわれた心になってはならないと思います。仏さんは、純真な人間性に目覚めることをいつも期待して私たちを見つめております。

「住する」という言葉があります。「住する」とは、一か所に心が停滞すること、引っかかること、執着することのようです。この「住」がすべての迷いを生ずる根本原因であると言われております。仏さんはなにものにもとらわれない心で、すべてにあたることが大切であると説かれます。

最終的には、外に幸せを求めても無理なようです。自分自身における「仏ごころ」に対する気づきようなな気がいたします。

（岩佐隆昇）

世に金剛宝あり　よく堅くよく摧き壊せず変ぜざるの力あり　得難く見難く忽ちに富み忽ちに貴きの能あり（理趣経開題　弟子帰命）

【この世に金剛宝がある。非常に堅く、あらゆるものを摧き、破壊も変化もしない。この宝は得たり見たりすることが難しいけれども、たちまちに富み、たちまちに貴くなる力がある】

◉**こころの宝**　真言宗において日常に読まれている「理趣経」というお経の表題について解説された文の一部分です。金剛と名前がついているものは日常に沢山あります。堅いものの代名詞みたいに使われています。しかし、ここで「金剛宝」と言われているのは、単に物理的に固いというのではありません。また金剛界の仏さまたちの中に「金剛宝菩薩」がいらっしゃいますが、それを指しているのでもありません。理趣経に説かれていることを一語に要約すれば「金剛宝」であると言っておられます。何故か。理趣経に説かれている仏さまは、身・口・意の三密が整っていてその働きが金剛のように堅固で普遍である。だから、その働きはあらゆる罪障を悉く摧《くだ》き、いつまでも変わることはないということです。この宝は、はたらきですから形になって現前することはないのですが、理趣経によって、尊い功徳となって顕れるということです。ですから空海さまは「砕く」でなく、阻むとか滅ぼす意味の「摧く」とか、よくできるとか働きを意味する「能」の文字を使っておられます。

私たちの日常に当てはめて考えてみましょう。私たちが本来持っている三密のはたらきは、仏さまの三密のはたらきと同じであります。変わらないということです。人とのお付き合いの中でも親しみも敬意も自然に顕れています。それは内面に相手を思う慈悲心が存在し、賢い智恵を以ってその心が働いているからです。心と言葉と体が一体となって働いている、まさしく仏さまと同じ、一体なのです。ここに出てくる理趣経は皆さんが法事の時、いつも聞いて居られるお経です。僧侶が仏を念じてお経を読む、皆さんもそれを聞きながらご先祖をまた亡くなられた方を想いながら追福を願っておられる。そこに供養の一体感があり、さらに読まれるお経の功徳が加わると申し分ありません。「忽ちに富み忽ちに貴きの能」というのは形があって目にみえてくるというのではありません。心が満たされ安泰な状態になるということです。幸せが宝です。

（野條泰圓）

日月空水を光らす　風塵妨ぐる所なし（性霊集一　山に遊ぶ）

【太陽や月が仏の智慧のように空や水を照らせば、煩悩の風は吹くことがない】

◉いのち輝く！　自然の息吹と三密行

一年のうちで最も日の出が早い初夏の早朝、ジョギングはこころ新たに一日の始まりを爽快で心地よい気分で迎えることのできる最もポジティブな時間です。

月は西に傾き東に漠然と日の出前の明かりが広がり、辺りにはまだ人の気配もなく植えたばかりの水田の恵みの兆し、濃淡の緑にみる山々の鼓動、川のせせらぎに佇む小鳥等々と自然に満ち満ちた一日の始まりの時間が私たちに〝生かされている〟実感を与えてくれます。

お大師さまはありのままの自然界を大日如来のいのちの尊厳として素直に受け入れられ、智慧と慈悲に溢れた三密（身口意）行を実践厳修されました。遍く一切を照らす太陽や月の輝きは永遠にしてこの世に遮るものはありません。悲しみも喜びも苦しみも楽しみも全て光の中で彷徨い、光の中で悟ります。大日如来の〝智慧と慈悲〟の光は私たちに常に寄り添って下さいます。その時、如来は私たちの持っている俗世間の煩わしい煩悩をも遮ることもなく、よりこころに澄みわたります。

宇宙全ての根元となる「大日如来」の〝智慧〟はこの世の一切の出来事やその道理、真理を的確に見極めて判断するという〝こころの惑い（一切の煩悩）〟を絶つはたらきをします。

ひとは〝智慧と慈悲〟を享受して身を正し、呼吸を整え、声（ことば）にして思いを込めて瞑想すると内なるこころ（内観）に満たされた安らぎが到来します。真実のことば（真言）はわたしたちが持っている限りない可能性を呼び覚ましてくれます。「深く荘厳秘蔵を開く」お大師さまが〝こころの眼〟に真理の光に包まれたほとけ（如来）の教えを広く伝え、多くのひとの願いに叶う「弘法利生」行を実践されました。

一日の始まりに貴重なエネルギーをジョギングに注ぐことは、自然界のおおらかで摩訶不思議な大日如来の秘めた三密パワーを知らず知らずのうちに迎え容れ、やがて沈黙していた〝仏心〟が鮮やかに蘇えってくることとなります。

（湯浅宗生）

仏力

利物の力　春の雨も喩《たとえ》にあらず　抜済の力　船筏《せんばつ》も比すること無し（性霊集七　荒城大夫）

【利益を及ぼす仏の影響力は、自然界を潤す春の雨よりも優れている。苦しみを解決する仏の智力は、人々を渡す船よりも勝っている】

◉陰徳を積む　この名言は、荒城大夫が仏像を奉納したときにお大師さまが奉賛された慶讃文です。「かの仙人が風よりも早く飛び回わることができても、無常を飛び越えることはできない。しかし、仏教では無常転変の教えがあり、さらに真言密教では一切衆生済度という実践がある」と述べられた上で、「仏像の奉納は雨の恵みよりも徳が深い」と讃嘆されています。

白鳳十四（六八五）年二月、天武天皇は「諸国家ごとに仏舎を設け、仏像および経巻を安置し、以て三宝を供養すべし」と勅命され、六十五年後に東大寺創建、大仏建立、全国に国分寺と国分尼寺が配置されました。爾来、日本人は家庭内に仏壇を安置して、給料や賞状、土産などが供えられ、冠婚葬祭の仏事を行なっています。

悪事は仏の光に照らされればたちまち消えてしまいます。悪は自分本来のものではなく、外部から影響を受けて垢が付き、塵が溜まるものです。しかし、仏縁があれば深刻な事件に発展していくことはありません。身辺に仏像があれば生き方が正されます。家庭に仏壇があれば家族に精神的な温かいつながりを生みます。

人生を濃厚に味わうには、成仏を目指すという目標をしっかりと持つことです。仏縁がある人とない人とでは、人生に雲泥の差が現れます。仏さまと共に歩めば、不思議な出来事に出会います。仏道は、暗く長いトンネルを抜けていくレールのようなものですから、困難を解決していくことができます。

「先祖は根、祖父母は幹、親は枝、子は花」といいます。先祖の陰徳が脈々と流れて花が咲くのです。チャンスは偶然ではありません。すばらしい出会いや事業の繁栄は陰徳が積まれているからです。篤信の人は周囲に安寧をもたらします。慈悲の奉仕は物質的な援助よりも優れています。仏像は多くの人々が手を合わせますから、仏像奉納の功徳たるや、慈雨や金品とは比べものにならない陰徳があるということをお大師さまは荒城大夫に述べておられます。

（近藤堯寛）

海目の慈悲　山毫《せんごう》の光曜　刀剣智を孕み　矛戟《ほうげき》魔を摧《くだ》く（性霊集七　菅平章事）

【阿弥陀如来の眼は海のような慈悲にあふれ、白毫は山頂から照らすように世間を明るくする。四天王は智慧の剣を振るって、矛や槍で悪魔を砕く】

◉あなたは自力派？　他力派？　日本の仏教には、自力門と他力門に分ける見方があります。生活の中では、「他力本願」などと良くない使い方をされる事もあります。しかし私達の生活は、主に自分の力で動いています。手足を動かしたりどこかへ出かけます。電車には乗せて貰うが、乗るのは自分です。リモコンで操られたりはせず、自分の意志を表示します。とはいえ、普段そんな事は意識していない筈です。自分の力以外に頼るのは、道具や人ですが、時には神仏に頼るかも知れません。

さて「三力《さんりき》」という言葉があります。「以我功徳力《いがくどくりき》、如来加持力《にょらいかじりき》、及以法界力《ぎゅういほうかいりき》」で、①自分の力と、②仏の力と、③（自分と仏以外の）外界の力という事です。この三者が巧に組み合わさって私達は生活している訳です。一人の力は微々たるものですが、その微細な力によって社会生活は成り立っています。

あなたはかつて困り果てた時に、予想もしない助けにあった事はありませんか？　時折、不思議な力で支えられたり助けられたと感じた事はありませんか？　長い生活の中で、自分の力以外の不思議を感じられるのは、ありがたい事です。思わず感謝の気持ちがわき出て来るような事柄に会えれば、それを忘れないようにしたいものです。

仏の力は私達の想像を超えています。ですから仏を説明する時には、大げさな表現になってしまうのです。それ程、仏の力は満ち溢《あふ》れているのですが、残念ながら私達はなかなか感じる事が出来ません。仏のエネルギーを受けていながら、理解する力が足りないから、分からないのだと思います。太陽を感じていながら、意識したり感謝したりしていないのと似ているでしょう。

だから様々な事を学び、感謝をしたり祈ったりして、日々波立つ自分の心のさざ波を、さらに小さくするように心がけたいものです。そうして仏の力を感じるように努めたいと思います。

（佐川弘海）

仏力

没駄《ぼだ》の力を以て為さざる所なし　これを憑《たの》みこれを仰げば怨親なおし子のごとし（性霊集七　田小荷弐先妣）

【仏陀の力に不可能はない。仏力には怨親の別がない。万人を我が子とされているからである】

◉かたちあるところに心あり　「性霊集」のこの周辺の内容を、私は二つのテーマにしぼってみました。一つ目は、仏の大いなる救済力であります。もうダメだと思ったのに奇跡的に助かったという経験をお持ちの方は多いのではないでしょうか。長年の苦労や悩み、試行錯誤の中で、大きな気づきを得たり、周りから助けられたり。人生は誠に摩訶不思議、かつ、捨てたものではないようです。こういう体験を単なる幸運のせいにせず、「お陰を受けた」ととらえた瞬間、人生の見方は大きく変わります。そして、次にどのようなお返しができるのかと考えはじめ、その意識は徐々に強くなります。それが「菩提心」の目覚めではないでしょうか。生まれたこと自体が稀有ですが、大きな体験があれば信仰心はより強くなるでしょう。いろいろな体験の意味をしっかり考えてみたいものです。私もちょっとまちがえば鬼籍に入っていたかという経験をしたときに、遅まきながらそのことをより強く実感し、仏に感謝するという体験がありました。万策尽きたかというときにお大師様が現れたという奇譚があまりに多いことも、皆さんすでにご存じのとおりです。

次は、供養についてであります。私たちは、両親をはじめ亡き身近な人の供養を行います。しかし、いくら心をこめて読経をしたり、先祖を偲びつつ祈っても、日々の忙しさにまぎれ、故人の恩や思いをつい忘れてしまいがちです。

人間のすることは不完全極まりないものです。しかし、お墓やお仏壇をきれいにお祀りし、年忌法要を忘れない。有縁の参列者とともに故人の思い出を語り合う。受け継がれてきた地域のよき慣習を守り、それを子孫にも伝えていく。このような当たり前の作法が、仏のご加護により私たちの思いを超えて真の供養となります。同時に、これから生きていく私たち自身の癒しともなりましょう。齢を重ねるとともにそのような思いがより強くなります。〝かたちあるところに心あり〟。けだし至言のようです。

（友松祐也）

口に仏語を誦じ教相を論ずれば仏の語業を成じて無量の功徳あり(雑問答四)

【仏の言葉を唱え、仏の教えを語れば、仏の言葉が働いて計り知れない功徳が生まれる】

◉マインドフルネスも仏教から

仏の教えはすべてお釈迦さまのお言葉から始まっています。お釈迦さまの滅後、弟子たちが、そのお言葉をつむいでいったのが数々の経典です。経典の中で最も一般的で、各宗派の根底をなしているのが般若心経です。

真言秘密では、弘法大師空海が、註釈を加えて般若心経を理解しやすく著したのが『般若心経秘鍵《はんにゃしんぎょうひけん》』です。その序に「それ仏法はるかにあらず、心中にしてすなわち近し」とあります。仏の正しい教え(さとり)は、はるか遠くにあるのではなく、自身の心の中、きわめて近くにある、というのです。そして「真如外《しんにょほか》にあらず身を棄《す》てていずくにか求めん」と続きます。真実の教え(真理)もどこかにあるのではなくて、自分自身の中にあるのだから、この身をおいて他に求めても得られるものではない。「迷悟われに在れば発心すればすなわち到る」、迷うのも悟るのも、自分自身なのだから、仏様のようになりたいと、いう心を発しさえすれば、ひとりでに目的に近づける。「明暗他にあらざれば信修すればたちまちに証す」、明るいとか暗いとかいっても、結局は自分自身のことだから、正しい教えを信じて学んでいけば、必ずや道が開ける、と書かれています。

そして、「真言は不思議なり、観誦すれば無明を除く」、真言（仏のことば）とは、なんと不思議なものではないか。これを誦えるだけで、無始以来（限りない過去）の無知（智慧がなく愚かなこと）から解放される、と結ばれています。

日本人は昔からお祈りを通じて、ご利益を得てきています。お経をとなえていると、自分自身の仏性が呼び覚まされます。そして、大宇宙と自分が一体になった感覚が得られるのです。これだけでも、ご利益があったと言えるのではないでしょうか。同じ人生を歩むのに、自分は価値のない人間だと思うのと、自分のなかには、仏さまがいらっしゃると観じるのはおおきな違いがあります。「如実知自心」という教えがあります。自分の心を、あるがままに、真実のとおりにみつめなさいということです。つまり煩悩の霧をはらいのけて真実の仏心を知るということになります。大流行のマインドフルネスも、今の自身を観じるという仏教の思想からきています。（丸本純淨）

塔は人力の所為に非ず　如来神力の所造なり（付法伝第二）

【南天の鉄塔は人力で造られたものではなく、如来の加持力によるものである】

◉我が仏か、仏が我か　真言密教の正系を今に伝える『付法伝』の中でも、初めて密教の伝授が行なわれた「南天（南インド）の鉄塔」に関する件《くだり》です。お大師さまは問答の形式で、鉄塔が如来の神秘な力が作り出したお悟りそのものの世界（法界宇宙）であると説かれます。その世界を目《ま》の当たりにするには強固な菩《ぼ》提心《だいしん》（悟りを求める心）があって初めて可能となる道理です。

龍猛さまがいつ、大日如来――この無限の智悲を具《そな》えた生きた神霊――のお示しに触れられたかは分かりません。爾来暇《いとま》あれば大日如来のご真言の念誦に余念なく、常に大日さまに呼びかけをしておられた筈です。そしてある時、遂に如来さまは無数の眷属を率いて法界宇宙に出現され中空に留まったまま「法」を説かれました。

虚空一杯に拡がったその荘厳なお姿は、例えばプラネタリウムが投映する満天の星々の様なイメージでしょうか。密教の法の授受に最も重要な、仏と衆生が一体となって加持感応し合う「三密瑜伽の法」を説かれたのだと思います。仏と我とが、身体・言語・意《こころ》の三種の行為表現において一つに融け合う観想です。招きに応じて出現されたみ仏との間で行う「入我我入観《にゅうががにゅうかん》（仏が私に入り、私も仏に入って行く）」に於いては次の様なイメージを描きます。

——私が不断に唱える真言の文字はみ仏の臍《ほぞ》より入って満月の如きその心に到り恭《うやうや》しく供養し奉り、仏のお唱えになるご真言も黄金の慈雨となって我が身に降り注ぎ、我が頭頂より心月輪に到って加持護念し給《たま》う——

龍猛さまは身命を投げ打って人々の救済の為働ける心器《うつわ》でありたい、と願いました。鉄塔に表徴《ひょうちょう》されるお悟りの世界への「最後の一関」、煩悩の「扉」に悩みながら、その障礙《しょうげ》を「如来の警覚《いさめ》」と気付き、また一歩如来さまとの距離が縮まりました。常に如来に問いかける姿勢は如来の誡《いまし》めに触れる機会を増やし、仏さまにより近づくことになります。「即身成仏」は大日如来への思慕を抱いていてこそ成り立つことです。

（田中智岳）

神通の宝輅は虚空を凌いで速やかに飛んで　一生の間に必ず所詣に到る（十住心第二）

【密教の車に乗れば、空間を飛び越え、生きているうちに仏の世界へ行くことができる】

◉日々感謝　四国八十八ヵ所霊場のある寺の納経所に勤務されておられるその方は、一九七〇年生まれ。大学の教育学部を卒業し、長期に亘り幼稚園・小中学校の教師を歴任されました。

幼少時から仏縁深く、教師を退職し、高野山大学に学び、修行の後、真言宗尼僧となられました。私も何度かお目にかかりましたが、人と接する際には、必ず合掌して対応されております。四国霊場寺院で、お遍路さんと接して仕事をさせていただいている境遇に、日々感謝し、有り難いとおっしゃっています。この方と納経所で接せられたお遍路さん方は、またお遍路に旅立とうと感じられると思います。四国八十八ヶ所霊場寺院のご住職方も、この方のように、謙虚に感謝の気持ちでお遍路さんに接して欲しいと思います。

全国のお寺に勤務されておられる方々で、この方のように、日々感謝して仕事をされておられる方は数少ないのではないでしょうか。どうも日本は平和すぎて、ほとんどの国民が日々の感謝をすっかり忘れてしまっております。

世界を見渡せば、軍部がクーデターを起こした〈ミャンマー〉他に、〈北朝鮮〉〈中国（香港）〉〈ロシア〉等で人権侵害が起こっております。

真言宗の檀信徒は、まず日本が抱えている社会問題、たとえば貧困、自殺、老老介護、食糧自給率、少子高齢化、異常気象、ひきこもり、待機児童等解決すべき問題を、寺院を中心として少しずつ状況改善に取り組んでいただきたい。近年では、一部の寺院、グループが〈子ども食堂〉〈おてらおやつクラブ〉〈自然エネルギー活用〉の活動に取り組んでおります。

世界に目を向ければ、地球温暖化、海洋汚染、大気汚染、森林破壊、人権侵害、紛争、内戦問題等に関心を寄せ、種々の方法で、世界の人々を曼荼羅世界に誘う活動を出来る範囲の一歩から踏み出して、実践すべきではないでしょうか。皆さん方の精進を祈念いたしたいと思います。

（菅智潤）

三途何ぞ必ずしも怖《おそ》れん　諸仏ごとに威を加えたまう（十住心第二）

【地獄、餓鬼、畜生に落ちても恐れることはない。仏の威神力によって救われるから】

◉船の錨　人は長い人生の中で、いつも順風満帆というわけではありません。時に思いがけない事態に遭遇し、途方に暮れることもあります。毎日どこかで起きているさまざまな事件や事故。小さな口論から近隣トラブル、交通事故や多くの大惨事、大小の犯罪事件、民族や国同士のトラブルは戦争にまで発展し、憎悪が止みません。人が人の世に作り出す災いの何と多いことでしょう。

度重なる大地震に巨大化した台風や洪水、あのフクシマも、世界中を恐怖に陥れているコロナウィルスも、いずれも自然災害だとばかりは言えない、人間の欲望や驕りに対する自然界のしっぺ返しかとさえ思えます。いつ自分が遭遇するか分からず、また、それに遭遇した人にとっては、まさにこの世の地獄です。その苦痛や悲しみ、不安や恐怖は曰く言い難いものでしょう。貧困や飢餓にあえぐ人達の姿は今の日本にもある現実です。自己の欲望のままに、本能的にむさぼり、人を陥れ、傷つけて平然な輩もいます。地獄や餓鬼や畜生の世界は、あの世のことではなく、この世の現実でもあります。この先、いつ何が起こるかわからない、明日が見えない中で、私たちは生きているのです。

「宗教とは、船の錨のようなものだ」と言った人がいます。船は嵐に遭うと波に大揺れします。錨が海底に降ろされていると、船は沈んだり流されたりせず、揺れながらも元の位置を保つことができます。私たちは信仰しているからといって災難に遭わない訳ではありません。時に苦痛に打ちひしがれ、悲嘆にくれることもあります。しかし、嵐もいつかは去ります。その時に自分を見失わずにいることができるか否かが、信仰することの意味だというのです。

誰だって、決して容易ではない人生を生きています。そんな最悪の状況でも、御仏の加護があり、お大師様のお働きが示されているといえましょう。そのような、サムシング・グレートと言われる、大いなるものの存在というものを心の底に据えることで、地獄も餓鬼も畜生の世界も乗り越えていけるような大きな力が湧き出てくるのではないでしょうか。

（河野良文）

八纒の深海は修の足に非ざればその底を極むること能わず　九万の高風は鵬の翼に非ざればその頂を見ることを得ず（平城灌頂文）

【深さ八万由旬の距離にある海底は、阿修羅王の足でなければ至ることができない。九山で吹く風は、鵬の翼でなければその頂上の猛風を受けることはできない】

◉終わりの始まり

八纒の深海とは、牛が車をひく一日の距離（由旬《ゆじゅん》）の八万倍の深さの海をいい、また、九万とは、須弥山を順に取り囲む九つの山の事で、その山の高い頂を吹く風は、翼が三千里あり、一度に九万里飛ぶという鵬《おおとり》でなければ受けて飛ぶことはできないという想像を絶する大きさをたとえたものです。

さて、この『空海散歩』は、お大師さまの著作の名言二一八〇句を「苦のすがた」から「大日の光」に至る十の段階に歩みを進める構成で紹介するものです。二〇一七年十二月にスタートしましたが、途中、想像もつかなかった新型コロナウイルスの出現と感染拡大で全く先の見えない時代に突入してしまいました。そのタイミングでサブタイトル「これが真言密教」という、お大師さまの強いメッセージの含まれた名句集を編むのは偶然のことではない気がしています。

新型コロナウイルスの感染拡大以前も痛ましいニュースは流れていました。民族紛争や事故で多くの犠牲者が出ても、私たちは普通の暮らしを続けていたため、身の危険を実感することがなかったように思います。新型コロナウイルスは何から始まったのかわかりませんが、人為的なきっかけであれば、我々は犯してはならない領域に手を出し、いよいよ終わりのはじまりに突入してしまったのかもしれません。

科学的に宇宙を解明しても、すべてのものが共存するためでなければ、生命のバランスの壊れた環境の中で人間だけが生き残る事はあり得ません。名句の比喩のような計り知れない存在の中に私たちはいて、コントロールできないものがあるという事に気づかねばならないのです。人間と自然、生命と環境のバランスを説く密教の智慧を真摯に受け止め行動する時がきたと思います。

（森堯櫻）

神変とは測られざるを神といい　常に異なるを変と名づく　即ち是れ心の業用なり　終始知り難し（大日経開題　法界）

【神変とは、予測できないことを神といい、常に異変することを変と名づけ、心の働きをいう。神変なる心は、終始うごめいていて把握することが難しい】

◉渾然一体　行の前には必ず道場を掃除し、身の回りを清める下座行という修行があります。人より一段低い位置に身を置き、不平不満を表さず、己を磨く修行です。心の中にだけ信仰心を持っていたらそれで満足するのでなく、信仰を形にして表すことが大事なのです。掃除が終わりますと仏様に心のこもったいろいろな品物を供えます。これを供養といいますが、仏様のお徳を崇敬し報恩感謝の心がなければ功徳にはならないのです。

真言宗の行の基本は、手に印を結び（身密）、口に真言をお唱えし（口密）、雑念を払い心を一点に集中し（意密）、仏様と一体となり覚りの境地に入る三密です。私達がいつも仏様を拝む時に両手を合わせる合掌も印のひとつです。印そのものが仏様の教えで、手の動き指の組み合わせのひとつに意味がありますので、印はみだりに見せないで袈裟の中で結びます。真言には一文字一文字に仏様の教えが包含されていますので微音でお唱えします。雑念を払い心を一点に集中し仏様の教えを体得するために、姿勢を正し、呼吸を整えます。この身密・口密・意密が渾然一体となって行が進んでいきます。

行の究極目標は行者がこの身このままで仏様と一体となり覚りの境地を体得する即身成仏にありますが即身成仏には三種の力が必要です。行のなかで必ずお唱えする「以我《いが》功徳力《くどくりき》　如来《にょらい》加持力《かじりき》　及以法界力《ぎゅういほうかいりき》　普供養而住《ふくようにじゅう》」という偈文があります。

行者は日々の善根功徳を積む生活や行に精進する功徳力を以て仏様が見えない形で手助けしてくれる加持力をしっかり受け止めることができ、信じきることができます。その二つの力と大宇宙の法界力が融合して仏様と一体となり覚りの境地を体得するのですが、さらに今、行を修した功徳を普く一切に供養しなければ行が成就したとは言えないのです。

（伊藤全浄）

威神力

如来威神の力を離れては十地の菩薩もその境界に非ず　一切時処に於て起滅辺際ともに不可得なり（大日経開題　衆生）

【如来の威神力を離れれば菩薩さえも悟りは得られない。あらゆる時空間に出没できるその能力は不思議としかいいようがない】

◉信念と信仰　今の時代、宗教離れを感じることが多くなってきました。例えば、葬儀会社から連絡をいただき初めてお会いする方のお葬儀をさせていただくことがありますが、或る家では「世間体だけで葬儀してもらいました。」との事。いかに仏教が葬式宗教になっているかの現状をうかがい知れます。

そもそも私達は仏様の偉大なる功徳力によって常に見守られています。そうでなければ、優れた人がどんなに修行に励み、徳を積んでも帰着点がなくなります。まさに掛けたハシゴを外された状態になってしまいます。

人は生まれてこのかた多くの人、事件、情報等に刺激され処世術を身に付けていきます。それは親であり、近隣の人、友だちや先生、その時代の出来事等々に影響され積み重ねた知識であり、そこから試行錯誤するうちに確信した事柄を見出だし、それを信念として心に刻み付けます。その信念は、まだ社会的都合が多く含まれていますし、我が身を守るためにねじ曲がっていたりしています。それでもまた新しい出会いの中で修正を繰り返し、より確かで普遍的なものに育てようと努力します。

また、さらに深めようとするにあたっては哲学や宗教が必要です。ただ信念だけでは偏った考え方が入り易く狭い世界に閉じこもりがちですので、違うレベルの世界観に出会った時に上手く対応できないと自暴自棄に陥ることになります。その時に方向を示してくれるのが信仰です。宗教を学び理解することで道や方向性を得ることが出来ます。もちろん、信仰だけだと盲信に陥ることがありますから、宗教の種類や指導者の見極めは必要です。

信念を持ち、また正しい信仰をもって勘違いや自己保身の心を修正しながら人生を楽しみましょう。仏様はいつでもどんなところでも手を差し伸べ、見守ってくださいます。不思議にも仏様は決してタイミングを外すことはありません。

（大塚清心）

威神力

縁謝すればすなわち滅し　機興ればすなわち生ず　始終あること無し　故に神力加持という（大日経開題　衆生／同降崇／同関以）

【縁がなくなれば滅し、縁が整えば生ずる。始めもなく、終りもない偉大な神力が常に働いている】

◉仏縁を大切に　『大日経』は弘法大師空海さまが『大日経』（正式には『大毘盧遮那神変加持経』）の経題について解釈した論文で七種類が知られています。そのうち三種類の本に出てくる文章で、一行の著した解説書『大日経疏』からの引用です。『疏』の最初に経題を解説する部分がありますが、その「神変加持」の意味を説明するところに出てくる文です。

仏さまのご縁とは不思議なものです。例えば魔術師が魔法の力で奇跡を起こしたとしても、その働きを得た力の後ろ盾が無くなってしまえばなんの力もなくなる。つまりは仏さまの力で、ご加護を受けているというのが「神変加持」です。それがなければ、なんの力もないただの人ということなのですね。それを知ることが大切なのです。

これには始めも終わりもなく、常に仏さまに見守られているということなのです。よく修験の方々が、奇跡を起こすために「神変加持」などと言っておられますが、それはそれでいいでしょう。ちょっと意味が違うのですけれどもね。仏法を信じる者は、仏縁を大切にし、それが無くならないように努力するということなのではないでしょうか。

私は阪神淡路大震災で自宅が全壊し、九死に一生を得ました。そのご縁で四国八十八ヶ所の遍路をし、仏縁をいただきました。そして高野山で勉強し僧侶となりました。寺の子ではありません。在家の出身です。けれどもお大師さまが高野山に呼んでくださった。そうした縁があったからです。それからも多くのご縁をいただき、小さいながらも寺の住職になることができました。

すべてがご縁でつながっているのです。縁がなければ先に進むこともできません。条件が整えば新たなこともできるようになります。それには終わりがない。仏さまの力が常に働いている。それを実感しながら僧侶の道を進んできました。奇跡を期待するのでなく、日常の信仰心を高めていくことで、おのずから奇跡も起こりえるということを実感しています。

（柴谷宗叔）

縁謝すればすなわち滅し　機興ればすなわち生ず　事に即して而も真なり　終尽あること無し　故に神力加持経というなり（大日経略開題）

【縁によって生滅する。すべては物事に即して変化することが真理であって、無くなったら終わりではない。大日経はこの威神力を説いている】

◉今ここにあること　今日、大多数の人々は、世俗の環境にて日々の仕事に忙殺され、隠遁生活を送るとか、静謐な環境で悟りの境地を楽しむということを考える余裕がないというのが現実なのではないでしょうか。

仕事は辛いもので、金銭を得るために仕方なく働いていて、いつかは何もしないで悠々自適の隠居生活を送りたい、自由気ままな暮らしがしたい、と思っている方がいるとします。その方が無事定年を迎えられたとしましょう。さて、その後には思い描いていたような平穏な生活が待っているのでしょうか。幾ばくかの退職金は、住宅ローンの残債整理に充当され、政府の年金では、家族共々余裕を持って生活するのは難しいのが実情です。会社における地位や肩書は、いったん職を離れれば、何の役にも立ちません。平均寿命までには、まだ二十五年余りの時間が残されています。そこで初めてこんなはずではなかったという切実な思いがこみ上げてくるのです。しかしながら、人生は一瞬一瞬の自分自身の決断の総和であって、決して他人から与えられたものではありません。時すでに遅しなのです。

やるべきこと、まず一つ目は、遠い先の不確実な退職生活といった希望にすがるのではなく、日々を楽しみ、辛いと思える仕事からも何らかの発見をし、自己を客観視してみるということです。二つ目は、利他の心を育み、慈悲の心を持って一切の衆生と接するということです。さて、三つ目は何でしょうか。そのような境地に達するために密教を学ぶということだと思います。

整然と体系づけられた世界を創造した宇宙の背後にある大いなる存在を、わかりやすく諸仏諸尊という形で説明しているのが密教であり、それは厳しい修行を通していかに今を生きるかを示唆してくれるものだからです。

（花畑謙治）

威神力

この身を捨てずして頓に仏位を証する不共の仏法　速疾神通の教なり（金剛頂経開題）

【この身に即して速やかに成仏できる神通力を説く教えが金剛頂経である】

◉あなたの仏性を目覚めさせ、さとりへと導く教え　この一文は、空海が『金剛頂経』を解説した『金剛頂経開題』という著作の冒頭部分にあります。『金剛頂経』は密教の根本経典のひとつで、そこには今の自分そのままの状態で、無上のさとりを得ることができる、つまりは成仏できると説かれています。自らが実践する三密行という修行と、それに相応する仏さまの超自然的な秘密の力によって、生きているうちにそれが達成できるとしているのです。三密行とは、手に印契を結び、口に真言を唱え、心で仏さまを念じることであり、それによって仏さまの身体と言葉と心の秘密のはたらきと相応じることができるとされています。秘密といっても謎めいたものではなく、さとられた仏さまが持つ神聖なお力のことです。仏さまの前で合掌し、思いを唱えながら一心に祈ったとき、心が救われ悩みがやわらいだ経験など、どなたにもあるかと思います。この誰もが経験する仏さまとの感応が発展すると、成仏への道が開けていくのだと思います。ひとは生まれながらに仏性を持っているので、最終的には成仏できるのだとしていますが、その仏性に気づくきっかけを作ってくれるのが、真言密教の実践的修行なのです。

とても難しい思想かと思われるかもしれませんが、自分の立ち振る舞い、言動、そして心の持ち方すべてが三密行の修行につながるのです。真言密教はその教えを勉強することだけでなく、それを生活の中に取り入れて自分の行動規範にすることが大切だと思います。三密行は身密（身体や行動）、口密（言動）、意密（こころ）の三つを整え生活することです。そうすることによって自分が持つ仏性に気づき、さとりというゴールに一歩一歩近づくことになるのです。食事の前に合掌し感謝の気持ちを持つこと、ネット上で悪口を書かないこと、些細なことで怒りの気持ちを持たないことなどが、誰にでもできる三密行だと思います。そんな日常を積み重ねることで、仏さまと相通ずる真言密教の世界が見えてくるのではないでしょうか。

（雪江悟）

神はすなわち鬼も神ならず　智はすなわち聖も智ならず（性霊集六　桓武達嚫）

【嵯峨、淳和の両帝は、神業も智慧もずば抜けて優れている】

◉恩師の力　お大師さまは「神通の力は鬼神の神通も神通とも言えない程である。優れた智慧は聖人の智慧も智慧とも呼べない程である。千年に一度出ると言われる聖人にも価する嵯峨、淳和の両陛下の出現は、一天に二つの日を仰ぐ心地がする」と著し、嵯峨上皇と淳和天皇を賛嘆しています。両帝は崩御した桓武天皇の供養のために『法華経』を写経し、その功徳を回向します。私は本書の第三巻の拙稿「恩師との出会い」（三八四頁）で書きましたように、恩師を一天の日と仰いでいます。

二〇一五年一月一日、恩師は教え子の私たちに「懺悔、供養、布施は底辺でつながっています。大きな命の流れから観ると真理は一です。これをどのように理解するかは修行信心の心境により、人により相違が出て来ます。まとめて下さい」と課題を提示しました。それから私はいろいろな解釈をしながら、試行錯誤を繰り返しました。

そして、五年の歳月を経たある日、ふと、これだと確信する答えに至りました。「大きな命の流れから観ると真理は一」とは、『理趣経』に説かれるように一切は清浄であるということです。大きな命の流れは大日如来です。私たちは大日如来の中にある衆生で、真理の体得を目指す立場です。懺悔、供養、布施は自利と利他の活動を持っています。この二利の活動は私たちが自他共に清浄になることを目指す行為です。ゆえに清浄をもって底辺でつながっていると、私は回答しました。

大切なことは自他共に清浄になることを目指すことです。これが仏道の回向であり、『菩提心論』に説かれる行願です。回答に至る教えは全て恩師から受けたものです。私は恩師から受けて来た教えをピースとして、課題のパズルを組み上げたような感じがします。修行者の教えとは、たとえその時は解せなくとも心の中に生き続け、必ずその教えを理解し、意味を成す時が来ることです。私は常に恩師の力によって、成長してきました。

（細川敬真）

威神力

その通は溟海を毛端に汲み　その術は巨嶽を小芥に入る（性霊集六　東太上願文）

【世尊の神通力は、毛の先端で大海を汲みあげたり、芥子粒の中へ高山を入れたりすることができる】

◉自分を変えることはとても難しいことです　私たちには仏様のような威神力はありません。しかし世の中には、いわゆる超能力を誇示する人達がしばしば現れ世間を驚かせたりします。そのような能力があるのなら、それを世のため人のために使って欲しいと思います。

真言宗には「安心《あんじん》」という言葉があり、それは例えばスーパーヒーローに変身して人々を救う映画のように、お大師様のみ教えを信じ、行動も言葉も心も仏様になりきって相手の苦を抜き楽を与え、相手も自分も幸せになることです。

お寺にはいろいろな方々が悩みの相談に来られます。家庭のこと、仕事のことなど様々です。しかし話を聞いてみると大抵は自分の思い通りにならないから悩んでいる場合が多く、自分の置かれている環境が悪いとか、相手が悪いというもので、自分を変える努力はしていません。「三つ子の魂百まで」のことわざの通り、自分の性格ほど変えるのは難しいものです。

伴侶を選ぶ際も同じで、結婚してこんなはずではなかったと相手に失望して別れたいという夫婦をよく目にします。お大師様は「夫婦関係の危機の時こそ人間として成長するチャンスだよ、自分が変われば相手も変わる、どうか円満解決にもっていって成長して欲しいものだ」と見守っておられると思います。

お大師様の座右の銘は「相手の短所を批判せず、自分の長所も自慢せず」でした。しかし私たちは普段その逆で、相手の短所を批判し、自分の長所を自慢しがちです。でもお大師様のみ教えを学べば、私たちにも仏様の威神力に匹敵する力を発揮できます。もし自分が仏様だったら、人の為にどのように行動し、どのように話し、どのように心で思うかを深く考察してそれを実行すれば、相手の短所は批判せず長所を見つけて褒め、自分の長所は自慢せず短所を反省することが素直に出来るようになります。さあ、堅い決心の力で自分を変えてみましょう。

（藤本善光）

心は太虚に遍じて谷の如くに響き　声は洪音《こういん》を韜《つつ》んで鐘の如くに応ず　利見摂引思《おもい》　絶え言《ことば》断えたり（性霊集七　菅平章事）

【仏の心は虚空にひろがって山彦のように響き、その声は大音響を秘めていて梵鐘のように応答する。その慈悲とその力は、ことばを失うほどの偉大さがある】

◉サムシング・グレイト　仏の力　僧侶の勉強会「伝授会」の折に阿闍梨様から常に「しっかり拝みなさい、祈りなさい」と諭されます。信仰の真髄だと、この歳になって痛感します。祈るにはご本尊様、仏様に対しての姿勢が重要になってきます。仏様の教え、救いを篤く信じて真摯に拝むのは当然です。私の場合、学校の机の上よりも檀信徒の皆さんから「仏への祈りや救い」を学んだと感じています。

ハワイ島パアウイロ山手にお住まいだった藤本のおばあちゃん。藤本さんは百歳と長寿でお元気そのものでした。ただ両手のほとんどの指が無く左手の親指の半分ほどが残るだけでした。それでもご子息夫妻が仕事に出られた後、食器を洗い、お昼過ぎにはお嫁さんが干していった洗濯物をたたみ、補修が必要であればお孫さんに前もって糸を通してもらった針を使い縫い物もされていました。藤本さんは山口県大島郡ご出身で大正の頃にハワイに嫁いで来たそうです。そんな藤本さんが台所で食事の準備をしている時に冷蔵庫の故障が原因で生死をさ迷う大火傷をしたそうです。当時の冷蔵庫は本体の下に石油ストーブのように火を燃やし冷却する構造だったそうで、そのストーブが不完全燃焼となり庫内に充満したガスが爆発したことが原因だったそうです。入院中も一心に神仏のご加護をお祈りし、家族もお寺に日参しておまいりしたお陰様で指は失われましたが、命は助けて頂きましたと。笑顔でお話しするお姿は今でも鮮明に蘇ってきます。

ハワイ島で火山の噴火を目の当たりにした時、「地球は宇宙は生きているんだ」と体感し大日如来様の生命、パワーを感じる事が出来ます。ハワイの耕地で苦労し、汗を流す時も、涙を流す時も仏の救いを信じて生きてきた日系人の姿から多くを学びました。アメリカの公立学校では各宗教宗派の神仏、ご本尊様を「サムシング・グレイト」と総称してお祈りする時間がもうけられています。私達の「サムシング・グレイト」、遍照金剛に祈りと信仰の誠をささげていきましょう。

（中谷昌善）

神通縁あり　悲願極り無し　利楽抜済　身の倦むことを憚らず　汪汪《おうおう》たる徳　言《ことば》絶え思《おもい》断えたり（性霊集七　田小荷弐先妣）

【仏の神通力とその慈悲は、人々への救済に及ばないところはない。水が溢れるような仏の徳は言語を絶するものがある】

◉大日の力　空海は人力の及ばない超自然の作用を威神力と呼びます。この世は仏の力で満ち溢れており、われわれはそれに早く気づかなければなりません。

真言密教の教えを通して日本人の心を治め国民の安寧を願います。平安初期国家建設の理念にその考えは合致し、空海は重要な役割を果たします。空海にとって自分の理想と国家建設の理想が合致した幸運な時代だったのです。

人の力を超えた仏の力でこの世も曼荼羅世界も成り立ちます。自然観察と経験測の中でこの世には人の力を超えた超自然の力が法則性を持ち働いていると空海は感じています。そしてあらゆる現象を空海は大日如来の動かす力、威神力の作用だとします。

空海の説く真言密教で絶対的な存在は大日如来です。大日如来はある意味では一神教的な存在であるともいえます。空海によって再構築された密教は大日如来のより横溢した仏の力により全宇宙は包括され成り立っています。またこの教理は釈迦より始まる仏教固有の教え価値観とも矛盾しません。それどころか空海は日本の自然風土を真言密教の教理思想体系に織り込んでいます。空海の大日如来の世界はすべてを包括し絶対で天地自然の現象までもが取り込まれ融合しています。その意味で絶対性を強調する世界の一神教とは違います。空海は独自の視点で密教を再構築し壮大な思想を彼自身の考えで統一的に体系化します。真言密教の中に自然万物の素晴らしさを織り込み、美しい高野山を密厳国土の中心と位置づけ、仏国土建立に邁進した空海の姿に我々は思いを馳せます。われわれの世界は人間の決めた法体系とは別に仏の威神力が働く大日如来の世界があります。空海はなによりもそのことを我々に伝えたく真言密教の教理と仏国土の構築に生涯をかけ邁進しました。

（長崎勝教）

大海深しと雖も羅睺《らごう》の脚よくその底を極む　蘇迷《そめい》大なりと雖も大士の手よく他界に擲《なげう》つ（性霊集八　先師法事）

【大海は深いといえども、羅睺阿修羅王の足はその底を極める。須弥山は高大といえども、菩薩大士はその手で山を他界に投げる】

◉コントロールできないもの　私の住む町から高速道路を東に向かうと富士山が現れます。関西の山に慣れている眼には、その大きさに戸惑ってしまいます。さすが日本一の霊峰です。

富士山だけでなく、雄大な自然に触れると畏敬の念を抱きますが、近年の地震、大津波にはなすすべもなく畏怖するのみ、二度と起きないよう祈る事しかできません。

この名句は、私たちが畏敬畏怖の念を抱くような大海や須弥山のような大きな存在も羅睺阿修羅や菩薩の前においては大したことではないという意味です。

我々の知り得ないもの、計り得ないものはたくさんあります。一番は宇宙そのものでしょう。宇宙の科学的解明は興味深い事ではありますが、目的が人類の将来的発展や宇宙に勝手な価値づけをするためのものなら、あまり賛成したくありません。

東日本大震災から十年が経ちます。未曾有の被害でした。福島第一原子力発電所のメルトダウン事故により放射性物質が放出され、いまだに帰還困難区域は残り、放射性廃棄物はたまるばかりです。解決方法もないまま時間がながれています。

日本は、唯一の被爆国です。そして原子力事故を経験しました。私たちは、核や原子力という大きな危険をはらむ存在にもっと目をむける必要があると思うのです。少なくとも自分でコントロールできないものは止めておかねば取り返しがつきません。私たちは何度も学んだはずです。

願文の中でお大師さまは続けます。人々は無知と欲に酔い、真のさとりに気づかない。このような人々をさとらせなければ衆生を目覚めさせて偉大なさとりの岸に導くことができようかと。お大師さまに背中を押していただいているように思います。

（森堯櫻）

法力遠近《おんごん》なし　千里すなわち咫尺《しせき》なり（高野雑筆三〇）

【法力に距離はない。千里は掌の上である】

◉真理の力や真理をつくり出す力は遠近を問題にしない力がある　藤原の中納言の病気平癒の祈願の返事です。高野山に居て修行中なので行くことはできないが遠方より祈願している。あなたのような仁者を仏が加護しないわけはないと記して、仏の力に距離は関係ない。千里も掌の距離ですよと語っています。

中納言の人徳と弘法大師の祈願の二つ。それに加えて大日如来の力が加わって、法力が得られるということでしょうか。三心と言います。仏の心、衆生の心、私の心。この三つが大悲と真理によって合わされば法力となるということでしょう。

掌中にあるということ。ここには三つの事が含意されています。一つは自信。一つは信頼。一つは神通力。自信とは修行の蓄積が齎すもの。信頼とは大悲が培うもの。神通力とは大日如来が行う真理世界の体現。三摩耶戒序が説くところの勝義心と大悲と加持力です。

お釈迦様の弟子は師の神通力を讃えて、他心通と神足通などを挙げています。遠くの人のことが分かる能力とその心を見通す心です。この神通力は悟ったときに得られた力ではありません。お釈迦様は自己の平安を得ながら、多くの悩みを持つ人々の相談に応じて、彼等を救済して回りました。その数限りない人助けの中で他人の心を思いやり、推察し、遠くに居ても間近に感じる様になったのです。それが法力だと言われるようになったのです。居ながらにして、座視して、お釈迦様も空海様も神通力や他心通を得たはずはありません。血の滲むような苦悩と努力と救済の果てにいつの間にかそのような能力が身に付いていたのです。その蓄積があるからこそ、此処に居て其処に居るということが断言できたのです。やはり勝義心と大悲との修行を疎かにしてはならないということです。智慧と福徳の両方を積めということ。そして大日如来の大悲への信頼を持てということです。

（加藤俊生）

一闡提《せんだい》の人必死の疾《やまい》　二乗定性已死の人は　余教の救う所に非ず　唯この秘密神通の力のみ即ち能く救療す（雑問答一〇）

【善根を完全に忘れた者や邪教にしがみついている輩は、他の教えでは救われないが、真言密教の威神力によって救うことができる】

◉救いと癒し　「一闡提《いっせんだい》」とは、仏法を信じず誹謗《ひぼう》する者。「二乗《にじょう》」とは声聞・縁覚をいう。「定性《ていせい》」は、対象が限定されるものの意。「已」は、のみ、だけの意。「秘密」はこの場合真言密教の意。「仏法を信じず誹謗して善根を完全に忘れた者や、声聞・縁覚の教えにしがみついている輩は他の教えでは救えない。唯一、真言密教の威神力によって救い癒す事ができる」と解釈します。

二乗の声聞は、教えを聞いて覚りを開いた人を云い、縁覚は、自然現象や何かの縁によって覚りを開いた人をいいます。自己の覚りのみを目指して、学び会得しようとするところから「自己中心的」になりがちです。

私は「四国八十八ヶ所霊場」をお遍路で巡った時、第三十九番札所、延光寺にて「歩き遍路」をしている一人の若い方に出会いました。何故、お遍路をされているのかその理由を尋ねました。彼は、僧衣姿の私を見て素直に話して下さいました。「自分で言うのも何ですが、一流の大学を卒業して、一流の企業に就職しました。初めの頃は良かったのですが、三か月を過ぎた頃からストレスが溜って病気がちになりました。結局半年で思い切って会社を辞めて『自分を見つめる為』に来ました」と応えてくれました。続けてやがて札所も半分になりますが何か見つけましたかと尋ねました。

「初めは自分の事ばかり考えていましたが、歩いていると『お接待』を受け、どうしたらいいのか迷いましたが『お接待』の意義をお聞きして感動しました。自分は今まで求めてばかりいたのだ、お接待する方々の笑顔が与える喜びを教えてくださいました。その事を知ってからは、気持ちが楽になって人との会話を大切にしています。また、お遍路をして病気が治った話も沢山お聞きしました」と、良い顔で話してくれました。残りの札所巡りを楽しんで下さいと伝えて別れました。

（糸数寛宏）

守護

嬰児《ように》の母在《あ》らず　犢子《とくし》の所依なきは　必ず死せんこと疑慮なし　豺狼《さいろう》悉く走り帰《そむ》く　衆生仏に帰せざれば　魔鬼すべて来り囲む　己を剋《せ》めて三宝に投ずれば　諸天あえて違せず（十住心第二）

【赤子には母が、子牛には飼い主がいなければ、必ず死んでしまう。常に危険と隣り合わせの衆生は、仏に帰依していなければ魔が入り込む。自分を律して三宝を敬えば危害は加えられることがない】

◉仏法に帰依すれば怖くない　弘法大師空海さまの著した教相判釈『十住心論』は、人の心を十段階に分け、道徳以前の段階から、邪教を経て仏教の各宗派を分け、最高位に密教を置く独自の考え方です。その中で、道徳的なことに目覚める下から二番目の段階を儒教に見立て「愚童持斎心」としています。

守ってくれる母がいない子供や、飼い主のいない子牛は死んでしまう。拠りどころのない人々は同じ状態なので、仏法に帰依しなければどうしようもない、と言っているわけです。仏教以外の邪教、ここでは儒教を指しますが、それにすがってはいけないというわけです。仏教に帰依すれば災難を免れることができると、まずは仏教への入信を勧めているわけですね。この先、仏教の中でも宗派によって異なるという論を展開していくわけですが、まずは仏教を信じなさいと言っているのです。

自分を律して、仏・法・僧の三宝を敬うというのは、原始仏教以来の基本です。仏さま、仏教の教え、僧とは僧侶でなく僧伽《さんが》（仏教教団）です。そして守らなければいけない戒律を指し示します。

儒教の五戒、原始仏教の八斎戒、さらには密教の十善戒へと進みます。在家勤行式にも書かれている「不殺生、不偸盗、不邪淫、不妄語、不綺語、不悪口、不両舌、不慳貪、不瞋恚、不邪見」の十の戒律ですね。基本的な道徳も知らず自分の意のままに生活することを戒め、人間として守るべきことはきちんと実践するのが、社会生活の第一歩です。

戒律を守った生活をすることは息苦しいかもしれませんが、僧侶でもなかなか守れないものです。一般の皆様は心がけといった程度で構わないと思います。ただ、基本の仏・法・僧に帰依するということは忘れないでいただきたいです。そうすれば、危害から身を守ることができるのですから。

（柴谷宗叔）

守護

魔に繋属《けいぞく》すれば生死の過《か》あり　三宝に帰向《きごう》して仏教に違せざれば　魔繋属すること無し（十住心第二）

【邪悪に走れば人生に過失が生じるが、三宝に帰依して仏教に従えば魔にとりつかれることはない】

◉神と仏　東寺の境内の一角に「御旅所」があります。年に一度、伏見稲荷大社の神様が地区を巡られ宿として泊まられるのです。

それにはお大師さまにまつわる逸話があります。弘仁七（八一六）年四月の頃、紀州は田辺で山ごもりの修行中であったお大師さまは、身の丈八尺（約二メートル四十センチ）もあろう遺風堂々とした老翁に出逢ったのでした。老翁は、大師を見るなり「私は今は神となり、大師は菩薩となった」と歓び語りあったのでした。

お大師さまは「釈尊説法の地、霊鷲山で拝顔したときの誓いは今も忘れておりません。姿形は異なれども心は同じです。老翁に仏法擁護の誓いが今もありましたら後に帝都九条の東寺を任されますので国家の鎮護のために来訪して頂きたい」と願われ老翁と堅い盟約を交わされたのでした。

その後、予言の如くお大師さまは弘仁十四（八二三）年に恩詔を受けて東寺を賜ります。すると約束通り老翁が稲と椙を抱え、夫人と二人の子供を伴って東寺の南門に現れ、大師との再会を果たし喜び合うのでした。

そして老翁たちは、しばらくの間、八条二階の柴守の邸宅に住まわれました。

お大師さまは老翁たちの鎮座する地、帝都の巽（南東）の国有林であった場所を「衆生へ大変利益となる地である」と見定めて、一週間の修法をもって土地を鎮めて社殿を造る礎とされ、その地に老翁たちは住まいを移しました。

その地こそ現在の伏見稲荷大社であるのです。

老翁の住居であった八条の二階堂は今の御旅所であって柴守とは老翁つまり稲荷大神のことなのです。東寺は密教によって国家を護る根本道場としてあり、伏見稲荷大社は帝都、そして東寺を護る鎮守の神として今に至るのです。

（瀬尾光昌）

悪を断じ善を修すれば是れ善生　諸天夜叉は護持の兵なり（金勝王経伽陀）

【悪を止めて善を行なえば良いことが次々と訪れ、さらには神々が守護してくれる】

◉なさない善

「一日一善」ということばがありますが「善をなす」ことは意外と難しいものです。価値観が複雑になってきている現代においてはなおさらです。良かれと思ってしたことが、かえって大きなお世話になることが多々あります。その中で真言宗には「なさない善」があることを御存じですか。

仏教は戒律によって出家僧がサンガと呼ばれる集団生活を営んでいた性格上、さまざまな「戒」が存在します。真言宗はその中から十の悪い行ないを「なさない」という戒をお唱えして自らを戒めます。それを「十善戒」といいます。それは、いのちを大切にし、故意に生き物を殺さない。他人のものを取らない。道徳に外れた関係を持たない。うそをつかない。作り話をしない。悪口を言わない。人によって二枚舌を使うことをしない。むさぼることをしない。激しく怒りをいだかない。偏見を持たないという十の戒です。ごく当たり前のことのようですが、気づかずに戒を犯してしまうこともあります。ほめたつもりでもそれが相手にとってコンプレックスだったり、ましてや殺すなんてありえないと思っていても、靴裏に踏みつぶされた虫がついていたりすることもあるでしょう。悪い行ないを「なさない」という誓いを立ててそれを実行したとしても、誰も「なしてない」とは言い切れません。だからこそまず罪を悔い改めることから始めます。懺悔してから善行を行なうからこそ神仏の加護が得られるのです。

生老病死の四苦の門からの解脱解放を求めて始まった仏教の旅も、インドから唐へと国を渡ることにより鎮護国家の色合いが濃くなりました。真言密教は生きとし生けるものみな、仏性という「ほとけのこころ」を持ち合わせていると説きます。世界が新型コロナウイルスのパンデミックなどに代表される困難に立ち向かい打ち勝つためには、仏教的解釈である「団体の善」から密教的解釈である「個々の善」に基づき、国の枠を超えて一人ひとりが菩薩のこころで協力することで、諸天がお役立ちグッズを携えて、「護持の兵」として善行の後押しをしてくれることでしょう。（中村光教）

諸仏威護して一子《いっし》の愛あり　何ぞ人間の難を惆悵《ちゅうちょう》することを須《もち》いん（性霊集　三　恩賜百屯綿）

【諸仏の守護には我が子に接するような慈愛があるから、日常の困難をどうして悲しむことがあろうか】

◉**樹氷　霧氷　ダイヤモンドダスト**　私は高野山に昭和五十五年四月から八年半ほど過ごしました。高野山大学受験時の冬に初めて登山した時には、奥の院「水向け地蔵様」は総て氷の塊で、その氷に手を合わせるも何をお参りしているのか判りませんで、春になって初めてその御姿を拝むことが出来るほど厳しい寒さでした。

最低気温マイナス十五度を体験した時は空気中の水蒸気が木の枝にぶつかる衝撃で霧氷が成長し、冷たい雨は樹氷になり、街灯で光り輝く美しさを見せてくれました。ダイヤモンドダストも一度見ました。素手や裸足で金属には触れませんし、雑巾がけも廊下に氷を張らす作業になってしまうほどでした。

お大師様の時代はその何倍も寒さが厳しかったであろうと想像できます。そんな時、天皇陛下より「綿」を戴きました。まさに仏様の御姿に重ねて見られたことでしょう。諸仏は常に見守ってくださっています。病めるときも健やかなるときも、朝も夜も、一日中一年中何十年も、さらに死してもなお見守ってくださいます。常住坐臥に側を離れず「お加持」下さっているのです。

「お加持」というと、現世利益を得るための御祈禱と思われがちですが、密教では、第一義として即身成仏実現の意味があるのです。大宇宙の真理（大日如来）が我の中に入り、我が大日如来の中に入る。終いに双方が融合して一体化し区別がつかない境地を言います。「加」は自身が気付かなくても、常に仏様が働きかけて下さっていることで、それをこちらが心を開き修練するほどに仏様の身中に沁み込んでいくのを「持」と言います。入我我入ともいいます。「加持」の第二義が現世利益の御祈禱ですが、それも究極的には即身成仏への導きの方便門として設けられているところが密教的であり「加持」の本義でもあります。

どんな乱世でも過酷な環境でも、必ず仏様は寄り添って下さり離れません。その仏様のように気遣ってくださる天皇様に感謝しているのがこの文です。（大塚清心）

冥神善を護る　寧《なん》ぞ仁を輔《たす》けざらんや（高野雑筆三〇）

【善人を守護する神がどうして仁徳のある人を助けないことがあろうか】

◉信頼の糸が結ばれた時　祈りが力強い心の支えとなり、医療現場のお医者さまをはじめ、医療従事者の皆さまが人々の病に立ち向かい、数多の命が救われています。仏さまの祈りの力と医療施術が両輪のように大切であると感じるばかりです。

さて、私の母方の祖父が慈しみ深い医療施術のおかげで救われたことが思い出されます。時は昭和三十三年、北海道は旭川市立病院でのこと。執刀医の先生の他に、麻酔科担当の井上舜友先生によって祖父の重い肺結核の手術が行なわれました。ところがその治療中に、停電という非常事態が起きてしまいました。闇の中で肺にたまった膿を吸入する医療機器が使用不能となり手術は一層困難を極めました。その時、井上先生は自らストローを口に加え、祖父の肺に溜まった膿を吸い上げはじめたのです。暗闇の中で何度も何度も膿を吸っては吐き出すという凄まじい献身的な治療を施していただきながら手術は無事に終え、祖父は一命を取り留めることが出来たのでした。その間、祖母や幼かった母たちは祖父の無事を一心に祈り続けていたことは申すまでもありません。そして停電の中での井上先生の施術を聞かされ、本人はもちろん、家族皆が涙を流して喜びました。祖父にとって一生涯忘れることのできない出来事として、井上先生とのお手紙での親好が続き、快活で明るい生涯を全うしました。しかしながら一つ、祖父にとって心残りであったのが、手術後に井上先生との再会を果たせなかったことでした。きっと直接、先生に感謝の思いを伝えたかったことでしょう。

祖父の死後、井上先生からの一通の手紙が母の元に届きました。そこにはお悔やみと共に、一生涯感謝の念を忘れずに大切にした祖父とは「いつも信頼の糸で結ばれていました」という誠実で温もりのあるお言葉が書かれていました。亡き祖父がきっと喜ぶであろうと思うと、胸の奥から熱い思いが込み上げ涙があふれてきました。

想い巡らせますと、あの時、井上先生という立派なお医者さま方が祖父を治療してくださったおかげで、今の私の存在があるように思えてなりません。あの手術の日と今が繫がっているのです。あらためて祖父と先生との信頼の糸を思うと、大いなる神仏のお護りの下で善きご縁をいただき感謝の祈りをささげるばかりです。（阿部真秀）

公　帷幄《いあく》の才を以て干戈《かんか》の地に臨む　狼人底《なに》をかなさん　必ず危怖《きふ》あるべし　秘法を受持して身を持し　国を護らんには如《し》かじ（高野雑筆四四）

【貴公（陸奥国の長官）の優れた戦略で陸奥の平定に赴任されるけれども、危険が伴うから心配である。真言の秘法を受けて身を護り、国を護衛することがよろしかろう】

◉護身の法とお守り　宮崎駿監督作品の一つ『もののけ姫』主人公の青年アシタカが旅立つ時、カヤという少女がお守りとして瑠璃の小刀を差し出すシーンがあります。「息を吹きかけました。兄さま、カヤはいつも（無事を）想っています」と。それを手に取りつつ「われもカヤを思う」とアシタカが返答するという短い場面に中世人の信仰文化の一端が垣間見えます。

令和時代に生きる私たちにも道中安全のためにお守りを求める風習は、変わらずに残っていることは改めて申し上げるまでもありませんね。ただお守り自体に「息」を吹き込めるということは、現代人にはほとんどありません。けれども既に僧侶や神官によって開眼供養がなされてあるわけで、少女の行為は古代から中世人に連綿と伝えて来られた宗教行為つまり開眼供養の原型と考えられます。

冒頭の「(貴) 公 (よ)」とは蝦夷東征で有名な坂上田村麻呂に腕を買われた文室綿麻呂《ふんやのわたまろ》のことで、一時薬子の変(八一〇年)で禁固となったが坂上田村麻呂の献言によって許され大蔵卿、陸奥出羽安察使を兼ねました。ちょうどこのころ大師は京都高雄山にあって最澄や名立たる高僧や天皇、公卿などに密教の灌頂を授けるなど「時の人」としてあったわけで、綿麻呂も弘仁四年の五月に征夷将軍となり陸奥出羽両国の一万余の兵を率いて蝦夷を平定しました。恐らくその時に大師(当時四十歳)から息災の祈禱とともにお守りを身につけて遠征されたものと想像します。綿麻呂はそのち右近衛大将、中納言従三位、世寿五十九歳の生涯でした。綿麻呂遷化の年に五十歳を迎えた大師は京都に真言宗の根本道場として東寺を賜ります。その寺に「教王護国寺」と名付けた背景に、昔護身を祈った征夷将軍綿麻呂の存在を改めて感じ入るのは行き過ぎでしょうか。

(山田弘徳)

自在

水は器に随って方円なり　物に遂《したが》って清濁なり　弥漫《ひまん》して間《ひま》なく　澄湛にして測ることなし（付法伝第二）

【水は容器によって四角にも丸にもなり、物を混ぜれば清くなったり濁ったりする。満たせば隙間がなくなり、底が知れないほどに澄みわたる】

◉水の心——布施——　一行目の句は、「水の性質は容器に任せて四角にも丸にもなります。また、水は無色透明ですが物を混ぜれば清くなったり濁ったりする」という解釈になります。

私たち仏教徒は仏壇、お墓にお参りする際にお供え物をします。お花は〝忍辱〟、仏飯　果物は〝禅定〟、お燈明は〝智慧〟、お線香は〝精進〟、このようにお供え物には仏教の教えや意味があります。お茶、お水は〝布施〟です。「水はどの様な器にも入り、熱を加えればお湯となり、冷やすと氷になります。このように水は素直で融通《ゆうずう》が利きますが、人間は年を重ねる毎に我が強くなる傾向があります。布施を意識して日々、人に喜びを与えましょう」と、私はこの文句を引用して説いています。

二行目の句は、池など一面に広がり充満すれば隙間がなくなり底が知れないほど明るく澄んでいる。という解釈になります。

「池の水が充満する」といえばお大師様と縁の深い香川県「満濃池」、手のひらを広げた様な形に水が一杯に溜まっている風景を思い浮かべます。また、「明るく澄んで底が計り知れない」といえば、観光で行った、山梨県「忍野《おしの》八海《はっかい》」、富士山からの伏流水が溜って出来た池を思い出します。水が透明でとても美しく、浅いように見えますが、水深は意外にも深かった。それを見て「人間の心も伏流水のように幾つもの苦難を潜り抜けるたびに浄められ、この池の水の如くになるのだ」と感じました。

私達の心も、本来は水のように清らかになったり濁ったり、素直、無色透明の素晴らしい性質を持っています。また、計り知れないパワーを持っています。

新型コロナウイルスの感染拡大防止対策として三密を避けるために、お祭りや諸行事が中止され、従来の生活様式が変化しました。人とのコミュニケーションが薄くなる傾向が懸念されますが自然界は変わっていません。今一度、水の心を心として持ちたいものです。

（糸数寛宏）

自在

有無に滞《とどこ》らざるを以ての故に心に罣礙《けいげ》無く　所為の妙業　意に随《したが》って能く成ず（十住心第二）

【有無にこだわらなければ、心のしこりがなくなって、行なうことすべてが意のままに開いていく】

◉もっと自在に　私達の毎日はなぜ、こんなにも悩み苦しむのでありましょうか？仕事の事、家族の事、健康の事、そして人間関係の事、例を上げればきりがありません。そんな私達にお大師様は、導きとなる教え「十善戒」を説かれました。

「十善戒」とは、まず第一に〈不殺生〉。全ての命は尊く素晴らしいものであり、決して無意味に命を奪ってはならないという教えです。

第二に〈不偸盗〉。決して人の物を盗んではならないという教えです。

第三に〈不邪淫〉。決してみだりに異性と接してはならないという教えです。

第四に〈不妄語〉。決して嘘をついてはならないという教えです。

第五に〈不綺語〉。決して心にもないお世辞を言ってはならないという教えです。

第六に〈不悪口〉。決して汚い言葉や、乱暴な言葉を使わないという教えです。

第七に〈不両舌〉。決して他人を仲違いさせることを言わないという教えです。

第八に〈不慳貪〉。決して激しい欲を抱かないという教えです。

第九に〈不瞋恚〉。決して激しい怒りを抱かないという教えです。

第十に〈不邪見〉。決して道理を無視した誤った見方をしないという教えです。

そしてお大師様はこの「十善戒」を「全ての戒律の本となるもの」とされました。また慈雲尊者は、「十善戒を守ることにより人は人となれ、そして人となれたなら神にも仏にもなることができる」とされました。ところで、この「戒」をインドでの意味にすると、「繰り返し行なう、つまりよき生活習慣をつくる」となります。ということは、毎日の私達の「心がけ」ということになります。

お大師様のお示しになられた「十善戒」を守るよう毎日心がけて生きていくことにより、私達は人となることができ、そして神とも仏ともなれ、そうなれば私達は、日々の苦しみ悲しみ悩みをまっすぐと受け止めるができ、そしてそれらにとらわれることなく、心やすらかに向上心を持って自在に、心が自由に生きてゆけるにちがいありません。


（木藤清明）

自在

大空はすなわち大自在なり　大自在はすなわち大我なり　大我よく大空を証す　大我は一切の法に於て無著無得なり　是れすなわち如来の智慧なり

（十住心第七）

【仏の世界は自由自在である。この自由こそ真の自我であり、偉大なる力が発揮されていて、いかなる障りもない。これが仏の智慧である】

◉仏様の智慧をいただくには　今回の聖語では、大空も大自在も大我も仏様の智慧だと述べられていますが、私達は仏様の智慧を戴くことができるのでしょうか。大我を例に取って考えてみましょう。我とは人間の心の働きのことであります。その働きが大きく広く深くなれば仏様の智慧となるのです。

四国霊場第六十七番大興寺様の御本堂に和歌が掲げられていました。

「世を救う　三世の仏の　心にも　似たるは親の　心なりけり」

我が子が美味しそうにご飯を食べているのを見て幸せを感じ、足りてなければ自分の食べ物を分け与えます。自分は倹約してでも子供に恥をかかせないように衣服を整えてやります。この心が仏さまの心に似たものであると詠まれているのです。ではこの心からもっと仏様に近づくためにはどうすれば良いでしょうか。我が子かどうかの垣根を取り払い平等に接すれば仏様の行ないとなるのではないでしょうか。地域のことを考える、自分の持てる技術を生かす、積極的にボランティアを行なう、など人様の喜ぶ活動をすればそれが「我」から「大我」になっていくと思います。また、一生懸命活動している人を応援することも大切です。世の中の役に立っていると信じ活動している人も周囲の応援がなければ不安になってくるものです。

空を見上げると鳶が上昇気流に乗って上へ上へと上がっていきました。私は平面上でしか自由に動けませんが、鳥は空間を自在に飛んでいます。私も鳥も生かされる時間に限りがありますが、仏様は時間も空間も自在に超越されているのです。人としてこの世に生を受けたからには少しでも仏様の智慧に触れたくて、阿字観を実修したり、ボランティア活動を通じて「我（人の知恵）を「大我（仏様の智慧）」に近づけていきたいと思っています。

（亀山伯仁）

自在

この心はすなわち都亭なり　都亭は常の舎に非ず縁に随《したが》って忽ちに遷移す遷移定れる処なし　この故に自性なし　諸法自性なきが故に卑を去け尊を取る（十住心第九／宝鑰第九）

【この心は宿のようなものである。宿は定住の家ではない。日程によって移動を続け、一つの宿に留まることがない。このように、すべてのものには定まったものがないから、卑劣なものを避けて尊いものを選ぶようにするとよい】

◉尊いものを求めて　現代は情報化社会といわれます。家から一歩も出なくても多くの情報が目や耳に飛び込んできます。つい百数十年前までは、遠方の知らせが届くのに数日、時にはひと月もかかっていました。それが今ではアメリカ大統領のつぶやきが即時にスマホの画面に流れてきます。メディアは情報で溢れ、本当に大切なものが見えにくいこの時代、私たちはどうしたら真実を見抜く力を身につけることができるのでしょうか。

先日、近くの川べりを自転車で走る機会がありました。早朝のせいか人の気配もありません。静寂の中ペダルを漕いでいると突然、視界がとてつもなく明るく広がった気がしました。思わず自転車を止めて目の前の光景に息を呑みました。朝の光が川面に反射して、すべてのものをオレンジ色に染めています。自分の息が自然の中に溶け込んでいくような感覚です。何でもない普段の風景に、何か特別なものが感じられる気がしました。

普段の生活で色々な雑音が耳に入ってくると、いつの間にか私たちの心の中に良くないものが溜まっていきます。それを一旦リセットするには、本来持っている感覚を研ぎ澄ませることが大切です。静かに瞑想してみたり、自然の空気をいっぱいに吸い込んでみたり、素敵な音楽を聴いたりするのもいいでしょう。そうして心が澄んでいくと、ひとりでに美しいもの、尊いものを選び取っていく、私たちには元々そんな力が備わっているのです。

（曽我部大和）

自在

もし本に帰すればすなわち是れ密厳国土なり　座を起《た》たずして能く一切の仏事を成ず（宝鑰第十）

【もし本源に帰れば仏の世界である。その場にいるだけで仏の仕事がなされていく】

◉心の宝　秘蔵宝鑰は五十七歳に著されたお大師様の代表作です。鑰は錠前、鍵のこと。秘密の蔵は私達の心。そこに隠された菩提心という宝を探求し、十の段階によって解き明かしてくださっています。

日々変化する心と共に生きているのが私達です。普段は、心を動かすのは何なんだろうという疑問はあまり持ちません。しかし、自分ではどうしようも防ぎようがない災害や病気、死というものに直面したときに、そんな苦しみの中で自分の心を見つめ始めることが多いのではないでしょうか。

行き場を求めて何かを探す心は「有漏《うろ》」です。有漏とは煩悩が漏れているという仏教由来の言葉です。いいのか悪いのか。あっちかこっちか。何故　どうして？　心は何度も同じところをうろうろと巡り聞いてくれません。

苦しい時の神だのみとは、普段は信仰心を持たない人が困った時だけ神仏に助けを求める都合のよさを皮肉ったことわざとして使われています。「神様！」と、おもわず口から出るのは、生まれながらに誰もが持っている仏心や菩提心の現れと思えるのです。

闇のトンネルでうろうろしている時にこそ、私達は心の宝を見つけるチャンスをもらっています。人は経験したことしか本当にはわかりません。恨んだり、憎んだり、憐れんだり、神も仏もない、そんなすさんだ気持ちでは、安らぎは得られません。心は暗いトンネルを抜け出ることを望んでいるのです。

文頭の「本に帰すれば」の本とは、菩提心のこと、悟りを求める心、幸せになりたいと思う心です。つまり、心の宝です。自分の心を見つめ始めると、おごりや自惚れでは光らなかった心の宝が輝き始めます。自分の無力を知った時にこそ心から手を合わせることができます。救いを求めているのは自分自身の心です。自分の力で自分を信じるのです。これは他力ではなく自力です。自分自身を信じることができるのは、仏心があるからだと思います。


（橘高妙佳）

自在遊戯は即ち如来の事業威儀なり（法華経釈）

【自由自在に遊ぶことが如来の仕事であり、振る舞いである】

◉はい！　喜んで！　お寿司屋さんで食べたいネタを注文すると、元気よく「はい！喜んで！」と威勢よく返事が返ってくる。お寿司屋さんの店員さんは仕事でネタを握っているのに、その笑顔の対応に、出された食材もさらに美味しく感じます。

さて、三流の人はため息をつきながら仕事をイヤイヤ我慢して行ない、二流の人は仕事が好きで向上意欲もあり、仕事の質を上げる努力をします。そして一流の人は仕事をしません。というか仕事を仕事と思ってしていません。

ボランティアでも義務が発生するのですが、しかしその域をこえて、義務ではなく仕事をしています。仕事をするのが普通の状態だからです。仕事のオン・オフ、仕事・遊びの区別が無い状態を言います。

実際にそのような人は遊びも真剣です。仕事では会社の書類を決裁するとき膨大な伝票から問題個所をすぐに見つけます。どうしてすぐに問題個所が判るのかお聞きしたところ「ぱっと見たら匂いがする」との事でした。カンが鋭いのでしょうか。

法華経の中に観音経があり、その中で観自在菩薩（観音）さまは自らの姿を三十三に変身し、この娑婆世界に遊びに来て衆生を救済していると書かれています。元来、観自在菩薩さまは極楽浄土におられますが、阿弥陀如来さまが説法をしているので、退屈なのでこの娑婆世界に遊びに来ていると言われています。いわゆるこの世界に出張しに来ているのです。

それと同じように如来さまも自由自在に思いのまま、こだわりが無い振る舞いをしています。遊び、戯れるがごとくに、分け隔てなく救済を楽しんでいる様子なのでしょう。

真言宗では「如来は加持力」という言葉があります。私達（行者と衆生）の願い（注文）はその信じる力により如来さまが「はい！　喜んで！」と応えてくれる働きなのです。如来さまの働きに感謝！

（吉森公昭）

自在

密には　我とは真如の我にして　無我の大我なり　すなわち自在の義なり

（法華経開題　殑河女人）

【密教がいう我は、真実にして個人を超えた大いなる我である。つまり、自由自在の意味がある】

◉古漢字から観る衆生の不自在　人類最古の漢字は約三千年以上も前に亀甲や獣骨に卜占内容が刻された甲骨文字です。二〇一七年ユネスコ「世界記憶遺産」に登録された甲骨文字では、「自」は鼻をかたどり、他と分別し拘束を避けたい欲求の反映です。「在」は、音符「才」と表意の「土」からなり、「地上にとどまる」意を持つ形声字でした。

「我」は、武器や農具の名で、刃付き熊手と木柄が合わさって出来た表意字でしたが、「娥」や「峨」など形声字の音符用が主だったといわれます。「我」の初主役用例は、商（殷）王朝頃の「王我其逐鹿獲」の文字列でした。「商王の我れは鹿を追って大猟の捕獲ができるのか？」と天地神明に問う卜占内容でした。「逐鹿」が後に戦乱を意味する言い回しに転用されたほど、古の帝王は因業果報の意識どころか、思う存分に狩りや淫欲等諸々の快楽を自在に謳歌したとみます。

戦争に対して「殺生」の認識が無く、功罪と善悪基準さえも天子や王が決定権を有していました。特権階級の人々は諸享受で明け暮れ、我欲や我我所を追求してやまなかったと観ます。結婚の場合、現在のブライダル介添人役は式場スタッフが兼任で済まされるのもありますが、甲骨文字の頃は、王侯貴族が妻一人を娶る場合新婦の娣《いもうと》や侄《めい》など媵《よう》と称された女性介添人計八人も全員新婦と共に嫁入りし新郎の側室になってしまうような社会風土だったといわれます。

不思議なことに、「幸」の字は、意も形も「手枷《てかせ》」そのものでした。「執」の字は、「幸」の「手枷」に囚われ膝まずいている人の姿となっていて、ドラマチックな表意字でした。まさに「幸」に固執しすぎると「自在」を失い「囚人」になっちゃうぞと聞こえてきそうです。甲骨文字はいにしえの衆生が想いを織り込んだ「識」でタイムカプセルのような気がします。無辺衆生の識を智に転じ、無我の大我にして、自在を得たいものです。『華厳経』の懺悔文「我昔所造諸悪業《がしやくしよぞうしよあくごう》　皆由無始貪瞋痴《かいゆむしとんじんち》」を唱え、自他の自在に向けて普賢行願の真心を実践するのみです。

（松本堯有）

自在

智あって弁なり　恭にして謙なり　人を導いて倦《う》まず　物を済《すく》うに方便あり（性霊集十　勤操大徳）

【勤操大徳は、智慧があって雄弁、恭しい謙虚さがあり、人々の教導に努め、救済方法が適切である】

◉因果応報と三世因果　勤操大徳《ごんぞうだいとく》（七五四～八二七）は石淵寺《いわぶちでら》での法華八講を創始し、川原寺、西寺の別当を歴任した三論宗の名僧です。平安京大極殿にて『最勝王経』を講じ、紫宸殿における宗論では法相宗の僧侶を論破するなど、当代きっての学僧として勇名を馳せる一方、新興勢力であった天台宗や真言宗の活動にも積極的に協力しており、その謙虚で高潔な人柄は多くの人々から慕われていました。入滅の際には淳和《じゅんな》天皇《てんのう》より僧正《そうじょう》の位が追贈され、一周忌に奉納された肖像には弘法大師が感謝の意味を込めて讃を入れています。冒頭はその讃の一文です。

もっとも、世の中には業績や人柄が正当に評価される勤操大徳のようなケースばかりではありません。必ずしも善人が幸福に、悪人が不幸にならないのが世の習いです。それは古代中国も同様でした。『書経』には「天道は善に福《さいわい》し、淫《いん》に禍《わざわい》す」として、善因善果、悪因悪果が絶対的な天の摂理とされていますが、司馬遷《しばせん》の『史記』には、孔子門下で学識徳行ともに最も優れていた顔回《がんかい》が貧窮《ひんきゅう》の中で夭折《ようせつ》し、暴虐の限りを尽くした盗賊の盗跖《とうせき》が裕福に天寿を全うした矛盾が指摘されるなど、その摂理が本当に現実社会に適合するのか疑問視されています。

この疑問を氷解させたのが仏教の三世因果の論理でした。皇侃《おうがん》の『論語義疏』に儒教は「ただ現在を説くのみ、過去未来を明らかにせず」とある通り、儒教の因果応報説は現世のみを扱っていますが、インドの輪廻思想に立脚する仏教の因果応報説では、過去、現在、未来の三世が対象となっています。そのため、顔回の短命は前世の悪因に、盗跖の長命は前世の善因に基づく果報であり、両者の現世での善因と悪因は、必ずや来世での善果と悪果を導き出すだろうとの見方が可能になったのです。聖徳太子の十七条憲法にも「悪を懲《こら》しめ善を勧《すす》むは古《いにしえ》の良典なり」とあるように、古くから勧《かん》善懲悪《ぜんちょうあく》が絶対的な倫理規範として浸透していた日本人にとっても、三世因果を説く仏教は、とても受け入れやすい宗教だったのではないでしょうか。

（愛宕邦康）

自在

無染而染の故に五大の色を具す（大日経開題　釈此）

【染まったり染まらなかったりして自由であるから様々な色を表すことができる】

◉未来を永劫に明るく染める　真言密教の特質は一切の現象を否定せず、その本来の相《すがた》を教理に従ってそのまま生かし、憂きこと多きこの世を自在に生き抜く教えです。

私たちが生存している宇宙の実在は地、水、火、風、の四大であると言うのはギリシャの思想やインド哲学ですが、実在するには場が必要ですから、空を加え五大とし、地は黄色、水は白色、火は赤色、風は黒色、空は青色と色があり、それぞれが妨げあうことなく円やかに溶け合って自在に色を表すことができる、色が決まっていないからこそ、人々の要求に応じた色を表し救済できるのです。密教は五大を単なる物質ではなく、大日如来、阿閦如来、宝生如来、阿弥陀如来、不空成就如来の五仏であり、仏様の持つ五種の智慧であると言うのがお大師さまの教えです。

厳格に独自の色を定めた宗教もありますが、色を決めてしまえばその色の者しか救われない事になり、また他の色の者を排除する態度に出ますから争いも起こり、互いに拝みあい、供養しあう和楽の世界は出来ません。

五仏、諸尊は迷える人々を救わんがため、医者が病気に応じた薬を与えるようにそれぞれの人に従った教えを施し、迷いを退治してくださるのですが、それとて自性はありません。

この世の現象はすべて因縁関係に依って生じ、絶えず内容も姿も限りなく変えて行き無自性ですから、孤立の色に執われず劣ったものを捨て、勝れたものを得る密教の教えが未来を明るく染めるのです。

苦しみの此岸から、向こう岸にある絶対安楽の彼岸に行くのに、船も橋も無いので筏を作り、向こう岸に達したならば筏を担いで道を行くことはなく、捨てて行けばよいのです。

迷いの岸から覚りの岸へ運んでくれた筏は仏様の教えですが、全てのものは固定し特定の形もつものはなく、仏様の教えですら暫時的なもので無自性ですから捨てる時があり、覚りも固定したものではありませんから密教者は一所に停滞せず、捨劣得勝して前進するのみです。

（篠崎道玄）

薩字は一切諸法諦の義なり　観自在菩薩は普眼力を以て一切諸法を観じ不倒不謬なるが故に諦と名づく　諦は審なり　所観の理事徹底し　審は諦ならざること無きが故に（十住心第八）

【梵字のサは、すべての真理を明らかにするという意味がある。観自在菩薩は広い眼力ですべてをご覧になり、誤りがないから諦という。諦とは、真理を正しく徹底的に洞察するという意味である】

◉いつだって自由である、こころは　お大師さまの主著『秘密曼荼羅十住心論』（略称『十住心論』）には、第八住心「一道無為心《いちどうむいしん》」という心の世界が登場します。

一道とは、法華一乗（声聞・縁覚・菩薩）の教え（悟りの道）。無為とは執着から離れた「真実の世界」（さとりの世界）のことです。すべてが清浄であり、主観も客観もないひとつに統一された世界、心と虚空（すべてのものが等しく存在する空間）と悟りがひとつであるとありのままに知る境地です。

観音さまは、一切諸法諦の奥底に秘められている本質を広い眼力によって見極め、心そのままが真実の世界であり、悟りの世界に通じることを明らかにされました。

昔、チベットへ巡礼の旅に出かけたことがあります。そのとき、聖地ラサ（観音さまの浄土）をめざして五体投地を繰り返すあるご家族と出会いました。

どこまでも青く澄み渡った大空と大地と人が一体になり、山や川や大自然のすべてが融け合って「ひとつの大いなるいのち」に。大地に風《ルン》が降り立った瞬間、梵字のサが浮かび、「オン・マニ・ペメ・フーン」（観音さまの六字真言）が聞こえてきました。

やがて、「私」もどこかへ……。

慈悲の心をもって自他共の幸せを願う、私たちの真実の姿なのかもしれません。

「こころは、いつだって自由である」、観音さまの声が聞こえてきそうです。

（雨宮光啓）

実証

輪王の性　金剛の種に非ずんば　誰かよく三密の曼荼を見　四印の神秘を聞かん（大日経開題　法界）

【きわめて高徳な人でなければ、どうして仏の活動や世界、真理の奥義を聞くことができようか】

◉**盤珪の不生禅**　「さて皆の衆へいひまするは、親の産み付けてたもつたは、仏心一つでござる。余のものは一つも産み付けはさしやりませぬ。その親の産み付けてたもつた仏心は、不生にして霊明なものでござつて、不生で一切の事が調ひまする」（『盤珪禅師法語』）

明徳をあきらめるための酷烈な修行の果てに、「ひょっと」不生の仏心にたどり着いた盤珪永琢《ばんけいようたく》禅師（一六二二〜一六九三）は、大悟の後多くの民衆に不生禅を説き、大いに人びとの眼を開かせました。どんな人でも生まれついての不幸者や悪人などいない、短気も無ければ損気もなく、すべての迷いは不生の仏心をわが身の贔屓ゆえに修羅に仕替え愚痴に仕替えて起こしたもので、不生なる仏心に住して居れば、そのまま活き如来、諸仏の本で居るということなのだと、繰り返し説かれました。

ひるがえって、掲題の文章では、転輪聖王の性質、金剛乗の仏種でなければ、真言秘密の教えを見聞することはできないと言われています。これを普通に読めば、限られた人しか覚りの世界を知ることはできないというように見えます。果たしてそうなのでしょうか？　盤珪禅師はこれに対しても、流れるように説法されることでしょう。輪王の性というも金剛の種というも、本をたどれば不生の仏心より来たること。仏心は不生にして霊明なものでござって、不生で一切が調いまする。この場にござる衆は一人でも凡夫はござらぬ。皆人々、不生の仏心ばかりでござる。

お大師様は高野山の万灯万華の法会に集まった人々に、「諸々の金剛子」と呼びかけておられます。だれもが金剛の仏子であり、大日如来の説法を我も人も同様に得ていると言われます。

四方を壁で囲んだ方丈にこもり、壁に吐いた血痰が転がり落ちるのを見て死を覚悟するほど自らを追い込んだ盤珪禅師は、そんな苦労をもうしなくてよいようにと、人々に不生の仏心に住することを何度も説かれたのでした。これも仏心からの慈悲の現れなのでしょう。

（佐伯隆快）

実証

輪王の種姓　大機の菩薩に非ざるよりは　誰かよく五智を一心に開き　三密を凡身に得ん（平城灌頂文）

【転輪聖王になれる人か、優れた菩薩でなければ、仏の智慧や働きは凡庸な者では理解ができない】

◉仏さまと出会う　仏の智慧について書かれたお大師さまの著作を読んでみても難解すぎて理解が追いつきません。しかし、灌頂《かんじょう》という直接仏さまと相対する体験を通じて仏さまの智慧を感じることができます。

灌頂とは頭頂に水を灌《そそ》いで仏さまと縁を結ぶことであり、受者は目隠しをして曼荼羅の上に華を投げ、華の落ちた所の仏さまと縁を結ぶ投華得仏《とうけとくぶつ》を行ないます。お大師さまは中国において投華得仏を行なったとき、何度繰り返しても中央の大日如来の上に花が落ちました。お大師さまは中国において大日如来と縁を結んだのです。

中国から帰国したお大師さまは出家や在家など対象を問わず、どの仏さまに守り本尊となってもらうかを決める結縁《けちえん》灌頂の儀式を広く行ないました。今でも結縁灌頂は一般の方に向けて高野山において行なわれており、春に胎蔵界の仏さま、秋に金剛界の仏さまと縁を結ぶことができます。私たちの心の迷いや不安を取り除き結縁灌頂で仏さまと縁を結ぶことで本来の清らかな心を開かせてくれます。

私たちのような凡庸《ぼんよう》な者には仏の智慧や働きを理解することができないとお大師さまは説きます。では、優れた菩薩《ぼさつ》ではない私たちに仏の智慧を理解できないのでしょうか。

仏さまの教え（智慧）と出会うことは「百千万劫にも遭うことが難しい」とあります。一劫とは、天女が百年に一度地上に降りてきたとき、衣が擦れて岩の表面が微かに擦り減ります。それを繰り返して岩がなくなってしまうまでの永遠とも思える時間を指します。気が遠くなりそうな時間の百倍、千倍の時間を以てしても仏さまの智慧と出会うことが難しいのです。

凡庸な私たちは仏の智慧を理解することは難しいのですが、灌頂によって出会うことで仏さまと御縁を結ぶことになり仏さまの難しい智慧を感じることができるのです。

（中村一善）

実証

父母所生の身に十地の位を超越し　速やかに心仏に証入せん（性霊集九　諸有縁衆）

【生まれたこの肉身のままで、菩薩の段階を越えて速やかに心の中の仏に入る】

◉あるべきようは　弘仁七（八一六）年、高野の地を下賜されたお大師さまは、先ず七里四方を結界する修法を行なわれました。古来より高野山は祖霊の集まる「山中他界」の聖地として信仰されていましたが、その霊的世界の中心に密教伽藍を構築し、根本教義である「この身このままの成仏（即身成仏《そくしんじょうぶつ》）」を目指した修禅の道場（壇上《だんじょう》）を構想されたのです。

高野山の壇上伽藍は、大日如来を象徴する根本大塔中心の配置をとり、金堂を中心に構成される一般の伽藍と異なっています。密教伽藍としては世界で唯一無二のものですが、しかし、仮に縮小した形であるならば、実はどの密教系寺院に行かれてもこの壇上伽藍のジオラマを目《ま》の当たりにすることができます。

皆さま方がお寺に詣でますと、本堂中央の奥まったところに本尊仏が祀《まつ》られ、その前に香炉や燭台、季節の花をお供えする花瓶等を置く前机があります。ここまでは宗旨による違いはありませんが、密教寺院では本尊仏と僧侶の座の間に四尺から六尺四方の修法台を構え、これを大壇《だいだん》と呼んでいます。壇の四隅に小柱を立て、壇線と呼ばれる五色の撚《よ》り糸を廻らせて結界し、壇の中央には根本大塔に比擬される多宝塔が置かれます。僧侶はこの大壇にみ仏を招き、仏と我とが相互に感応し渉入《しょうにゅう》する観想（入《にゅう》我《が》我入観《がにゅうかん》）を通じて凡仏の一体化を目指すのです。壇上は、高野山の壇上伽藍と密宗各寺の大壇とを問わず、凡夫がこの身このまま成仏を果たす法界道場となるべき場所です。

私たちは秘観と呼ばれる観想を廻らせ、み仏の境界を窺《うかが》おうとします。ところが、壇を降り日常が戻りますと、忽ち煩悩が動き出すのを禁じ得ません。そのあたりのことについて栂尾高山寺の明恵上人が次のようなことをおっしゃっています。「道場に入るごとに生身の仏のおわしますと思いて、正しく生身の如来の御前《おんまえ》にのぞむ思いをなすべし、木に刻み絵に描きたるを生身と思えばやがて生身にてあるなり」。

（田中智岳）

瑜伽

金剛頂瑜伽法門は是れ成仏速疾の路なり　その修行する者は必ず能く頓に凡境を超えて彼岸に達す　余部の真言は諸仏の方便なり　その徒《ともがら》一にあらず（付法伝第二）

【金剛頂経は即身成仏の道が説かれ、これによって修行すれば必ず速やかに凡夫を超えて悟りに至る。その他の真言は諸仏の手段であり、流派が様々にある】

◉道を踏み外さないために　「あぁ、もったいないことをしたなぁ」。人生に後悔はつきものとはいえ、過去の己の愚かさを悔やむことは多いものです。現在の私の後悔の種は高野山真言宗の阿闍梨となるための百日間の修行をあたかもノルマを消化するかの如く、日々を無為に過ごしてしまったことです。ただ、言い訳をすると、修行中は本当に時間に追われて、言われたことをこなすだけで精一杯でした。

時間に余裕のある現在、修行の内容を改めて振り返ってみると、「こういうことをやっていたのか」と、合点のいくところがいくつもあります。もし修行中にそのことに気付いていれば、もっと一つ一つの所作を味わったのにと思うのですが、今更あとの祭りです。「本当に大事なのはこの部分だよ」、そんな風に何度も指導僧に言われても、あの頃はさっぱり理解できず首を傾げていました。今なら、その言葉も分かるような気がします。

修行中は金剛頂経の内容を教わるということはないのですが、それを要約したような次第を使って何度も仏様を拝むことになります。その過程で曼荼羅にも描かれている仏様の世界に入り、かつてお釈迦様の開かれた悟りがどのようなものであったかを感得することがその次第の妙であるのだと今は感じています。

もちろん、お釈迦様と同様の悟りへと至る道はその仏道修行のみというわけではなく、他にも色々あるかと思います。しかし、空海様やその他多くの先達が苦労の末に編み出し伝えてきたものを、深く味わえる機会を自ら放棄したのは愚行であったと悔やんでいるのです。現在、私は高野山内の寺院にて百日の行を修する僧侶たちを監督する立場にいます。せめて、彼らが私と同じ轍を踏むことのないようにと念じながら日々の指導にあたっています。

（高田堯友）

当《まさ》に自心を観察する三摩地《さんまじ》に住すべし（十住心第九）

【まさに自分の心を観察するならば、瞑想に入るべきである】

◉**自然に還る**　密教における悟りは、お大師さまの「即身成仏」という言葉に集約されます。言い換えるとそれは、今生きているこの世界で自然や宇宙のリズムに自身を同化させて一体化を感じる、そんなイメージです。そして、そのために何をしなければならないか。それが三摩地に住すること。すなわち、瞑想＝瑜伽（ゆが＝ヨガ）をすることとなります。ちなみに、いま世間で流行っている健康法としてのヨガの源流はここにあります。

瞑想はまるでラジオのチューニングのようなものと、私は考えております。丸い周波数のダイヤルを握りながらゆっくり合わせていくように、深呼吸をしながら自然との調和そして同化を図ります。

仏道修行には様々な方法があります。朝のお勤めに始まり、作務（掃除）・食事・

瞑想・写経など、一見それぞれは異なるように見えますが、すべて「自心を見つめる」という共通したテーマが内在します。自身の心がどういう状態であるかということを常に客観的に観察し、今すべきことだけに集中する努力をします。

瞑想の基本的な集中対象は自身の呼吸です。しかし、瞑想中は様々な妨げが頭の中を巡ります。瞑想を始めたばかりの方は、その行為自体が新鮮な為、比較的集中できた感覚を覚えることがあるかもしれませんが、少し慣れてくるとその妨げとなる邪念はどんどん生まれてきます。瞑想のポイントは、如何にこの邪念に心を寄せず、呼吸だけに心を戻せるかになります。最初はそれこそ、この戻すという行為自体が大事なトレーニングとなります。そして、このトレーニングは世間で最近よく言われる集中力が増すとか、緊張やストレスが軽減されるといった副次的効果も生みます。ただ、間違えてはいけないのは、この副次的効果を最初から求めてはいけないということです。本来はあくまでただ心の穏やかさを得る、または自然や宇宙との一体感を得るためのものなのであり、それこそが本当の瞑想＝瑜伽なのです。

（山本海史）

瑜伽
三摩地《さんまじ》とは能く諸仏の自性に達し諸仏の法身を悟り　法界体性智を証して大毗盧遮那仏の自性身　受用身　変化身　等流身を成ず（宝鑰第十）
【瞑想によって仏の根本に迫り、仏そのものを悟り、仏の世界を明らかにし、大日如来のさまざまな働きを各方面で行なう】

◉人の心に宿るもの　仏教には一本調子で読まれるお経のほかに、声明《しょうみょう》といって、節をつけて唱える声楽のようなものがあります。私はどうも音感が悪く、この声明が苦手で、普段からあれこれと悩まされています。複数で唱えることが多いので、「音を外していないだろうか、自分のせいで不協和音になっていないだろうか」と終始びくびくしています。

こうなると見事に悪循環にはまってしまい、不安だから声が小さくなるし、委縮して何もかもに自信を失ってしまいがちでした。果たして自分には何ができるのだろうか。自分が得意なこと、それをもって人々に安心をもたらせるような特技があるだろうかと自問する日々が続きました。そこで、ふと思い当たったのが、文章を書くことでした。「あぁ、そういえば、高校時代は現代文や古典が得意だったし、作文もすきだった」と。その時から、「まずは文章で仏様の教えを説いていこう。そこから少しずつ出来ることを広げていけばいい」、そう心に決めました。

高野山真言宗のご本尊である大日如来様は宇宙をつかさどる根本仏であり、他の仏様は各々の役割に応じて大日如来様がその身を転じたお姿だとされています。薬の詰まった壺をもって病を治してくださる薬師如来様も、間違っているものを正しい道に導いてくださる不動明王様も、あの仏様もこの仏様もすべては大日如来様そのものなのです。

そして、このことは仏様に限ったことではありません。人もまた大日如来様の命のあらわれであり、他の人々を救うための方便をそれぞれが授かって産まれてきていま す。絵が上手な人、運動神経が抜群によい人、この世には様々な人がいて、価値観も多様です。人を救う手段も、たった一つであるはずがありません。あなたの好きなこと、得意なことは何でしょうか。あなたの心に宿るのはどのような仏様でしょうか。ぜひ、自分自身に問いかけてみてください。

（髙田堯友）

この三昧を修する者は現に仏菩提を証す（即身義）

【一字金輪の真言ボロンにて瞑想をすれば悟りを得ることができる】

◉疑う　お大師さまの数ある著作を紐解いてみると、いつもとても驚かされることがあります。それは「データ管理（記憶能力）」です。お大師さまの事相教相は、今なお色褪せることのないどころか益々重要性を増していますが、当時としても大変新しい考え方で、容易に理解されるものではありませんでした。そこでお大師さまは必ず「根拠」を示しています。このことはどの経典のどこどこに書いてある……あの経典にはこのように書いてある……といった具合に。それが異常なまでに何とも膨大な量なのです。千二百年の昔、全てがアナログだった時代に、ちょっと考えられません。

この能力の凄さに目を奪われてしまい、忘れてはならない大切なことがあります。それは「必ず根拠を示している」ということ、それ自体です。科学の世界では、実験を重ね証明することだけが正当性を主張する唯一の手段です。迷信や妄信といった精神的な危険を防ぐ役割も果たしています。

表題の一文は『即身成仏義』の冒頭に現れる教理証文（根拠）の第一です。「即身成仏」＝「この身このままで悟りを得る」とは、密教の神髄であり、最高の現世利益です。その方法が真言を唱えて瞑想することだと言っているのです。

人にはその人にしかない資質能力が必ずあります。皆それを発揮したいし、することができます。無理なく最も自然な形で、最大限それを表現したいなら、仏教密教を是非利用してみてください。仏さまが約束し実践していることを、お大師さまが実践し証明されています。その智慧を拝借しない手はありません。

今自分が信じ進んでいる道をしっかり信じてください。そしてとことん疑ってください。この道で自分は何をするのか？　よく知っていることこそ先入観を捨て、柔軟に聞く耳をもって素直に向きあってください。新たな発見がたくさんあります。必ず自分の進むべき方向へ向かっていきます。本物はどこまでいっても裏切られることはありません。全てが生きていきます。

信心＝意識が人を動かします。人生をドライブに例えるなら、まずどの車にのりますか？　自分を見つめ基礎を整えましょう。

（阿形國明）

瑜伽

無辺の生死いかんが能く断つ　ただ禅那と正思惟とのみ有ってす（心経秘鍵）

【果てしない生死の苦しみを断つ方法は、禅定と正しい思惟のみである】

◉向き合うことは恐れをなくすこと　このお言葉が書かれた『般若心経秘鍵』は、私たち僧侶にとりまして、とても馴染みのあるお経です。真言宗僧侶が常々使うお経がまとめられた『常用経典』といわれるお経本にも含まれています。数あるお経の中でも、お大師さまがお書きになられたご文章が経本の中に納められて、いつでも私たちが触れることのできる身近なお経であります。その出だしの部分のお言葉ですので、とても親しみがあり、更には奥深さを感じさせてもらえるお言葉です。

仏教の始まりは、死の苦しみから脱する方法をお釈迦さまが求められたことによって成立したといえます。私たち生きるものは、死への恐怖と、死をどのように受け止めるかが最大の関心事です。お釈迦さまはそれらから脱した悟りの境地を得られたのですが、それは言葉で表されるものでなく、お釈迦さまの境地に近付くことで理解できるものと考えられています。つまり、仏教では、明確にこれだといえるものはなく、またそのような教えがあっても、受け取る私たちに理解する器が必要であるともいえます。

毒矢を放たれた時、誰がどのような毒で放ったかを考えるよりも、まずは毒矢を抜いて毒が回らないように考えることが先決であるという教えがあります。死はいずれやってくると理解して、今の瞬間を最大限に生きることを説いた教えですが、お大師さまもその教えを汲んで、心をざわつかせるのではなく、落ち着いて物事をしっかり見つめなさいと言われているのです。

今の若い人たちが受けた学校教育では、失敗が許されないような雰囲気を感じます。失敗を恐れて、何もできないことが多くあるように思うのです。もっと言えばネットの浅智恵を信じて、深く物事を考えずに流されているように思われます。失敗から学ぶことが多いというのは私たちが経験してきていることです。失敗しないことを深く洞察することは大切ですが、臆病すぎてまともに向き合っていないのではないでしょうか。向き合えば失敗も怖くなくなります。正面から向き合うことをお大師さまは示して下さっています。

（富田向真）

瑜伽

譬えば男女の因縁の故に諸の子孫を生成するが如く　定惠和合して能く仏果を生成することも亦また是くの如し（金剛頂経開題）

【男女が結婚して子孫を得るように、瞑想と智慧が一つになって悟りが得られる】

◉母を思う心、母が思う心　高野山奥之院の参道は無数の杉木立と墓碑が立ち並び、今では日本を訪れる外国人の人気スポットとなっています。その道端に一つの小さな石碑があります。

「父母のしきりにこひし雉子の声」

俳人松尾芭蕉が高野山で残した一句が刻まれています。お仕えしていた主君の位牌を高野山に納めた芭蕉は、主君への思い、また自らの父母への思慕の気持ちを込めてこの句を残したといわれています。

キジは子を思う気持ちが強い鳥だとされています。時には自らの身を挺しても、燃え盛る火の手が迫ろうとも、我が子を守ろうとするそうです。そんなキジに、芭蕉は子を思う母の心と、母を思う子の心を重ね合わせたのかもしれません。

先日、自坊の境内に一羽のキジが迷い込んできました。田舎とはいえ平地の寺院でこんなことは珍しく、私の子供も興味深そうに近づきます。キジは逃げるでもなく、こちらも人間の親子に興味があるのだといわんばかりに、私たちの周りをきょろきょろしながら歩き回っていました。そんなキジを見ているうちに、先の芭蕉の一句がふと思い出され、親子の愛情について思いを馳せることとなりました。

キジも、私たち人間も、どんな生き物も両親が愛し合い生まれた子供です。子供への親の愛情と、親を慕う子供の愛情は、どちらも見返りを求めない無償の愛といえるでしょう。男女の因縁により、その結果としてかけがえのない愛情が生まれる、このことは実に尊いことではないでしょうか。

先のお大師さまのお言葉では、悟りに至る方法の例えとして男女の愛情が述べられています。瞑想と智慧を一つにする、ということは簡単なことではないように思われますが、男女や親子の関係に例えられると、少し身近に感じられます。キジのよく通る声が、親への感謝の気持ちを思い出させてくれたような気がしました。


（曽我部大和）

心静まれば如来を見たてまつること　鏡に明妙《みようしよう》を貪るに似たり（宗秘論）

【心が静まれば、鏡に姿が映るように如来を拝見することができる】

◉鏡は嘘をつかない　真言密教の古文書を読んでいると、「〇〇なること明鏡なり」という言葉がしばしば出てきます。現代語訳するなら「〇〇であることは誰もが知っている当然のことである」という意味です。ピカピカに磨かれた鏡は真実を偽りなく映すことから、偏見や先入観に捉われない真実を表現するのに用いられるのです。

また、心が鎮まり一点の曇りもなく研ぎ澄まされている深い瞑想状態については、風も吹かず波も一切立たず、鏡のように静まり返った湖面に例えられます。静まった湖面には周囲の風景が揺らがず映し出されるように、我が心が真実そのものと同体に染まっている様子です。

これらのように密教では揺るぎなき真実のことを「鏡」に例えることが多いのです。仏と我が一体無二となる瞑想に「入我我入観」があります。仏と向かい合い、私の心の鏡に仏が映り込み、仏の心の鏡に私が映り込むように互いが一体となるイメージをするのです。真言密教の行者は、世俗の人間として仏さまを拝んでいるのではなく、仏さまそのものとなった心境で修行しているのです。

神社に参詣しますと神前に「神鏡」がお祀りされています。鏡自体が御神体でありますが、同時に、鏡と相対する参詣者自身の姿の中に神が宿っておられることを諭してくださっているのです。

さて、毎朝、身だしなみを整えるのに鏡を見ます。自分の顔を見て、自分がどういう表情なのか自覚していますか。自分の一番キレイな、カッコいい姿を表現するにはどんな顔をすればいいのか知っているのです。しかし一旦外出して帰宅するまでの間、鏡の前で見た自分の一番いい表情の顔を意識して表現する瞬間はあるでしょうか。イライラして、しかめ面していることの方が多くありませんか？　自身が鏡の前で確認した自分の一番カッコいい姿こそ、真実の自分の姿であり、仏さまの表情なのですから、自信をもって堂々と笑顔で一日を過ごしましょう。そうすることによって周囲の人もあなたの表情を鏡のように映し出してくれることでしょう。

（大瀧清延）

毎日三時の供は瑜伽観智に入って　名利の心を起さざれば　まさに如来の意に契《かな》うなり（宗秘論）

【毎日三度のお供えは、瞑想の智慧に入るためである。そして、名誉や利益を考えずにいれば如来の心に通じていく】

◉あーちゃんの瑜伽　「瑜伽」と聞くとヨガを思い出す人もいますが、実は日本人の習慣に密教にある「瑜伽」に通じるものがあります。

私も皆様と同じく、何歳になっても何とも言えぬ想いを母に抱いております。私の幼い頃上手く「お母さん」と言えず、「あーちゃん」と長い間呼んでいたことを気恥ずかしく、懐かしく思い出します。

このあーちゃん、普段は観音様を彷彿とさせる程に家族にも周囲にも優しく、近所でも「穏やかな人」で通っていました。ただ一点、仏さまの前に座る時はいくら子どもであったとしても憤怒の仏のよろしく、「めっ！　めっするよ！」とピシャリ。今に思えば、「滅する」という言葉が語源なのかもと思うと、子どもには厳しい一言です。もちろん静かに子どもなりにきちんと座り、仏さまにご挨拶をし、拝めば、いつもの優しいあーちゃんです。

そして彼女は別に出家した僧侶でもなく、昭和時代の一般的な普通の主婦でしたが、「あ、神さんと仏さんに」が口癖で、買い物に行けば、何か頂き物があれば……すべてお供物。とにかく、我が家では「神棚と仏壇第一主義」でした。

私の両親はただひたすら、拝む回数が多い。毎朝、帰宅、眠る前にも手を合わせているのです。

大人になり両親に尋ねると大したことではなく「ただいま」と声をかけるという、大変信心深い大人には大切なことだったのでしょう。あーちゃんはそれ以外にも物が無くなった時も拝み、見つかれば、「仏さんが見つけてくれた」と笑います。

「信じるものは救われる」とも言いますが、あーちゃんはいつの間にか仏とつながったのかもと、考えさせられる最期を私に残しました。あーちゃんは亡くなる瞬間、「ありがとう。さようなら。またね」と三回唱えて空に旅立ちました。（伊藤貴臣）

瑜伽

密門に入ることを得て心珠の本有《ほんぬ》を悟り　被尋《ひじん》して観行すれば僧祇を歴《へ》ずして　横に四流《しる》を截《き》り竪に三界を超ゆ（宗秘論）

【密教に入門し、心の仏を自覚して修行すれば、長い時間を経ずして煩悩や迷いを克服することができる】

◉沈むか渡るか　ひとつの心　この冬、猛吹雪の中、各地から僧侶が集まり、得度式が行なわれました。得度の度は「渡る」に通じて、迷いの世界を超えて彼岸（さとりの世界）へ渡ることを意味して、新たに仏門に入るための密やかな儀式です。仏門に入る機会を得たのは北海道の仲間ご寺院のご子息です。春から東京の大学へ入学する前に得度式を受け、ひとりの修行者として旅立ちます。私は会奉行という儀式を統括する役をいただき、道場内の僧侶やご家族に目を配りながら、得度を受ける若者を見守ります。

儀式は師に出会い、煩悩を絶ち、仏教により守り伝えられてきた大切な言葉をひとつひとつ染み入るように確認しながら進んでゆきます。仏教が紡いできた大きな物語の中に、十八歳の若者も道場内にいる人たちも入ってゆき、涙する人もいます。

仏門に入るということは、さとりに向かい歩んでゆくことです。その仏門の中でも特に密門（真言密教）においては、心珠の本有（だれもが心の中に持っている仏の心）を自覚することから始まります。心珠とはくもりやけがれの無い菩提心。つまりだれの心にも自分にもさとりを求める菩提心があること、そのことに気づくことが何より大切です。

私たちの心は、この世で激しい水流のごとく煩悩に覆われ流されています。煩悩を生み出すのも自分の心。しかし清らかで静かな仏の心のありかもまた自分の心です。師を問い訪ね、煩悩に流されず、本来持っている仏の心・菩提心をはっきりと確認できるようになることこそ真言密教の修行であり核心です。

煩悩の海に確かにある珠のような仏の心。言い換えれば凡夫と仏とが実は一つの心であること、迷いもさとりも同一であるという心の見方を自覚できるかどうかによって、流転する海に沈むか、さとりに速やかに渡る（到達する）かに分かれるということなのです。


（伊藤聖健）

瑜伽

真言持念すれば凡身即ち是れ仏なり　一字理と相応すれば　すなわち金剛の種智を成ず（宗秘論）

【真言を保って忘れなければ凡人のまま仏であり、わずか一字でも理にかなえば完全な智慧を完成する】

◉算額、人を選ばず　多くの寺社は、境内に扁額《へんがく》という社寺の名を記した額が掲げられています。お寺ですと○○山○○寺という風に、頭に山号《さんごう》と呼ばれる名がつくことが多く、私の寺は山門の扁額に山号が記されています。

ですが扁額に記されるのは文字ばかりとは限りません。変わった例では数学の問題を額に記し奉納した、算額《さんがく》と呼ばれるものがあります。日本には古くから和算《わさん》と呼ばれる高度な算術があり、その問題や解答を扁額に記し奉納したものが算額です。江戸時代に流行し、本来は問題が解けたことを神仏に感謝し、さらなる精進を誓う意味があったようですが、やがて難解な問題を掲げ「さあ、これが解けるか？」と答えを広く大衆に問う、知恵比べの意味も持つようになったようです。

算額には図形問題もありました。円や直線が描かれ、何のことかさっぱりわからないものもあります。ですが図形というのは視覚的に認識しやすく、理解できるかは別にして、入ってきやすいものだと思います。読み書きそろばんと言いますが、江戸時代、まだまだ読み書きのできない人も多かったはずです。しかし算額は、読み書きは不自由でも、何となく直感的に理解してみたいという気持ち、知識に触れてみたいという思いを人々に起こさせたのではないでしょうか。

仏前でお唱えする真言も非常に短くはありますが、耳に入ってきやすく小さな子供でもお唱えできるものです。長い年月の中で多くの人々が、仏様の教えを学びたいと思ったはずです。そうした時に真言を聞き、憶え、唱え、「これなら、ひょっとしたら私にも理解できるかもしれない」という思いを起こさせたことが、多くの人々を救ってきたのでしょう。

多くを語らずとも、人々の悟りや教え、知識への挑戦を退けず、受け容れてくれる。それが算額であり真言なのだと思います。

（穐月隆彦）

境は心に随って変ず　心垢るれば境濁る　心は境を逐《お》って移る　境閑《しず》かなるときは心朗かなり　心境冥会して道徳玄《はるか》に存す（性霊集二　沙門勝道）

【環境は心によって変るから、心が汚れれば環境が悪化する。心は環境によって変わるから、静かな環境は心を穏やかにする。心と環境が一致すれば道が正しくなる】

◉感情をコントロール　動物には感情があります。人間もその枠組みから逃れることはできません。人は、基本的には感情に振り回されて生きている。といっても過言ではないでしょう。自分は感情に流されないと言っている人でも、実は些細な感情に影響を受けていることが多いものです。

例えば、同期入社した同僚が自分より出世した時、あなたはどう思いますか？　素直に相手を賞賛できるならまだいいのですが、そうでない場合の方が多いのではないでしょうか。この時の感情は、嫉妬、やっかみなど、とても良いとは言えない感情ですね。それを自分の中で消化できればいいのですが、こうした感情はなかなか消すことができません。むしろ、相手の足を引っ張ったり、ミスを探したり、はてはいじめなど、悪い結果しか生まない未来が見えます。下手をすれば犯罪になりかねません。ですから、そういう時こそ自分と向き合ってみましょう。自分がどう思ったのか、どうしてそのような感情を持つに至ったのか、そこを自身で深く掘り下げるのです。まずは、自身がそういう感情を持っていることを認め、そこに至った原因は何なのか。そこに着眼する必要があります。先ほど例に挙げた同僚が出世した時、なぜ嫉妬したのか。悔しいわけです。でも、自分は同僚と同じ能力でしょうか。目に見えること見えないことも含め、同僚はどんな努力をしていたのか、それに対して自分はどうだったのか。そういう風に思考を深めることにより、問題点が洗い出され、自身の感情の原因がわかってきます。そうすることで、自分の感情を理性的に理解できるわけです。その時、出世した同僚に対してどのような気持ちを持つのか、そこはその時にしかわかりませんが、そうやって思考をしたことで、自身の感情と向き合えるようになります。そうやって、感情というものを理解し、コントロールしましょう。

（中村光観）

瑜伽

水清むときはすなわち到らずして到る　鏡瑩《かがや》けるときはすなわち得ずして得　鐘谷の応なんぞそれ遅きや（性霊集六　天長皇帝橋寺）

【心を澄ませたり、磨いたりすれば、速やかに仏が現れる】

◉ハートの鏡に映るもの　健康志向が体のみならずこころにも広がり、マインドフルネスなどの心の安定に重きを置いた瞑想を中心とするヨガも増えていますが、この世は心の安定を乱すもので溢れています。その中でもなお「水清む心」を取り戻し、「仏が現れる世界」に行ってみたいと思いませんか？

想定外のことに心がざわつくとき、「あわてない、不動心」と心を落ち着かせようとしますが、この「不動心」ということば、びくともしないという意味でとらえがちですが、まったく動かないところの柔軟性を損ない、かえって判断を誤ることにつながります。あわてるなと思えば思うほどあわててしまいます。逆に揺れることで倒壊を免れる免震技術のように一時的に身を任せてみることも一つの手です。

「不動心」についてこんな話があります。あるとき経験豊かな僧と、僧侶になりたての若い僧をそれぞれ驚かせて、その心拍数の違いにより不動心を探り出す研究をしたそうです。当然経験豊かな僧は初めから心拍数の変化はさほど大きくないと考えられていました。しかし実験結果において双方の心拍数の上がり方に違いはありませんでした。ただし、若い僧はそれからなかなか平常値に戻らなかったのに対し、経験豊かな僧は戻りが早かったそうです。つまり「不動心」とは動じないこころではなく、戻れるこころです。大きく波打つ海も中を覗けば命を育むゆりかごのように穏やかであるように、波のようにわき立つ煩悩も自身の一部であり、その煩悩の波こそが自らを成長させる糧を作り出すのです。「不動明王」の怒りに満ちた表情も、助けたいと思うその慈悲の深さゆえ、慈愛がそれほど深いという現れです。

よく磨かれた鏡がありのままを映すように、自らのこころを澄ませたとき、ハートの鏡に映る仏と一体となって自らが仏になることが、「真言瑜伽」の神髄です。

（中村光教）

瑜伽

澄鏡なるときは天祐　響のごとくに応ず　濁染なるときは鬼殺　雪のごとくに消ゆ（性霊集六　式部笠丞願文）

【心が鏡のように澄んでいれば、天のたすけによって仏に応ずることができるが、汚れていれば雪が解けるように心の鬼が仏を消してしまう】

◉御宝号念誦のへんろ路　約二十年前、平成十三年の四月二十三日より私は四国八十八ヶ所霊場を歩き遍路をしておりました。

その道中では様々なことがありましたが、全般に道中何が一番大変だったかと思い起こせば、天候に行程が大きく左右されることでした。照りつける太陽のおかげで暑さが増してふらふらになることもありましたが、やはり一番しんどかったのは雨です。

歩いてみて実際気付いたのが、濡れたまま過ごすというのは非常に不快感に襲われるということでした。雨具をつけているのですが、身体は蒸れて、靴などはずぶ濡れです。特に顔が濡れていると、それだけで不快感が増してイライラとしてきました。

疲れと不快感などでつい手にしていた錫杖で力ませに地面を突き、八つ当たりをしてしまった時、手にできていたマメが雨に濡れてふやけていたらしく、突いた衝撃で皮がめくれるという痛い目を見るはめになることもありました。

そんな自分を省みて、これではいけないと、それからは今まで以上に道中はただひたすら南無大師遍照金剛と御宝号を微音で唱え続けながら歩くことにしました。南無大師遍照金剛と唱えつつ歩き続けていくうちに不思議とイライラすることが減り、気付けば次の札所へと到着していたということが多々ございました。

その時、ひたすら御宝号念誦の間、きっと瑜伽の境地に至っていたのでしょう。脳裏には十五歳で出家し僧侶となり、高校・大学を卒業し、お世話になったお寺でのこと等、過去・現在の自身を見つめ直し、将来を思い描いていたひとときでした。

ただひたすら真言や御宝号を念誦すること。深く自身を省みて、己と向き合うことで大切な気付きを得られます。是非皆様にも御宝号念誦を通して実践していただきたいと思います。

（成松昇紀）

瑜伽

真言の大我は本より心蓮に住し　塵沙《じんじゃ》の心数《しんじゅ》は自ら覚月に居す（性霊集七　奉為四恩）

【大日如来はもともと心の蓮華に座し、無数の眷属はそれぞれの月輪に坐っている】

◉月の中に座ってみる　インターネット接続会社が「withコロナ時代のストレスに関する調査」を実施しました。「新型コロナウイルス流行前と比べて、さまざまなことに対し神経質になっているか」という質問に対して、「そう思う」が二十三パーセント、「ややそう思う」が四十三パーセントとなり、全体の七割弱が以前と比較して神経質になっているという結果が出ました。新型コロナウイルス感染症拡大のみならず、日頃の生活にストレスを感じていることが多いせいか癒しを求める傾向があります。真言宗では阿《あ》字《じ》観《かん》という瞑想法があり、癒しを求めて体験したいという方がおられます。私も御縁のある方からの要望を受けて阿字観瞑想を実習することがあります。

阿字観とは真言宗に伝わる瞑想法で、元々は僧侶が気持ちを落ち着かせるために行なっていたものです。しかし、近年の癒しブームもあり、僧侶の指導の下で一般の方も受けられるようになりました。阿字観の瞑想では月や蓮華座に座る阿字《あじ》（大日如来）が描かれている掛け軸を目の前に置き、自分自身が仏と一体となり、あたかも自分が月の中で座っているように、自らが大日如来となったように瞑想するのです。阿字観を体験した方から「体感としてすごく効果の高い瞑想法でした。あっという間でした」「宇宙いっぱいまで意識を広げてみるのは絶対に安心できる場所じゃないとできないことです。素敵な体験でした」という感想を頂きました。阿字観を通じて阿字（大日如来）と一体となる疑似体験をすることにより自分自身の心の中にある大日如来に気づき、周りには無数の仏さまがおられることを感じることができるのです。

私たちの心の中には元々仏になろうとする性質があるとお大師さまは説きます。しかし、お大師さまはどうしたら仏さまの悟りを得ることができるのかと悩み、金剛・胎蔵の曼荼羅があれば悟りへの近道になると考えました。曼荼羅を美術品として見るのではなく、自分の心の中をのぞいていると イメージして、心の中に仏さまの性質があることを確認したいものです。

（中村一善）

月鏡を心蓮に観じ　妄薪《もうしん》を智火に焼く（性霊集八　亡弟子智泉）

【月光のような仏を心の花びらに開かせ、さまざまな迷いを仏の智慧によって焼き尽くす】

◉迷いが出たら阿蓮月　先日、私は高校生以来の献血をさせていただきました。どうしてここまで時間が空いたのかといいますと、初めての献血の際、生まれつき血管が細くて採血が難しいようだと云われ、なんとなく痛い思いをしたからです。しかし、約三十年を経た今、なんとなく予定の採血ができ、見知らぬどなたかの生命を繋ぐ一助になれたと思った時、なんとも清々しい気持ちになりました。

そんなある日、高校生の長女が、「お父さん、今度ね、後輩の子と一緒に献血に行ってくるね」と言ってきました。「少し痛いかもしれないけど、いい考えだね。体調に無理なく行ってお出でよ」と伝えました。すると娘は「痛さなんて平気だよ、それに、献血をするとすごいお土産をもらえるんだよ。スマートフォンに使える充電器や結構いろいろとね」と楽しそうに教えてくれました。私は正直、この話を聞いて考えさせられました。献血という尊い奉仕に対しての見返りの返礼品が度を超えている感と、それが欲しさに飛びつくように献血をしようとする娘の動機を考えた時、目的を間違って欲しくないとおもいました。そこで、わかるように諭すような気持ちでこう娘に言いました。「ところで献血をするという行為はわかるよね。お父さんとお母さんからもらった大切な身体の血を、病気やケガで傷ついた人の手術で使われるというとても思いやりのある行ないだよ。だから献血をするときは、どうか私の今できる精一杯の行ないで少しでもお役に立てますように、と思いながらしなくては本当の献血にならないよ。奉仕の一つだから、何かもらえるから行くということは無しにしようね」。すると、娘は少し顔を隠しながらうっすら涙を溜めて「うん、わかったよ」と素直に受け入れてくれました。

ともすれば、どんな尊いことであっても、私たちがその動機を誤ればただの卑しい行為に陥ってしまいます。そこで瑜伽という禅定によって仏さまの智恵を獲得し、お月さまのような円明な覚りの智恵から行ないを判断します。時には猛烈な火の如く智恵の炎が迷いを破邪し、自分自身の心に咲く慈しみの蓮の花が大きく花ひらきますようにと願い続けることが真の喜びの行ないとなるのです。

（阿部真秀）

瑜伽を修する行者　生死に於て流転すれども染せざるが故に　広く利楽有情の事を作《な》す（理趣経開題　将釈此経）

【深い瞑想に入れる者は、世俗の苦悩に処していながらも、困難に負けることがないから、広く人々に利益を与える仕事ができる】

◉穢土に咲く花　蓮華は仏像や仏画で仏様の台座として、よく使われる花です。仏教とは切っても切り離せない関係にありますが、その理由はなんなのでしょうか。池や沼の底にたまった泥で育ちながらも、その泥に染まらずに美しい花を咲かせる姿を、俗世にありながら悟りを開く仏様のあり様と重ね合わせているからだとされています。確かに日本庭園の池一面に咲いている蓮の花を見た時などは、その現実離れした風景も相まって、荘厳ささえ感じられることがあります。

泥の中から咲くのだから、家庭でもさぞかし簡単に育つのだろうと思ってしまいがちですが、そうは問屋が卸しません。植木鉢に土を盛って、種を植えてひたひたと水に浸しておけば勝手に育つのかと思いきや、品種にもよりますが種をわざと削って発芽しやすくしたり、成長期には水の量や日当たりにも気を配ったりする必要がありま す。そういった世話をして、ようやく蓮はその美しい花を咲かせることが出来るのです。

俗世にありながら、その泥に染まることなく生きていく。口で言うのは簡単ですがそれは並大抵のことではありません。我々真言行者も、精進潔斎し、戒律を守りながら百日の行を終えて阿闍梨になろうとも、過ぎればその身はたやすく泥に染まってしまいます。その泥を払い落とすための一つの方法として、空海様は瑜伽を提唱されています。深く己を観じ、世の実相を見究め明らかにすることで、人はようやく美しい蓮の花を咲かせることが出来るのです。ひとたび咲いた蓮の花はそうたやすくは枯れないでしょうし、その清らかな姿はきっと多くの人に感動を与え、導くことが出来るのだと思います。私は仏道に入り数年しか経ておりません。学ばねばならないことはまだまだ数多いですが、生涯をかけて一つの花を咲かせようと思っています。

（髙田堯友）

かつて我の自性を観ぜずんば　何ぞ能く法の実諦《じったい》を知らん　教に違し理に違することこれより生ず（十住心第二）

【我が本心を見つめずして、どうして世界の真理を知ることかできようか。仏の教えに反する事柄は、自分を真面目に見ていないからである】

◉世界中の友達

いまの世の中、「ソーシャルネットワーキングサービス」通称「SNS」と呼ばれるものが多数存在しております。インターネットを媒介として「2ちゃんねる」と呼ばれる掲示板から始まり、多くの社会的問題が発生した「Twitter」や「インスタグラム」、連絡手段としてよく使用されている「LINE」もSNSの一つに当たります。

私も十年位前から「Facebook」を使用していろんな投稿をさせて頂いております。始めたばかりのころは日本人としかやり取りがありませんでした。ところが、高野山で僧侶になってからは海外の人からの友達申請が急激に増えて、今では海外の人がメインとなってしまいました。「広く緩い繋がり」、これがまさにＳＮＳの本質だと思います。

しかし、このことが私自身を省みるきっかけとなりました。当初は「外国人なんか」という考えを心のどこかに抱えていましたが、これは自分自身の可能性の否定でもあることに気づきました。いざ一人の海外の人とやり取りを始めた時に、漠然としていた目標が明確になったといっても過言ではありません。

世界にはいろんな生活や思想を持った人たちが生活している。その人たちは何を求めて私に友達申請をしたのか、そこが一番のポイントでした。それは「心の安寧」です。求めているものは世界共通、人類皆兄弟という言葉がまさに当てはまります。そして、私自身が僧侶として生きていく生きがいを与えてくれました。

一つの意固地な考えで周りを省みないでいると、本当の真理というものは見えてきません。自他共生という考えを持たずして自分を真面目に見ることができるでしょうか？　真理を知る一番の手掛かりが「我が自性を観じる」ということです。

（千葉堯温）

彼の華葉を見て四相の無常を覚り　この林落に住して三昧を無言に証す（十住心第五）

【花が枯れ、葉が散るという自然現象の変化に生老病死の無常を悟ることができる。無常なる山林の聚落に住みながらも、坐禅三昧の無言行によって悟りを得ることができる】

◉密教空間とは　香川県高松市で昭和三十六年に生まれ、㈱三越に三十年近く勤務された○○さん。彼が三越外商部に在籍していた時、善通寺との取引が始まりました。

善通寺では、平成十八年に迎える創建千二百年の記念事業の選定を、平成八年から開始いたしました。その主な事業は、大法会、出開帳、宝物展、チベット密教結縁灌頂、講演会（早坂暁さん、立松和平さん、夢枕獏さんほか）、真言密教シンポジウム、御影堂改修、聖天堂・光明殿建設、五百羅漢・百観音・石灯籠奉安などであります。

○○さんから創建千二百年の特別記念品として、高知県産の珊瑚で製作した「稚児大師」「五輪塔」の提案をいただきました。その後、創建記念の「萬燈萬華会・記念碑灯籠」と「赤門七仏薬師堂」の本尊である石仏の「七仏薬師」を制作しました。
○○さんは平成二十二年に三越を早期退職。同年「万灯舎」を創業し、探求（先人の知恵を徹底的に学ぶ）、独創（未だ世にない価値を生み出す）、進化（既存のものを超える）、有用（人や社会に役立つものでなければならない）を開発理念に掲げ、石塔を現代に役立て、生かし、未来に残す活動に取り組んでおられます。
特に五輪塔の研究を深め、全国の主要な五輪塔を視察し、その成果が当山の「光明殿」の大五輪塔（日本で最大級の優美な五輪塔。大台下端から約七メートル六十センチ。その基壇には十三仏を象徴する十三段階段を設置。総高四メートル十センチ）の企画、完成によって結実いたしました。今、令和五年に迎える弘法大師御誕生千二百五十年記念事業として、石灯籠「遍照金剛塔」の企画を進めています。ほかに高松市の高野山讃岐別院の境内整備も企画し、完成させています。
○○さんは、開発した「光明塔」が真言宗寺院境内の密教空間を促進させながら、供養塔として機能させることで、多くの現代人に真に永代安心できる供養を提案されています。その姿勢は現代の「高野聖」を彷彿とさせます。
（菅智潤）

寂にして能く照なり　照にして常に寂なり　澄水の能く鑒るに似たり　瑩金の影像の如し　湿金即ち照影　照影即ち金水なり（宝鑰第八）

【観想は、静寂であってよく照らし、照らしながら静寂であり、澄みきった水のようであり、磨かれた金に像が映るようである。水と金に喩えられる観想は、相互に照らしたり映したりする性質がある】

◉私のかがみ　宮澤賢治の小説『インドラの網』は華厳経というお経を基にした小説と言われています。インドラとは帝釈天という仏様です。華厳経の中に帝釈天の宮殿の様子が描かれます。宮殿の天井に張り巡らされた糸が網目のように重なり合い、その重なったところから珠玉という宝石の玉が吊り下げられ、無数の珠玉どうしが互いに互いを映し出し、照らし出している様子を表しているのです。まさしく、帝釈天の網というような世界を表しています。そして、お大師さまも「重々帝網《じゅうじゅうたいもう》」という言葉を著書の中で使われております。帝釈天の網が幾重にも重なる様子を一言で表されたものです。

これは、私たちの世界を表すものでもあるのです。私たちは目には見えない糸でつながっています。その糸は「ご縁」と呼ばれます。ご縁の糸が幾重にも張り巡らされ、重なり合い、その重なり目から「私」という存在として今ここにいるのです。

ご先祖さまのご縁、いま共に生きる人のご縁、大切なあなたとのご縁、様々なご縁の糸で「私」が結ばれ、その糸の先では、また「誰か」がご縁の糸で結ばれている。網目のように張り巡らされたご縁の糸の中で生かされているのです。

そして、私たちは珠玉のように誰かを照らし、誰かに照らされて暮らしています。お互いに影響を受けながら過ごしているのです。その照らし照らされる光は、心の状態によって変わります。心が澄んでいれば、まるで鏡のように受けた光を周りへ拡散することができますが、心が濁ってしまう時には、鈍い光として周りへ影響を与えてしまいます。

お大師さまの教えには自分の心に向き合う瞑想があります。時には静かに座り、自心に向き合い、心を磨くことも必要でしょう。自心が澄んでいるときは、温かい光を多くの方へ届けることができるのです。そうして、照らし照らされ生きているのです。きっと、あなたも誰かを照らし、誰かに照らされているのですよ。

（岩崎宥全）

観法

一切の凡夫の心処は　未だ自ら了することを能わずとはいえども　然もその上に自然に八辮あり　合蓮華の形の如し　但しこの心を観照し　それを開敷せしむ　即ち是れ三昧なり（法華経開題　重円）

【すべての凡夫は自分の心を自覚していない。この心には八葉の蓮華があり、まだ花が開いていないから、心をしっかりと観想して開かせるとよい。これが瞑想の役目である】

◉蓮華を踏む　私の本心は蓮華が開いた状態であることを自覚していただくために、名古屋金龍寺の本尊十一面観音像（丈七・六メートル）の足元に五十枚の蓮華を敷設しました。インドの黒石にて八葉蓮華を刻み、この蓮華の石を裸足で踏みながら大悲十一面尊のご真言「オンマカキャロニキャソワカ」を唱えつつ本尊の周囲を右遶《うにょう》します。蓮華を踏む資格がある自身の尊厳を自覚するための「歩く瞑想」です。石蓮華を素足で踏み歩くだけですが、「本当にお参りをした気持ちになる」と言われます。

蓮華は清らかな花として愛でられます。蓮の花弁《はなびら》の開閉は、心の明暗や聖俗の違いを表します。つまり、凡夫の心は暗いので蓮華の花弁は蕾《つぼみ》であり、聖人の心は明るいから満開です。蕾の状態を「合蓮華《ごうれんげ》」「未敷蓮華《みふれんげ》」といい、満開を「開敷蓮華《かいふれんげ》」といいます。凡人は自身に仏性があることを知らず、花を咲かそうとはしませんから、迷い苦しみます。しかし、聖人は仏性の自覚ができていますから、花をいっぱいに開かせて楽しんでいます。

真言宗は「即身成仏《そくしんじょうぶつ》」の教えです。成仏は死後のことではありません。日々に仏の自覚を抱いて生きることです。仏になる目標があれば修行に励みがつきますが、これがなければ修行は無意味になってしまいます。

私は仏であるという「自身仏」は自惚《うぬぼ》れではありません。これが高慢《こうまん》になればかえって逆効果になりますが、仏の自覚があればこそ善悪の判断ができるわけです。それゆえに、「自身仏」の教育が徹底すれば犯罪は大きく減少するはずです。

すべての生命は大日如来の顕現《あらわれ》です。動植物も人間も鉱物も、蓮華から生れた仏の申し子です。相互礼拝、相互供養で繫がっています。今、自分にできることを真面目に行なうことが仏の仕事になっているのです。日々に開敷蓮華の自覚を深めて生活をしたいものです。

（近藤堯寛）

大我はすなわち毗盧遮那の別名なり　自心の鏡中に於て真言の大我を観ず

（梵網経開題）

【大我は大日如来の別名である。心の鏡に真言密教が説く我が本心を映す】

◉**観法の力**　大我の我とはアートマンの訳です。我には小我と大我があります。仏教経典に見る我の説は大別すると実我、仮我、真我の三つになります。仏教は実我を邪見とし、無我を説きます。私たちは五蘊の仮の和合によって存在しているので仮我とし、小我と言います。涅槃にある仏を真我とし、大我と言います。真言密教は大我を大日一仏と説き、阿字本不生の義をもって我は常住不生の体とします。よって諸仏は大日如来に帰一するゆえ、大我は大日如来の別名であり、「自心の鏡中に於て真言の大我を観ず」とは、大日如来、その種子である阿字を観想するということです。

我は常住不生の体であるから、私たちの肉体の生死を超えた生命エネルギーと理解します。私はこの生命エネルギーを成仏する本性の仏性、私たちの心中の如来蔵と考えます。宇宙を形成する生命エネルギーの源を大日如来とし、私たちの生命は大日如来と同等の一部、一体であり、独立して存在する我ではないと理解します。

お大師さまは右の前文において、「行者、もしよく中観に入れば、無我の大我を得る」と著しています。空を観じる深い観法の境界がどこか、私はまだわかりません。光の中に入ると聞きます。また、頭の中で思念が起こると泡玉になって浮かび上がると聞きます。これは止観の止の境界と思います。止ができなければ観は成立しません。観は止の状態で行う必要があります。私は止の修行中です。真言密教の修法は観です。

私たちは修法において、道場観で道場を観想し、その観想した道場に本尊を招き入れます。そして、本尊と入我我入し、一体無二である観想をして本尊加持を行います。これにより、本尊と身密一体、口密一体、意密一体となります。私たちは大日如来と同等の一部として、大日如来に帰一する本尊と一体になります。身口意の三密の観想に印と真言の本尊加持があり、観想と本尊加持の所作が途切れないことが重要です。たとえ一瞬でも自心が本尊と一体であると観想することは喜びを感じます。私はこれを観法の力と思います。修法の前後で心境が異なり、私は本堂を出た時に、鳥の鳴き声や咲く花に自然の生命を感じ、共に生きていることを再認識します。（細川敬真）

もし智慧を修せば　我が心の智慧の日輪より光明出現して　法界を照曜すと観ぜよ（秘蔵記）

【仏の智慧を磨くことによって、心から日輪が現れて光明が放たれ、全宇宙を照すと観想するがよい】

◉アメリカ・ニューヨーク散歩

同時多発テロの衝撃冷めやらぬ二〇〇二年二月、寒風吹きすさぶニューヨークの街を私は歩きました。グラウンドゼロと呼ばれた世界貿易センタービル跡地には星条旗があふれかえり、まるで「アメリカ教」の聖地のよう。行き場のない恐怖と怒りを吸収して膨れ上がった愛国心に、私は寒気を覚えました。

ふと、この国に住むイスラム教徒は今どんな暮らしをしているのだろうかと気になった私は、市内にあるモスクへと足を向けました。礼拝堂への入場は自由で、ちょうど教徒たちの「アッラーフアクバル」（神は偉大なり）の唱和が響き渡っているところでした。しばし見学させていただいていると、さっきまで礼拝をしていた一人が私に声をかけてきました。何やら「一緒に行こう」と誘ってくれているのですが、私の英語力では理解半分。行き先もよく分からぬまま、とにかく彼の車に乗り込むことにしました。マンハッタンを離れ郊外のクイーンズへ。どうやら彼の自宅に到着したようです。そしてドアを開けると、なんと中から日本人女性が現れました。彼の妻は日本人だったのです。なるほど、私が誘われた理由がやっと分かりました。

私は彼女から、アメリカで暮らすイスラム教徒の苦難やイスラムの教えについてひとしきり聞きました。イスラム教徒のほとんどは平和を愛する民であること。しかし今、テロリスト扱いされて激しい迫害を受けていること。「ジハード（聖戦）の意味は誤解されている。仕事をしたり子育てしたり、日常と格闘することこそジハードです」と彼女は力強く語りました。

弘法大師は『秘蔵記』の「増益の法」の解説の中で、仏の智慧を「日輪」「光明」と表現しています。仏教には「無明」という言葉もある通り、「知らない」「分からない」という暗闇が不安や恐怖を作り出して災いをもたらすとしています。

当時かの国に充満していたのはこの「無明」であったように思います。もちろんそれは、当時の、かの国に限定できることではありません。

（坂田光永）

観法

率都婆は鑁《ばん》の一字の所成なり　また阿卑囉吽欠《あびらうんけん》の五字の所成なり　一一を取るに任せて自性清浄心とも真如とも仏性とも如来蔵とも法性とも観ずべし（秘蔵記）

【塔婆はバンの一字から、ア、ビ、ラ、ウン、ケンの五字が派生していることを表わす。どの一字を取っても、本来清浄、真理、仏の性質、如来への可能性、真実の存在などを観想することができる】

◉墓じまいが進んでも遺すべき一つの理想郷　卒塔婆は、古代インドで「仏塔」という意味の「ストゥーバ」を漢訳した言葉で、お釈迦様の遺骨を納めた仏舎利塔の形を基につくられた五輪塔が卒塔婆の起源です。五輪塔は（地水火風空《ちすいかふうくう》）の意味を持ち、仰ぐべき存在を敬う為、供養塔とも呼ばれます。密教では、卒塔婆から私たちの心の中にある、世界や社会を良くする可能性を汲み取る事が出来るとされます。一般的には難しく感じられると思いますが、私が有難く身近に感じた場所をご紹介します。

それは徳島市にある興源寺《こうげんじ》です。市内中心部の住宅街に広大な敷地を有し、特筆すべきは、境内墓地にある石畳の大広場です。普段は地域の子どもが鬼ごっこ、かくれんぼ等に興じ、夏のお盆には阿波踊り奉納を催している大広場の周囲に、かつての徳島藩主二代目から九代目までの、高さ最大四メートルの巨大な五輪塔墓が立ち並んでいて、まるで境内にいる人を見守ってくれているかのようです。広場北側には土と芝生、鯉が棲む池もあり、隣接の保育園の園児が土や水の感覚を養いながら遊びます。興源寺は幼小中高の教育機関、スーパーマーケットに囲まれ、子どもからお年寄りまで地域住民が境内を散歩したりベンチに座り読書したりする憩いの場となっています。

私が興源寺で、地水火風空の意味から多くの人を観《み》て感じた事は、人が自ら尊い存在になる心を起こせば、清らかな土地に仏心の種を埋めるようなもので「地《ち》の意味」、環境変化に対応する水の縁《えん》あれば種が発芽し「水《すい》の意味」、暖かい日の光のような力を得れば人の生きる欲求を失わせず茎と葉となり「火《か》の意味」、人が本来持つ豊かな感性と思いやり、その成長を助ける救いの風吹けば茎と葉が伸び「風《ふう》の意味」、際限のない空間のように地水火風を生み出す「空《くう》の意味」、その五つが全ての人に等しく備わるという事です。果てしない時を重ね、世を形成した五つの要素のお蔭で、現代《いま》がある、私たちの生活の傍らにある卒塔婆も、その事を示しています。

（村上慧照）

念誦の時もし散心あらば　出入りの息を観じて一法界と為して我が身及び本尊をこの一法界に摂し　また一切の諸法をこの一法界に摂す　然して後に念誦せよ（秘蔵記）

【もしも念誦をしている最中に心が乱れたならば、念誦を一端中止し、自身と本尊が一体になるまで、静かな呼吸に集中し、しかる後に念誦を続けるとよい】

◉立ち止まって深呼吸　修行中の雑念はつきものです。高野山での修行中もまた然り。しっかりと修法するぞ！　と意気込んではじめても、足腰の痛みや眠気、寒さなどに心が捕らわれて、当初の意気込みはどこへやら。気が散り散りのまま一座を終えることもしばしばでした。

困った私は、指導をしてくださる先生に相談しました。「先生！　修行に集中しようとしてもどうしても眠くなってしまいます。時には真言を唱えながら、念珠を握ったまま気が付かないうちに居眠りしていることもあるのです。困りました。どうすればいいでしょう」。先生はお大師さまが言われたことと全く同じことを私にアドバイスしてくださいました。「ウン、そういう時はね、一回立ち止まって深呼吸してみるといいですね。あなたの教えているヨーガでも深呼吸をするでしょう」。

早速試してみると、確かに酸欠状態の脳に新鮮な酸素が補給されて目が覚めます。それから落ち着いて念誦に戻ると最後まで集中して修行できる事もありましたし、何度も何度も、立ち止まって深呼吸をしなければいけない時もありました。

しかし、そんなことを繰り返しているうちに、だんだんと集中を保てる時間が長くなり、心があらぬ方向へ一人歩きする機会が減ってきます。そして、真言が音の波動となって全身の毛穴から身体の中にしみ込み、私の六十兆個の細胞の一つ一つを振動させます。いつしか私の細胞は仏の波動に共振し、私の身口意は仏の身口意とひとつになり、心地よいゆらぎを生み出していくのです。

修行や人生に行き詰まったら。もしくは息が詰まったら。立ち止まってひとつ大きく深呼吸してみましょう。

（小西凉瑜）

観法

男女もし能く一字を持てば　朝な朝な一《もっ》ぱら自心の宮を観ぜよ　自心はただ是れ三身の土なり　五智荘厳もとより豊かなり（性霊集一　喜雨の歌）

【男も女も毎朝、阿字に坐って自心の宮殿を観想することができれば、心は様々な仏や智慧で満たされる】

◉揺れる瞑想大国　アジアを中心に世界には多くの仏教国がありますが、上座部仏教国の中では、戒律のタイ、学問のスリランカ、瞑想のミャンマーと言われているのをご存知でしょうか。その言葉が指し示す通り、ミャンマーは確かに瞑想大国でした。ミャンマー国内だけで数千か所の瞑想センターがあるそうですが、私が訪れたヤンゴンの外れに位置する小さな瞑想センターにも僧侶の方を含め数十人の方が住み込みで、文字通り朝から晩まで瞑想に明け暮れていました。

敬虔な仏教国であるミャンマーでは一生に一度は出家することが推奨されているとのことです。特に男性は成人するまでに少なくとも一度、できれば何度もの短期の出家をすることが習わしなのだそうです。その他、人生に行き詰まったり、長い休みが取れると瞑想センターなどへ行く人も多いのだとか。友人の祖父などは、退職後は毎日八時間ほどを自宅で瞑想して過ごしているといいます。

出家や瞑想の経験のある人が多いせいでしょうか。ミャンマーの人々は男性も女性も、若い方も年をとった方も、みな一様に穏やかで、親切でした。アジア圏で旅をしていると、買い物中やタクシーなどで高値を吹っ掛けられることはよくありますが、滞在中にそんな思いをしたことは一度もありません。むしろ、見知らぬ人に席を譲ってもらったり、果物を分けていただいたりと、よくしてもらった記憶しかないのです。

そんなミャンマーが今、クーデターで揺れています。二〇二一年の二月から四月半ばまでの間に子ども四十人以上を含む七百人以上の市民が武装した軍隊に撃たれて命を落としています。預金の引き出しが困難になり、学校や病院が機能しなくなり、少数民族の人々が住む村が空爆されています。

もしもお大師さまが今のミャンマーを見たとしたら、何を語り、何をなさるのだろう。私は日本人として、ひとりの僧侶として何ができるのだろう。自心への終わらない問いかけが続きます。

（小西涼瑜）

観法

池中の円月を見ては普賢の鏡智を知り　空裡の恵日を仰いでは遍智の我に在ることを覚る（性霊集二　沙門勝道）

【池に映る月を見ては普賢菩薩の智慧を知り、空の太陽を仰いでは仏の智慧が自身にあることを自覚する】

◉沢山の御蔭を知る　おかげさまは御蔭様とも書きます。どのような御蔭があるのでしょうか。私達が生活する中で明りはなくてはならないものです。仏様の教えは私達の迷いの闇を照らす光です。一日の始まりは太陽が昇り世界を照らし、夜は月の光が私達を照らしてくれます。太陽には光があり、月はその光をうけて仏様の智慧が自身にあることを教えてくれます。

仏様の照らす光は大日如来の光明です。その光明につつまれて私達は生かされています。月は真実を照らす智慧の光であり、慈悲の光をはなち仏様の心をあらわしています。満月のように濁りのない清らかな心であります。しかし現実は煩悩の雲によって覆われて本来の純粋のあるべき姿が見えません。満月の光は私達の持つ迷いの心を照らしてくれます。本来私達が保持している心を池に映る月を見て知ることができます。御蔭とは他から受けた力添え・恩恵のことをいいます。神仏の加護を頂くことを意味します。

最近私は作家の五木寛之さん著作の『大河の一滴』という書物を手にしました。その一節に「足もとに目を落としたとき、そこにくっきりした濃い黒い影がのびていれば、自分が背後から強い光に照らされているということに気がつくでしょう」とありました。何人も太陽の光に照らされてできた影を見て、はじめて自分の存在を知ることができます。私達一人一人の存在は沢山の命に繋がりがあります。見えない命がずっと続いてきたからこそ御蔭を知ることができます。人として生かされているから仏法を知ることができるのです。仏様の信仰には仏様の御蔭があり、今を生きている私達は無数のご先祖様の御蔭を受けています。当たり前の生活の中で私達は知らず知らずの内に様々な恩恵を受けて暮らしています。

このような見えない御蔭に気づき、菩提心を持ち、仏様の慈悲の心を知って感謝の心を忘れずに生活することが大切なのでしょう。

（天谷含光）

観法

もしは行　もしは坐　道場即ち変ず　眠りに在りても覚たるに在りても観智離れず（性霊集二　恵果碑）

【歩くにつけ、坐るにつけ、すべて道場である。寝ても覚めても、仏を思うことである】

◉**虚しく往きて実《み》ちて帰る**　密教の師を求め、一か月にも及ぶ漂流の末、命懸けで唐の国（中国）に渡られたお大師さま。上陸後も、海賊と間違えられ、浜辺の粗末な小屋で長いあいだ待機を強いられることとなりました。そこで、入国許可の嘆願書を、中国語に長けていたお大師さまが遣唐大使に代わってしたためたところ、その教養に満ちた立派な文章に唐の役人たちは感服し、一気にことが解決したといわれています。

さらに五十日の旅を経て、唐の都・長安に到着なさったお大師さまは、国際色豊かな長安の都で、インドの言葉や書道など、さまざまなことを学ばれましたが、そのたぐいまれな才能はすぐに人々の噂となり、青龍寺の恵果和尚の耳にも及ぶこととなります。和尚は、代々の皇帝たちからも崇められる密教のエキスパートで、その許には、アジア各地から千人もの弟子が集まっていました。

お大師さまが恵果和尚を訪ねると、和尚は「何と嬉しいことか。私はあなたのことを長らく待っていました。すぐに密教を学ぶ準備をしなさい」とおっしゃり、和尚が今までに学んだ密教の法のすべてを、お大師さまにお伝えになりました。そして、お大師さまへの伝授を終えた和尚は、まるで役目を終えたかのように入滅なさいます。

その際お大師さまは、数多の弟子たちを代表して、恵果和尚を顕彰する碑に刻む文章を草されましたが、冒頭に掲げた「もしは行、もしは坐……」の言葉は、その碑文の一節です。「虚しく往きて実《み》ちて帰る」といわれるように、和尚を訪ねた人はみな、心が豊かに満たされて帰って行ったといわれます。そして和尚は、立っているときも坐っているときも、寝ているときも起きているときも、常に仏さまのことを念じておられたといわれます。

私たちは身勝手にも、何かお願いごとがあるときだけ仏さまを頼って手を合わせますが、それではダメです。仏さまだったら、お大師さまだったら、どう思い、どう行動されるだろうか――。いつもそのように考えながら生活していれば、人々から慕われ、信頼され、何事もうまくいって、充実した人生を送ることができるはずです。(川崎一洸)

実相の三昧に遊んで金剛の妙慧を証す（性霊集九　高雄山寺三綱）

【仏の世界へ瞑想を深め、完全な智慧を完成させる】

◉心の中に眠るダイヤモンド　世界各地で宗教宗派を超えて「メディテーション」の実践が盛んに行なわれています。「メディテーション」は瞑想や禅定を意味し、仏教徒にとっては欠かすことの出来ない修行です。キリスト教の人達、特にはアメリカや西欧諸国でも「禅」への関心が持たれ長い年月が経っています。またチベット密教の僧侶が迫害を逃れ祖国を離れ世界各地に避難し、そこでの布教伝道がキリスト教圏での仏教〝瞑想〟への関心を上げていった一面があります。ヨーガでも「メディテーション」は重要な修行として実践されています。

高野山は「メディテーション」修禅の道場として弘法大師によって開創され、その自然豊かな木々の空間はもちろん、高野山の大自然の中に身を置くだけでも不思議と「メディテーション」の心に触れることが出来るのです。

簡単に誰でも出来る「メディテーション」瞑想、呼吸法を紹介します。
○背筋を伸ばし座ってみましょう。正座でも、イスでも結構です。肩の力を抜きます。
○手は膝の上に法界定印を結ぶか、膝の上に静に置いてください。または合掌。
○目を軽く閉じ、お腹を凹ましながらゆっくりと息を口から出す。「心配事や、心の汚れを息と一緒に出す」と想いながら。息が出てしまえば、少し息を止める。
○息を吸う時はお腹を膨らませながら鼻からユルユルと吸っていく。「自然豊かな場面を想いながら清らかな空気が私の体を満たしていく」と想いながら。
○三回程度、前記の様に息の出し入れをした後は鼻だけで呼吸を繰り返す。
深呼吸の連続のようなイメージですが、正確には座り方や息の仕方、意識の持ち方など正しい指導者について対面して学ぶ必要があります。

修禅によって心と体の調和を図れば、自身の「いのち」は大宇宙の誕生から途切れなく繋がっていることに目覚めます。その「いのち」は大日如来、遍照金剛です。金剛はダイヤモンド、私達の中に眠っている宝なのです。時に呼吸を整え、心に眠るダイヤモンドの目を覚まして実りある人生を歩みましょう。

（中谷昌善）

三時に上堂して本尊の三昧を観じ　五相入観《ごそうにつかん》して早く大悉地《だいしつじ》を証すべし（性霊集九　高雄山寺三綱／遺誡）

【朝、昼、晩に本堂へ赴き、本尊の心を深く瞑想し、仏へ至る次第の手順に従って悟りに入る】

◉三食よりも三礼拝　多くの人は、朝昼夜と一日に三回食事をします。それにともない、一日三回歯磨きをする人や、薬を飲む人もいます。朝はおはようございます、昼はこんにちは、夜はおやすみなさいと、一日を三分割したあいさつをします。これは日常の一般的な事です。

真言宗の僧侶になるためには、百日間の四度加行という行を受けなければなりません。普段の生活とはかけ離れた日々になります。一日三回の食事の様に簡単なものではなく、一日三回の行法になります。あいさつではなくお経、薬ではなく作法が増え、歯磨きではなく片付けや準備になります。とても厳しいですが、この中の一つでも怠っては四度加行は完成しません。時間になればお堂でお経を読み、心の中に仏様を描き、やがて仏様と一体となります。厳しくもとてもありがたい事で、一日に三回も仏様の世界の中へ入る事ができるのです。毎日仕事や家庭に追われながら過ごすルーティンが、気づけば一つ作法をして一歩仏様に近づき、また一つ進むという事を一日三回繰り返します。

私は、決められた時間の中で決められた事をこなす事が好きな性格なので、必死で毎日行ないました。しかし途中で、ただマニュアルをこなすのではなく、心に描くための時間であると気づきました。秘密仏教なので簡単に他言する事はできませんが、お次第の中を一つ一つ心に描いていき、少しずつ日常の世界から離れていくのを感じました。

一般の方々でも、これに似た事を試す事ができます。まずは、一日三回朝昼夜に、多くの人々や御先祖様、仏様に感謝してこうお唱えしてみましょう。「南無大師遍照金剛」と。この一つの習慣で、また一歩お大師様や仏様に近づく事ができます。

（堀江唯心）

観法

深く修して観察《かんさつ》すれば原底を得　大日円円として万徳周《あまね》し（性霊集十　十喩を詠ず）

【深く修行してものごとを観察すれば本質を知ることができる。そのようにして、大日如来の円満な徳を得るのである】

◉一人ひとり、それぞれに合った修行　大日如来は私たちが目指す究極的な悟りの姿です。大日如来のお徳は広大無辺であります。大日とは、大きい日と書くように太陽に喩えられます。太陽の光が地球上に生きる生き物にエネルギーを与えるように、大日如来も慈悲の光を常に私たち人間に与えてくださいます。

曼荼羅に描かれている全ての仏さまは、大日如来が姿を変えて現れたものであり、大日如来はすべての仏さまの中心です。首題のお言葉は、お大師さまが修行ということについておっしゃったものです。深く修行してものごとを観察すれば本質を知ることができ、そのようにして大日如来の円満な徳を得ることができるとおっしゃっています。

ものごとの本質を知るということは一朝一夕に出来ることではありません。たくさんの経験と積み重ねがあってのものです。修行には多くの種類があります。「護摩」のような専門的なものから、全国のたくさんの寺院で行なわれている「阿字観瞑想体験」のような幅広い層の方に親しまれているものまで、多種多様です。修行の方法が多くあれば、皆さまお一人お一人に合った修行が必ずあるはずです。その中で大切なのは、修行を継続させることであると思います。

どの修行でも、一度行っただけではあまりピンとこないかもしれません。しかし同じ修行を数十回、数百回と続けてゆくことで初めて気がつくこともあります。修行を続けてゆけば、修行の質も高まります。そして最後には、ものごとの本質を知るということに繋がるのだと思います。皆様も一つご自身に合った修行を見つけてみてはいかがでしょうか。修行の内容も難易度も人それぞれ合ったものがあると思います。難しいから良い、簡単だからだめということはありません。途中で投げ出さずに、続けることができるかということが大切なのです。お大師さまの遺されたこのお言葉を信じて今生きている現世で一心に修行を続け、一つでも多くの徳を積み大日如来となることを目指しましょう。

（杉本政明）

心に本不生勝義を観ずれば仏の意業を成じて無量の功徳あり（雑問答四）

【心の本源を正しく観想すれば、仏の心がはたらいて偉大な功徳が得られる】

◉対応の本不生勝義　私は普段「会社員」と呼ばれ、コールセンターと呼ばれる仕事をしております。そこでは、またお寺や法律事務所などとは違った「困った（だろう）人々」へ手を差し伸べることが業務の一つであり、重要です。

私は様々なポジションの部署で勤務しましたが、密教について本格的に学ぶようになってから、実は格段に仕事の成績が伸びました。様々な対応に関わる研修やノウハウ本、セミナーなど所属している会社だけではなく、他でも展開されているのが現代です。

話せば長くなるのでかなり省略しますが、空海は『十住心論』という書物で十種類の心について書しています。それは彼が密教の特徴を明らかにしながら、真言密教の人間観を表現したものです。

また空海は「如実知自心」という言葉を『大日経』で見つけた時、テンジョンが上がったと思います。これは「還源を思となす」という意味で、「自心の源底を覚知する（十住心論）」と彼は残しています。それらを一つ一つ見つめ直し、自分の中に取り込むことは大変ですが、資料としてポイントを把握することは出来ます。要は「自分の心の中にある最も清浄なる心に付き、その心になる」ということです。

私の仕事は「お客さま対応」ですが、お客さまの最終的な要望を知り、最大限に応えようとする姿勢が大切です。仏教徒の私たちはよく「仏の心になって〜」と行き詰まった時にこそ笑います。しかしそこには「困っている人に手を差し出し、出来るだけ助けたい！」という菩薩行までには至りませんが、その爪の垢ぐらいの一歩を踏み出すつもりで、私は毎回挑むようになりました。そして気づけば、今では多くのお客さまからメッセージをいただけるようになりました。

禅僧に強烈な影響を受けたスティーブ・ジョブスも似たことを言っています。私たちは大きく広く見渡し、心にさまざまな教えと今起きている現実や問題を冷静に結ぶだけで十分に勝義、つまり仏の教えが与えた智慧という功徳を得ることができるのです。

（伊藤貴臣）

あとがき

富田向真

『空海散歩』は第十巻を目指してあと二巻となりました。監修の近藤堯寛先生を中心に七十余名がお大師さまのお言葉をもとに法話をつけさせていただいております。それぞれの経験に基づいたものや、現代社会にお大師さまのお言葉を当てはめたものまで、多種多様でありますが、本巻も楽しんで読んでいただけたかと存じます。お大師さまが示されました悟りに向かって巻も進み、第八巻では「加持」「瑜伽」「真言」といった密教の核心となるお言葉を集め、第一巻から読み進めますと、お大師さまの示されました道にどんどん引き込まれ、やがてはお大師さまのお考えやお気持ちを体得していただけるはずであります。

千二百年前のお大師さまは、スーパースターではるか遠い存在と思っておられる方も多いでしょう。しかし、お大師さまは我々と変わらない人間でありながら、心の奥底に有する仏を体現されますが、決してお大師さまだけが特別ではなく、私たちにも同じことができるというメッセージを投げかけておられます。「お大師さま」という「特別観」に憧れを持つこともありますが、それを目的とされたのではなく、「誰もがお大師さま」となる方法を生涯かけて説かれたのですから、私たちがそれをしっかりと受け止め、皆さまにお伝えするのが使命であると信じて進めております。お大師さまを身近に感じたその先に、皆さんがお大師さまと同じ境地になるように『空海散歩』は巻を進めております。そう思いますと、第十巻に至るのが待ち遠しくなります。

出版を重ねますと、知り得なかったたくさんの学びがあります。書かれた内容が正しく伝わるように、また書かれた内容の裏付けなどを検証していく過程がどれほど大変であるかを感じますと、監修の近藤先生をはじめ、筑摩書房の皆様のご労苦はいかばかりであるかと推察いたします。このような事業に少しでも関わらせていただきましたことは望外の喜びであります。令和五（二〇二三）年に迎えます弘法大師ご誕生千二百五十年の記念に添えて、皆さまと十巻完成の喜びを分かち合えますことを心より願っております。

稽首和南

執筆者一覧（生年順）

＊印は「白象の会」発起人

氏名	生年	出生地	現住所	所属	寺院等	役職
野條泰圓＊	昭10	岡山	岡山県苫田郡	高野	安養寺	住職・本山布教師
安達堯禅	昭11	愛知	愛知県一宮市	高野	日比野弘法堂	支部長
井本全海	昭14	大阪	大阪府河内長野市	高野	勝光寺	住職
篠崎道玄	昭20	奈良	東京都府中市	山階	興徳寺	住職・元宗会議員
岩佐隆昇	昭20	徳島	徳島県徳島市	高野	桂林寺	役僧・臨床宗教師
湯浅宗生	昭21	鳥取	鳥取県八頭郡	高野	多寶寺	住職・鳥取宗務支所長・本山布教師
近藤堯寛＊	昭21	愛知	和歌山県高野山	高野	櫻池院	住職・高野山大学非常勤講師
佐川弘海	昭22	愛媛	愛媛県西条市	御室	光明寺	住職
友松祐也	昭23	京都	京都府京丹後市	高野	如意寺	住職・元宗会議員・観光系NPO法人理事長
丸本純淨	昭23	大阪	大阪府豊中市			薬剤師
田中智岳	昭23	和歌山	京都府木津川市	高野	和泉寺	住職・台湾高野山真言宗協会顧問
菅　智潤	昭24	香川	香川県三豊市	善通	円明寺	住職・真言宗善通寺派管長
畠田秀峰	昭25	徳島	徳島県板野郡	高野	安楽寺	住職・四国八十八ヶ所霊場会会長・本山布教師
河野良文	昭26	福岡	奈良県奈良市	高野	大安寺	住職・本山布教師
伊藤全浄	昭28	京都	兵庫県明石市	高野	極樂寺	住職

大咲元延	昭28	大阪	大阪府大阪市	曹洞宗		中小企業診断士
柴谷宗叔	昭29	大阪	大阪府守口市	高野	性善寺	住職・高野山大学研究員
花畑謙治	昭30	福井	東京都中央区	サドラー・ジャパン（株）社長		
雪江　悟	昭30	千葉	米国カリフォルニア	辯天宗		会社役員
藤本善光	昭31	大阪	福岡県田川郡	高野	十輪院	住職・本山布教師・金剛峯寺社会人権局長
中谷昌善	昭32	和歌山	兵庫県神戸市	高野	大師寺	住職・本山布教師
長崎勝教	昭32	高知	高知県土佐清水市	豊山	金剛福寺	住職
森　堯櫻*	昭32	大阪	滋賀県甲賀市	高野		NPO法人暮らしと文化研究所理事長
加藤俊生	昭33	愛媛	愛媛県松山市	豊山	石手寺	住職　令和三年七月十七日遷化
糸数寛宏	昭33	沖縄	富山県砺波市	高野	日照院	住職・本山布教師
瀬尾光昌	昭34	神奈川	香川県小豆郡	高野	西光寺	住職・本山布教師
大塚清心	昭35	福井	愛知県名古屋市	高野	大師寺	住職
佐々木琳慧	昭35	滋賀	滋賀県犬上郡	高野	不動院	住職
山田弘徳*	昭35	愛知	愛知県名古屋市	高野	真勝院	住職
木藤清明	昭38	愛媛	愛媛県四国中央市	高野	光厳寺	住職・本山布教師
亀山伯仁	昭38	香川	香川県三豊市	高野	密蔵寺	住職・本山布教師・阿字観能化
橘高妙佳	昭39	広島	広島県広島市	御室	安楽寺	徒弟
吉森公昭	昭40	大阪	石川県輪島市	高野	西光寺	住職
松本堯有	昭40	四川省	和歌山県高野山	高野		尼僧・「翻訳通訳オフィス」代表

愛宕邦康	昭41	鳥取	埼玉県新座市	一燈宗	一燈仏学院	教授・浙江仏学院客座教授
中村光観*	昭41	和歌山	和歌山県伊都郡	高野	興法寺	住職
雨宮光啓	昭42	大阪	大阪府岸和田市	高野		大師教会光寿会 支部長
中村一善	昭46	徳島	徳島県板野郡	高野	觀音寺	住職
佐藤妙泉	昭46	兵庫	和歌山県高野山	高野		紀州高野山横笛の会主宰
山本海史	昭46	東京	岐阜県高山市	高野	㈱シェアウィング	高山支店マネージャー
阿形國明	昭47	岡山	岡山県久米郡	高野	華蔵寺	住職
富田向真*	昭47	京都	和歌山県高野山	高野	高野山高校	教頭・本山布教師・阿字観能化
佐伯隆快	昭47	広島	岡山県倉敷市	醍醐	長命密寺	住職
曽我部大和	昭48	徳島	徳島県阿波市	高野	明王院	住職
川崎一洸	昭49	岡山	高知県香南市	智山	大日寺	住職
大瀧清延	昭49	広島	広島県福山市	大覚	薬師寺	住職 阿字観能化
伊藤聖健	昭49	北海道	北海道上川郡	豊山	大聖寺	住職
穐月隆彦	昭50	愛媛	愛媛県西条市	御室	実報寺	住職
中村光教	昭50	山口	山口県周南市	高野	切幡寺光泉苑	支部長
成松昇紀	昭51	和歌山	宮崎県えびの市	高野	弘泉寺	副住職・本山布教師
伊藤貴臣	昭51	大阪	ドイツ連邦共和国	高野	高野山大学大学院	講談師
阿部真秀	昭51	北海道	北海道上川郡	高野	眞弘寺	副住職
髙田堯友	昭52	大阪	和歌山県高野山	高野	櫻池院	職員

千葉堯温	昭52	広島	大阪府河内長野市	高野	勝光寺	副住職
岩崎宥全	昭53	長野	長野県諏訪市	高野	佛法紹隆寺	住職
細川敬真	昭53	宮城	和歌山県和歌山市	高野	一休院	住職
洪　涛	昭58	中国	和歌山県高野山	高野	大興善寺	副住職
坂田光永	昭54	広島	広島県福山市	高野	光明院	住職
村上慧照	昭54	徳島	徳島県徳島市	高野	西光寺	副住職
加古啓真	昭62	兵庫	兵庫県加西市	高野	寶泉寺	副住職
天谷含光	平01	奈良	徳島県板野郡	高野	觀音院	副住職
堀江唯心	平08	徳島	和歌山県高野山	高野	無量光院	大学生
杉本政明	平12	神奈川	和歌山県高野山	高野	高野山大学	大学生
小西凉瑜		宮城	東京都	高野		アシュタンガヨガ正式資格指導者

白象の会は、『空海名言法話全集』出版のために二〇一六年七月、発起人によって命名された、真言宗系の著者で組織する団体です。弘法大師御誕生千二百五十年記念として、二〇二三年六月十五日までに全十巻を刊行することを目的としています。裏表紙のマークが、本会のロゴマークです。

JASRAC 出2109794-101

執筆者別索引

＊数字は頁番号

空海《くうかい》名言《めいげん》法話《ほうわ》全集《ぜんしゅう》　空海《くうかい》散歩《さんぽ》
第八巻　これが真言密教

二〇二二年一月一五日　初版第一刷発行

著者　白象の会
監修　近藤堯寛
編集　白象の会発起人
協賛　四国八十八ヶ所霊場会
発行者　喜入冬子
発行所　株式会社筑摩書房
東京都台東区蔵前二－五－三　〒一一一－八七五五
電話番号〇三－五六八七－二六〇一（代表）
印刷・製本　中央精版印刷株式会社

ISBN978-4-480-71318-6 C0315